常用漢字表の字体・字形に関する指針

文化審議会国語分科会報告
(平成28年2月29日)

文化庁…[編]

三省堂

常用漢字表の字体・字形に関する指針（報告）

目　　次

はじめに ……………………………………………………………………………… 1

指針の見方及び使い方 ……………………………………………………………… 2

第1章　常用漢字表「（付）字体についての解説」の考え方 ………………… 3
 1　当指針の基本的な考え方 ……………………………………………………… 5
 2　常用漢字表における字体・字形等の考え方 ………………………………… 7
 3　漢字の字体・字形に関して，社会で起きている問題 ……………………… 10
 4　当指針の対象 ………………………………………………………………… 14
 5　「漢字を手書きすることの重要性」（「改定常用漢字表」）との関係 …… 16

第2章　明朝体と手書き（筆写）の楷書との関係 ……………………………… 21
 1　手書き（筆写）の楷書と明朝体の歴史 …………………………………… 24
 2－1　明朝体のデザイン ………………………………………………………… 26
  （1）へんとつくり等の組合せ方 …………………………………………… 26
  （2）点画の組合せ方 ………………………………………………………… 26
  （3）点画の性質 ……………………………………………………………… 27
  （4）特定の字種に適用されるデザイン差 ………………………………… 29
 2－2　手書き文字のいろいろな書き方に明朝体のデザイン差と共通するところがあるもの ………………………………………………………………… 30
  （1）へんとつくり等の組合せ方 …………………………………………… 30
  （2）点画の組合せ方 ………………………………………………………… 30
  （3）点画の性質 ……………………………………………………………… 31
 3　明朝体に特徴的な表現の仕方があるもの ………………………………… 33
  （1）折り方に関する例 ……………………………………………………… 33
  （2）点画の組合せ方に関する例 …………………………………………… 35
  （3）「筆押さえ」等に関する例 ……………………………………………… 35
  （4）曲直に関する例 ………………………………………………………… 36
  （5）その他 …………………………………………………………………… 37
 4　手書き（筆写）の楷書では，いろいろな書き方があるもの …………… 38
  （1）長短に関する例 ………………………………………………………… 38
  （2）方向に関する例 ………………………………………………………… 41
  （3）つけるか，はなすかに関する例 ……………………………………… 45
  （4）はらうか，とめるかに関する例 ……………………………………… 50
  （5）はねるか，とめるかに関する例 ……………………………………… 54
  （6）その他 …………………………………………………………………… 56
 5　手書き（筆写）の楷書字形と印刷文字字形の違いが，字体の違いに及ぶもの ……… 59
  （1）方向に関する例 ………………………………………………………… 60
  （2）点画の簡略化に関する例 ……………………………………………… 60
  （3）その他 …………………………………………………………………… 61

第3章　字体・字形に関するQ&A　63
1　基本的な事項に関する問い　65
（1）手書き文字の字形と印刷文字の字形について ·····························65
（2）字体，字形，書体，字種などの用語について ·····························68
（3）常用漢字表「（付）字体についての解説」について ·····························74
（4）漢字の正誤の判断について ·····························78
（5）漢字の正誤の判断基準と「整い方」，「丁寧さ」，「美しさ」，「巧みさ」などの観点について ·····························88

2　具体的な事項に関する問い　90
（1）問題になることの多い漢字 ·····························90
（2）いろいろな書き方があるもの ·····························100

字形比較表　115

参考資料　197
「常用漢字表の字体・字形に関する指針（報告）」（文化審議会国語分科会）の概要　199
常用漢字表「（付）字体についての解説」　201
常用漢字表の用語について　207
平成26年度「国語に関する世論調査」の結果（抜粋）　215
文化審議会国語分科会委員名簿（14，15期）　222
文化審議会国語分科会漢字小委員会委員名簿（14，15期）　223
審議経過等　224
第3章　字体・字形に関するQ&A　問い一覧　228

索　引　231

はじめに

　第14期及び15期の文化審議会国語分科会（以下「分科会」という。）は，その下に漢字小委員会と日本語教育小委員会を設置し，それぞれの課題について審議してきた。このうち，漢字小委員会においては，平成25年2月18日に分科会が取りまとめた「国語分科会で今後取り組むべき課題について（報告）」のうち，「2　常用漢字表の手当てについて」の「（3）「手書き文字の字形」と「印刷文字の字形」に関する指針の作成について」を取り上げ，平成26年5月23日以来，計14回の小委員会（このほかに計12回の漢字小委員会主査打合せ会）を開催して，検討を進めてきたところである。

　これまでの審議に当たっては，上記の分科会報告が示す，次のような認識に沿って，その具体化に向け，検討を重ねてきた。

（3）「手書き文字の字形」と「印刷文字の字形」に関する指針の作成について

　　社会生活の中では，「手書き文字の字形」と「印刷文字の字形」の，字形上の違い（例えば，「鈴」のつくりの「令」の字形が「令」となるか，「令」となるか）が時に問題となる。
　　改定後の常用漢字表の「（付）字体についての解説」にある「明朝体と筆写の楷書との関係について」では，既に，特に字形上の注意が必要であると判断される一定の常用漢字を例として，その考え方を示している。しかし，より分かりやすい解説や，取り上げる漢字の範囲の拡大について工夫の余地がある。
　　このため，「手書き文字の字形」と「印刷文字の字形」に関する指針の作成について，今後，具体的に検討していく必要がある。その際，学校教育への影響，特に学校教育における漢字指導との関係について十分配慮する必要がある。

　その後，平成27年5月22日に閣議決定された「文化芸術の振興に関する基本的な方針 ―文化芸術資源で未来をつくる―」の「第3　文化芸術振興に関する基本的施策」においても，「5　国語の正しい理解」の中で，文化の基盤としての国語の役割や重要性を踏まえ，「常用漢字表及び関連指針の普及を図る」ことがうたわれている。この「常用漢字表の字体・字形に関する指針（報告）」は，上述の経緯により，これまで漢字小委員会でなされてきた審議の内容をまとめたものである。
　以下，「第1章　常用漢字表「（付）字体についての解説」の考え方」，「第2章　明朝体と手書き（筆写）の楷書との関係」，「第3章　字体・字形に関するQ＆A」及び「字形比較表」に分けて報告する。

指針の見方及び使い方

1　当指針は，常用漢字表（平成22年内閣告示第2号）の「(付)字体についての解説」に沿って，手書き文字の字形と印刷文字の字形に関して説明するものである。「第1章　常用漢字表「(付)字体についての解説」の考え方」及び「第2章　明朝体と手書き（筆写）の楷書との関係」では，当指針の基本的な考え方を示すとともに「字体についての解説」の内容を詳しく説明し例示の充実を図った。

2　当指針の説明は，常用漢字表が取り上げた2,136字を対象としている。ただし，その一部に常用漢字と共通する構成要素[※]を有する表外漢字（例：常用漢字「令」「鈴」などに共通する構成要素を有する表外漢字「玲」「伶」など）についても，参考にできる場合がある。

3　当指針に例として掲げた手書き文字の字形は，飽くまでもその漢字の字体において実現し得る字形のごく一部であり，標準の字形として示すものではない。特に，例として掲げた手書き文字の字形が印刷文字の字形に影響を及ぼすことは，当指針の趣旨と反するところである。また，例示された字形は固定的なものではなく，複数例示された字形それぞれの部分を組み合わせた字形等も用いることができる。

4　「第3章　字体・字形に関するQ&A」では，第1章及び2章の内容を問答形式で示した。第3章を読めば，当指針の基本的な考え方及び字体・字形に関する具体的な取扱いについての大体が理解できるようにすることを目指したものである。

5　「字形比較表」では，常用漢字表の2,136字種について，常用漢字表が掲出する字体，その他の印刷文字の例（常用漢字表が掲出する字体との間にデザイン差のある明朝体，ゴシック体，ユニバーサルデザインフォント，教科書体の4種），手書き文字の字形の例を示し，それぞれの比較ができるようにするとともに，第2章及び3章の関連事項のうち主なものをそれぞれの字種について示した。

6　巻末に参考資料として，「常用漢字表「(付)字体についての解説」」，「常用漢字表の用語について」，「平成26年度「国語に関する世論調査」の結果（抜粋）」等を付した。

7　当指針では，常用漢字を用いて書き表すことができるものであっても，「とめる」，「はらう」，「つける」，「はなす」など，字体・字形に関する用語等については仮名で表記する場合がある。これは，常用漢字表における上記の用語等の表記に倣ったものである。また，常用漢字表では画数や筆順を定めていないが，説明において，一般に広く用いられている画数や筆順に従い，「〇画目」といった言い方等を便宜的に用いる場合がある。

　　※「構成要素」という用語について
　　　当指針では，「構成要素」という用語を用いる。この「構成要素」という用語及び分類は，当指針における字体・字形の説明に当たって，便宜的に用いるもので，漢字の字形においてその部分を成す点画の一定のまとまりのことを言う。一般に部首として用いられるものも含むが，それらに限るものではない。また，ある字種がそのまま構成要素となる場合や，字源を異にするものを同じ構成要素として整理している場合もある。

第 1 章

常用漢字表「(付)字体についての解説」の考え方

第1章　常用漢字表「(付)字体についての解説」の考え方

1　当指針の基本的な考え方

　当指針は，情報化の進展に伴う情報機器の広範な普及が人々の漢字使用に及ぼす影響などに対応して改定された常用漢字表（平成２２年内閣告示第２号）の「(付)字体についての解説」（P.201参照）の内容に関して，より分かりやすく具体的に説明しようとするものである。

　近年，社会の変化とともに，長い歴史の中で培われてきた漢字の文化にも変化が見られるようになっている。そのうち，特に漢字の字形に関して，手書き（筆写ともいう。以下同様。）文字と印刷文字（情報機器等の画面上に表示される文字を含む。以下同様。）との違いが理解されにくくなっていることや，文字の細部に必要以上の注意が向けられる傾向などが生じている。当指針は，これらを国語施策の課題として捉え，その改善を図るものであり，一般の社会生活において，文字をより適切に，積極的に運用するために，活用されることを意図している。

　戦後の漢字施策については，当用漢字表（昭和２１年１１月），当用漢字別表（昭和２３年２月），当用漢字音訓表（昭和２３年２月，昭和４８年６月），当用漢字字体表（昭和２４年４月），常用漢字表（昭和５６年１０月，平成２２年１１月）などが，国語審議会及び文化審議会の答申を基に，内閣告示・内閣訓令によって実施されてきた。これらのうち，漢字の字体に関する考え方を示したものとしては，当用漢字字体表と常用漢字表がある。

　当用漢字表に掲げられた漢字の字体を示すものとして，昭和２４年内閣告示第１号として実施された当用漢字字体表は，その「まえがき」にあるとおり，「漢字の読み書きを平易にし正確にする」ために「異体の統合，略体の採用，点画の整理などをはかるとともに，筆写の習慣，学習の難易をも考慮した」ものであり「印刷字体と筆写字体とをできるだけ一致させることをたてまえと」した。ただし，「使用上の注意事項」では，漢字の手書きの伝統に配慮し「この表の字体は，活字字体のもとになる形である」と述べた上で，「これを筆写（かい書）の標準とする際には，点画の長短・方向・曲直・つけるかはなすか・とめるかはね又ははらうか等について，必ずしも拘束しないものがある」とし，次のような例を掲げ，印刷文字の標準として示した同字体表が，手書き（筆写）の楷書の習慣と一致しない場合があることを記している。

> (1) 長短に関する例
> 　雨雨　商商　戸戸　無無
> (2) 方向に関する例
> 　風風　比比　仰仰
> 　言言　ネネ　主主
> 　糸糸　年年
> (3) 曲直に関する例
> 　了了　手手　空空
> (4) つけるかはなすかに関する例
> 　又又　文文　月月　果果
> (5) とめるかはらうか、とめるかはねるか、に関する例
> 　奥奥　隊隊　公公
> 　角角　骨骨
> 　木木　来来　牛牛　糸糸
> (6) その他
> 　北北　女女
> 　人人　入入　令令
>
> 当用漢字字体表（昭和２４年内閣告示第１号）まえがき〔使用上の注意事項〕（一部抜粋）

その後，当用漢字表，当用漢字音訓表及び当用漢字字体表に代わり，昭和５６年内閣告示第１号として実施された常用漢字表では，主として印刷文字の面から字体の検討が行われた。字体は，「表の見方及び使い方」にあるとおり，「便宜上，明朝体活字のうちの一種を例に用いて現代の通用字体を示し」た。その際，漢字の字体・字形についての基本的な考え方は，当用漢字字体表を引き継いでおり，その趣旨を説明するために，次にその一部を示す「字体についての解説」が付された。

> ２　筆写の楷書では，いろいろな書き方があるもの
> (1)　長短に関する例
>
> 雨 － 雨 雨　　戸 － 戸 戸 戸
>
> 無 － 無 無
>
> (2)　方向に関する例
>
> 風 － 風 風　　　　比 － 比 比
>
> 仰 － 仰 仰
>
> 糸 － 糸　ネ － ネ ネ　ネ － ネ ネ
>
> 主 － 主 主　　　言 － 言 言 言
>
> 年 － 年 年 年
>
> 常用漢字表（昭和５６年内閣告示第１号）「(付)字体についての解説」（一部抜粋）

これは，常用漢字表が「筆写の楷書における書き方の習慣を改めようとするものではない」こと，「明朝体活字（写真植字を含む。）の形と筆写の楷書の形との間には，いろいろな点で違いがある」こと等を，具体例によって示したものである。「明朝体活字と筆写の楷書との関係について」や「筆写の楷書では，いろいろな書き方があるもの」には，当用漢字字体表に挙げられたよりも多くの例が具体的に示されている。この「字体についての解説」の趣旨は，平成２２年に改定された常用漢字表にもそのまま受け継がれ，それとともに，新たに追加された字種のうちに，その印刷文字の字形と手書き文字の字形との違いが，字体に及ぶものがあることなどについての説明も加えられた。

このように，かつての当用漢字字体表とそれを引き継いだ常用漢字表は，６０年以上にわたって国語施策の一環として字体・字形に関する考え方を示してきた。しかし，先にも述べたとおり，伝統的な漢字の文化が理解されにくくなり，手書き文字と印刷文字の字形のどちらか一方が正しいとみなされたり，本来は問題にしなくてよい漢字の形状における細部の差異が正誤の基準とされたりするといった状況が生じている。

文化審議会国語分科会は，上記のような漢字の字体・字形に関する社会状況の改善を国語施策の課題であると捉え，当指針を作成するものである。

2　常用漢字表における字体・字形等の考え方

　常用漢字表には，「字体」，「字形」，また，「書体」，「字種」，「通用字体」といった用語が使われている。以下，これらの用語が常用漢字表においてどのような意味で用いられているのかを説明する。このうち「字体」，「字形」，「書体」については，「改定常用漢字表」（平成22年6月7日　文化審議会答申）の「Ⅰ　基本的な考え方」に示された「4　追加字種の字体について」の「（1）字体・書体・字形について」で説明がなされており，以下はその考え方に沿うものである。（なお，当指針における「手書き文字」とは，主として楷書（行書に近いものを含む。）で書かれたものを対象としている。）

◆ 字体

　図1に示したのは，三つの異なった漢字である。私たちがこれらを別々の漢字であると判別できるのは，それぞれの点画（漢字を構成している点と線）の数や組合せなど，基本となる骨組みが異なっていると判断するからであると考えられる。このような文字の骨組みを**「字体」**と言う。図1に示した漢字は，それぞれ互いに異なる字体を備えていると認められる。

図1　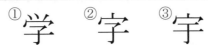

①学　②字　③宇

　一方，図2に挙げた①～⑤は，それぞれ形状に違いがあるものの，通常全て同じ漢字として認識される。それは，五つに同じ骨組みが内在していることが読み取れる，つまり，同じ字体であると認められるからである。

図2　

①学　②学　③学　④学　⑤学

　字体は骨組みであるから，それが実際に印刷されたり，手で書かれたりする場合は，活字独特の装飾的デザインや，人それぞれの書き方の癖や筆勢などで肉付けされた形で表れる。したがって，ある一つの字体が印刷されたり書かれたりして具体的に出現する文字の形は一定ではなく，同じ文字として認識される範囲で，無数の形状を持ち得ると言える。仮に，文字の形の整い方が十分でなく，丁寧に書かれていない場合にも，また，美しさに欠け稚拙に書かれている場合にも，その文字が備えておくべき骨組みを過不足なく持っていると読み取れるように書かれていれば，それを誤った文字であると判断することはできない。

　翻って言えば，「字体」とは，同じ文字として様々に肉付けされた数多い個別の文字の形状それぞれから抽出される共通した特徴であり，文字の具体的な形状を背後で支えている抽象的な概念と言うこともできる。字体は，文字を見分け判別する際の基準，文字として社会的に通用するかどうかの基準として，社会全体で共有されることが必要なものである。

◆ 字形

　手書き文字，印刷文字を問わず，具体的に出現した個々の文字の形状のことを**「字形」**と言う。先に示した図1と図2の文字それぞれには，多かれ少なかれ形状の違い，つまり，字形の違いが見られる。その違いは，図1では文字の骨組みにまで及んでいるため，別の漢字として認められる。一方，図2では，長短，方向，接触の有無，はらうか，とめるか，はねるか等の

違いはあっても,骨組みは共通しているため,いずれも同じ漢字として認められる。
　字体は特定の具体的な形状を持たない抽象的な概念であり,それが目に見える文字として表されるときには,図2のように様々な字形として具現化する。字形の違いが字体の違いにまで及ばない限り,特定の字形だけが正しく,他は誤りであると判定することはできない。

◆ 書体

　字体を基に具現化された字形には,一定の特徴や様式が現れることがある。そのような,文字に施された一定の特徴や様式の体系を「書体」と言う。例えば,図3に示すとおり,印刷文字の書体としては,明朝体,ゴシック体,教科書体などといった体系が形成されている。

図3　印刷文字における書体の例

　　①明朝体　　　②ゴシック体　　　③教科書体
　　　学　　　　　　学　　　　　　　学

　書体という用語は,印刷文字のデザインの体系以外に,印刷文字より古くから歴史的に形成されてきた一定の特徴や様式の体系について言う場合にも用いられる。図4に挙げるのは,それぞれ,篆書体,隷書体,草書体,行書体,楷書体と呼ばれる特徴や様式が施された文字の例である。

図4　歴史的に形成されてきた書体の例

（下段は,現在広く使われている字体を各書体の特徴や様式に合わせて書いたもの。）

　　①篆書体　②隷書体　③草書体　④行書体　⑤楷書体

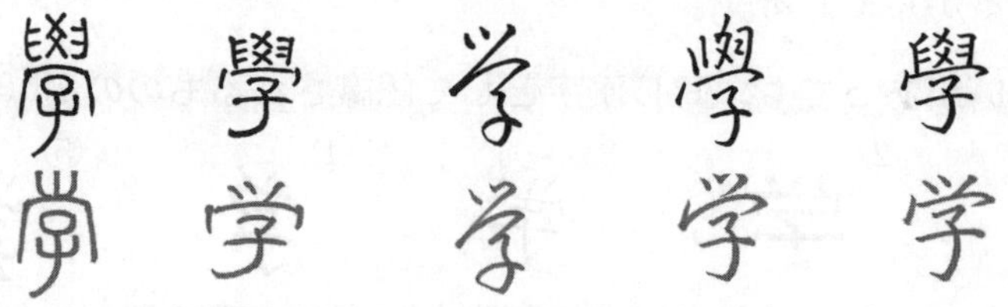

　なお,一般に,ここで言う「書体」の意味で「字体」という語が用いられることがある。常用漢字表の考え方を理解するに当たっては,注意が必要である。

◆ 字種

　「学」と同様に「ガク・まなぶ」と読み,同じ意味を持つ漢字に「學」がある。「学」は常用漢字として,現在,広く用いられている漢字であり,「學」は一般的には「学」の旧字体などと呼ばれる。(常用漢字表では「いわゆる康熙字典体」とされる。第3章Q8参照。)「学」と「學」のように,その字体は異なっていても,原則として同じ音訓・意味を持ち,語や文章を書き表す際に文脈や用途によっては相互に入替えが可能なものとして用いられてきた漢字の集合体としてのまとまりを「字種」と言う。字体の違いは,字種の違いとして表れることが多いが,図5に示すとおり,歴史的に同じ字種として複数の字体が用いられてきた例は少なくない。

図5　字体は異なるが同じ字種とされる漢字の例

①学-學　②桜-櫻　③竜-龍　④島-嶋-嶌

①～③は,通用字体といわゆる康熙字典体の関係であるが,④に示したようなものも,同じ

字種として用いられてきた。④のうち,「嶋－嶌」のような,同じ構成要素を持つがその配置が異なる漢字の関係は,動用字などと言われる。辞書によっては,これらに加えて「嶹」などを「島」と同じ字種として挙げるものもある。

◆ **通用字体**

常用漢字表に掲出された2,136の字種それぞれには,上記の「学」,「桜」,「竜」,「島」のように,一般の社会生活において最も広く用いられている字体,そして,今後とも広く用いられていくことが望ましいと考えられる字体が,原則として1字種につき1字体のみ採用されている。これを**「通用字体」**と言う。

以上の用語等の関係は,図6のように表すことができる。実線の枠で示したのは,同じ字種として扱われる漢字の範囲である。字体の違いは,字種の違いとして表れることが多いが,複数の字体を有する字種もある。例えば,「學」と「学」は,字体は異なっているものの同じ字種とされ,点線の枠で示すように「旧字体(いわゆる康熙字典体)」と「通用字体」として区別される。また,それぞれの字体が実際に文字として現れる際には,縦に並べて示すように,同じ字体の枠組みの中で,様々な字形として具現化する。それぞれの字形には,長短,方向,つけるか,はなすか,はらうか,とめるか,はねるか等の相違が表れ得るものであって,それらのうち,横に並べて示した例(楷書体,明朝体,ゴシック体,教科書体)のように,文字に施される一定の特徴や様式の体系が書体である。

図6　字体・字形・書体等の関係

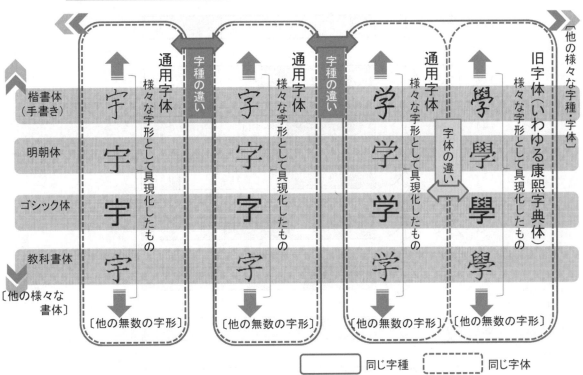

※　原則として,字種が違っていれば字体及び字形も異なり,字体が違っていれば字形も異なる。

なお,参考資料に,上記の内容についてより詳しく説明した「常用漢字表の用語について」(P.207)を付した。

3 漢字の字体・字形に関して，社会で起きている問題

(1)「国語に関する世論調査」の結果

文化審議会国語分科会で，手書き文字の字形と印刷文字の字形に関する指針について検討するに当たり，平成26年度の「国語に関する世論調査」（平成27年1～2月調査。全国16歳以上の男女3,000人を対象。総回答数1,942）において，関連の調査を行った。調査結果の概要は，参考資料（P.215）に付した。

「字体についての解説」で，いろいろな書き方があるものとして例示されている八つの漢字に，窓口業務等で問題になることの多い「鈴」を加えた九つの常用漢字について，それぞれ手書きの楷書の字形を二つ示し，適切な書き方はどちらか一方か，どちらもか，又は，どちらも適切な書き方とは言えないかを尋ねた。結果は，グラフ1のとおりである。どの漢字についても，正しいと意識されている書き方が人によって違っており，適切な漢字の字形が一定したものとして共有されているわけではないことがうかがわれる。なお，これらは，「字体についての解説」で，どちらも問題のない書き方とされているものである。

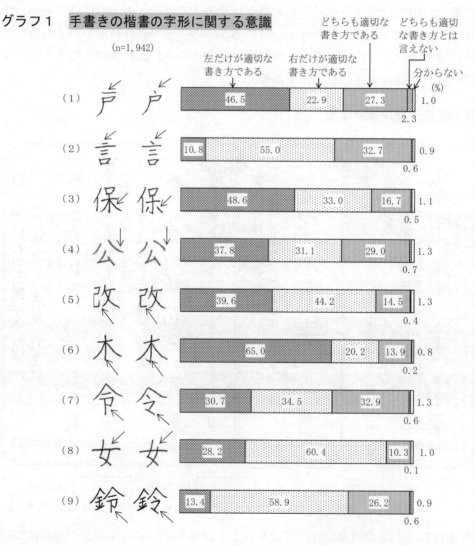

グラフ1　手書きの楷書の字形に関する意識

また，「保」，「女」に関する結果を年代別に取り上げたグラフ2のように，漢字によっては，その字形に関する意識が世代間で異なっている傾向が見られた。これは，その字を習得した際に手本とした字形に違いがあったこと等によるものと考えられる。（第3章Q41，43，54参照）

グラフ2　手書きの楷書の字形（「保」，「女」）に関する意識（年代別）

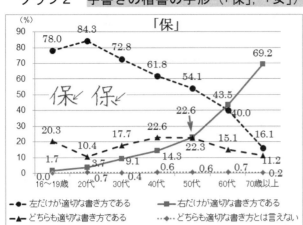
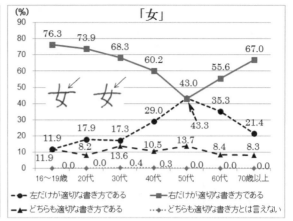

　こうした，漢字の字体・字形に関する意識の相違や偏りは，不特定多数の人を対象とするような各種試験等における，漢字の書き取り問題の評価などに影響しているおそれがある。その点について，同調査では「例えば，入学試験や入社試験，検定試験などにおいて，上記のような書き方の違いによって正答になったり誤答になったりするようなことがあるとしたら，それについてどのように考えますか」と尋ねた。その結果は，「国の示した目安に沿って，両方とも正答にすべきだと思う」が66.5％，「試験を受ける人に採点の基準を前もって示してあれば，正誤を区別してもかまわないと思う」が21.9％，「試験を受ける人が基準を知っているか否かに関係なく，採点する側の決めた基準で，正誤を区別してもかまわないと思う」が5.7％であった。

　さらに，手書きする際には手書きの習慣に従ってよく，印刷文字の形のとおりに書く必要はないということを知っているかを尋ねた問いに対して「よく知っていた」，「何となく知っていた」を合わせた「知っていた（計）」と回答した人は，全体の3割程度（32.2％）であった。一方，「知らなかった」は6割台半ば（65.7％）であった。文字を手書きする際には，印刷文字とは別の習慣に基づいた書き方をしてよいということが，社会において，十分に理解されていない状況がうかがわれる。

（2）学校教育における漢字指導に関する意見聴取の内容

　学校教育における漢字指導に関して，有識者からの意見聴取を行った。学校教育における常用漢字表の扱いについては，かつての国語審議会から現在の文化審議会国語分科会に至るまで，一貫して別途の教育上の適切な措置に委ねることとしてきた。当指針も学校教育を直接の対象とするものではないが，「国語分科会で今後取り組むべき課題について（報告）」（平成26年2月18日）に，「学校教育への影響，特に学校教育における漢字指導との関係について十分配慮」すべきであることが述べられていること，また，文化庁に，学校で学んだ漢字の字体・字形等についての質問が多く寄せられることなどから，実施したものである。

　学校教育，特に小学校における漢字教育においては，筆写体に近い活字として学習指導要領の「学年別漢字配当表」に示された字形を標準として漢字運用の土台が作られる。各教科書は，学年別漢字配当表の字形を参考にしてそれぞれが作成した，いわゆる教科書体という印刷文字を使用してきた。教育の現場では，使用する教科書の教科書体を基に漢字指導が行われることによって，効果的に漢字が習得されてきた面があることが説明された。

　それとともに，下記の小学校学習指導要領解説国語編（平成20年6月　文部科学省）や文部科学大臣政務官通知（平成22年11月30日，12月8日）において，児童生徒が書く文

字を評価する場合や，大学等の入学者選抜において受験者が書く漢字を評価する場合については，「字体についての解説」を参考にすることが望ましいとされていること等が確認された。

> **小学校学習指導要領解説国語編（平成２０年６月　文部科学省　一部抜粋）**
> 〔注：学習指導要領の記述を指して〕漢字の指導の際には，学習指導要領の「学年別漢字配当表」に示された漢字の字体を標準として指導することを示している。しかし，この「標準」とは，字体に対する一つの手がかりを示すものであり，これ以外を誤りとするものではない。児童の書く文字を評価する場合には，「常用漢字表」の「前書き」にある活字のデザイン上の差異，活字と筆写の楷書との関係なども考慮することが望ましい。
>
> **文部科学大臣政務官通知「常用漢字表の改定に伴う中学校学習指導要領の一部改正等及び小学校，中学校，高等学校における漢字の指導について（通知）」（平成２２年１１月３０日　２２文科初第１２５５号　一部抜粋）**
> なお，改定後の常用漢字表においても，「（付）字体についての解説」の「第１　明朝体のデザインについて」や「第２　明朝体と筆写の楷書との関係について」の記載があることを踏まえ，児童生徒が書いた漢字の評価については，指導した字形以外の字形であっても，指導の場面や状況を踏まえつつ，柔軟に評価すること。
>
> **文部科学大臣政務官通知「大学入学者選抜における常用漢字表の取扱いについて（通知）」（平成２２年１２月８日　２２文科高第８９５号　一部抜粋）**
> 入学者選抜において，受験者が書く漢字を評価する場合には，前記通知〔注：２２文科初第１２５５号〕記２「学校教育での筆写（手書き字形）の取扱いについて」のなお書き〔注：上記引用部分〕を十分に踏まえ，適切に行うこと。

　実際の教育現場では，使用する教科書や，それに基づく教材等に示された字形以外の字形は誤りとする評価が行われることがある。そのような評価は，上記の学習指導要領解説や文部科学大臣政務官通知等の内容に基づいて，指導の状況や場面を踏まえた教育上の配慮として行われるものである。しかし一方で，「字体についての解説」についての理解そのものが十分に広がっておらず，その内容が知られないまま，指導に当たっている場合があるとの指摘もなされた。

　これに関し，手書きされた漢字の字形に関する評価，特に正誤の判断を行うに当たっては，「字体についての解説」の考え方を参考とすることが望ましく，その内容を教育関係者に改めて周知し，理解を深めてもらう必要があること等が，意見として述べられた。

　なお，学校教育では，漢字の読み書きの指導と書写の指導とが一体となって行われる場合がある。特に，小学校段階では，日常生活や学習活動に生かすことのできる書写の能力を育成するため，文字を一点一画，丁寧に書く指導なども行われており，指導の場面や状況に応じて，指導した字形に沿った評価が行われる場合もあることを十分に踏まえる必要があることにも触れられた。

　加えて，学校教育における漢字指導と，入学試験や採用試験，各種の検定試験などとの関係も取り上げられ，学校教育において，「字体についての解説」の考え方に基づいた評価を行うためには，不特定多数の人を対象とするような各種試験等で漢字の書き取り等を課す際にも，「字体についての解説」に沿った評価が行われる必要があるという指摘がなされた。

　これらの意見聴取を踏まえ，児童生徒が学習指導要領に基づく学年別漢字配当表に示す字体を標準として漢字を習得することを通して生涯にわたる漢字学習の基礎を培い，将来の社会生活における円滑な漢字運用を身に付けていくことができるよう，教育関係者が「字体についての解説」の内容を理解するとともに，指導の場面や状況によっては，指導した字形に沿った評価が行われる必要もあることを踏まえた上で，柔軟な評価を行うことが期待される。

（3）戸籍等の窓口業務に関する意見聴取の内容等

　戸籍等の窓口業務についても有識者からの意見聴取が行われた。戸籍や住民基本台帳等で扱われる漢字は，ほとんど人名や地名などの固有名詞に関するものである。もとより常用漢字表は，都道府県名等を除いて固有名詞を対象とするものではない。しかし，窓口業務等においては，漢字の字体・字形に関する問題が起こる場合があり，国の考え方を示す「字体についての解説」がそれぞれの現場においてよく参照されていることが示された。

　現在は，戸籍や住民基本台帳等に関する官公庁の業務をはじめ，民間においても，情報機器の導入により業務が電算化されており，個人の姓名等の記載は，印刷文字として示される場合がほとんどである。そのため，手書き文字との間の習慣による字形の相違をめぐって，窓口等で問題が生じる場合がある。例えば，明朝体で「令」の字形で示される漢字は，手書きの習慣では「令」のように書かれることが多い。この「令」と「令」の字形の相違は，印刷文字と手書きの楷書のそれぞれの習慣による違いであり，本来は問題にする必要のないものであるが，窓口等で「令」のように手書きすると，明朝体の字形との差異から別の漢字であると判断され，印刷文字と同じ形に書き直すよう求められるといった事例が報告された。

　また，このような問題が生じた際に，「字体についての解説」に具体例が挙がっている漢字であれば，該当の箇所を示すことによって理解してもらえることがあるが，現状では例示が十分ではなく，説明も少ないため，より実用性が高く使いやすい参考資料が作成されることに期待が寄せられた。

　なお，文化庁では，当指針の作成に資するため，平成２７年６月に，全都道府県における人口の最も多い都市（政令指定都市を除く。）及び，全政令指定都市における人口の最も多い区の市民課・区民課等の窓口業務担当（計68件）を対象に，字体・字形に関する問題についてのアンケート調査を行った（回答総数＝68）。

　「字体についての解説」を知っているかを尋ねたところ，「内容を知っている」（72.1％），と「存在は知っている」（16.2％）を合わせた「知っている（計）」は，全体の９割弱（88.2％）であった。また，ふだんの業務において，「字体についての解説」を参考にすることがあるかどうかを尋ねたところ，「よく参考にしている」（32.3％）と「参考にしたことがある」（39.7％）を合わせた「参考にしている（計）」は，全体の７割強（72.1％）であった。

　また，アンケートでは，あらかじめ例として挙げた「令」，「鈴」，「家」，「保」，「心」，「衣」，「子」，「八」，「北」といった漢字のほかに，字体・字形について問題になることの多い常用漢字について，自由に指摘してもらったところ，次のようなものが多く挙げられた（第３章Ｑ34参照）。

窓口担当者アンケートにおいて問題になりやすいものとして挙げられた主な常用漢字の一覧

言　均　麗　真　直　美　幸　奏
邦　西　花　久　松　牙　塚　斎※

（※「斎」で主に問題となるのは，別の字体との関係。）

　これらは，手書き文字の字形と印刷文字の字形との間に違いがある漢字や，手書きの楷書ではいろいろな書き方をすることがある漢字である。その字形の違いが字体の違いにまで及んでいない場合には，いずれも同じ漢字として扱われるということが，窓口を訪れる人々と窓口業務に携わる人々との間で，共に理解されることが望ましい常用漢字の例である。

4 当指針の対象

(1) 当指針が対象とする漢字の範囲

　　当指針は，常用漢字表に掲げられた2,136字種の通用字体を対象とするものである。人名用漢字（常用漢字以外で子の名に使用することができる漢字の集合を示した「戸籍法施行規則別表第2　漢字の表」に掲げられた漢字。）を含む表外漢字（常用漢字表に掲げられていない漢字）については，直接の対象としていない。説明に際して具体例として取り上げるのも，原則として常用漢字のみである。

　　ただし，当指針では，漢字の一部を構成する漢字や点画のまとまり（当指針では「構成要素」という。）を取り上げた説明を行っており，これらの構成要素を一部に有する表外漢字についても，当指針の考え方に基づくことができる場合がある。

　　例えば，「字体についての解説」には，手書き文字の字形と印刷文字の字形との間で，それぞれの習慣に基づく差異が生じるものの一つとして「令」（手書きにおいては「令」と書かれることが多い。）が例示されている。当指針においては，常用漢字表に従って「令」について取り上げるとともに，この「令」を構成要素の一部として持っている常用漢字（「領」，「鈴」，「冷」等が該当する。）についての考え方も示している。

　　同様に「令」を構成要素の一部として持っている「伶」，「怜」，「玲」，「苓」，「澪」等の表外漢字（このうち「伶」，「怜」，「玲」，「澪」は人名用漢字である。）について，当指針では直接取り上げてはいない。しかし，こういった表外漢字についても，「令」及び「令」を構成要素の一部として持っている常用漢字について示した当指針の考え方に基づくことができる。

(2) 当指針の活用が期待される分野

　　漢字は，日本語を用いて生活する人々が円滑に情報を伝達し合う上で不可欠なものとして共有されてきた。しかし，「国語に関する世論調査」の結果から，具体的な漢字について，適切だと考える字形が人によって違っている場合があること，また，手書き文字の字形と印刷文字の字形それぞれの表し方の間にある習慣の違いが理解されにくくなっていること等が明らかとなった。このようなことが更に進行すれば，漢字の使用が文字によるコミュニケーションに負の影響を及ぼすことにもなりかねない。また，入学試験や採用試験，各種の検定試験等における採点等に影響するおそれもある。こうした問題は，日本語で漢字を用いる全ての人々に関係するものである。

　　特に，字体・字形に関わる観点から，学校教育を中心とする漢字の習得と一般社会における漢字の運用とを円滑につないでいくことは，重要な課題である。漢字の習得と運用は，学校教育と一般社会とのつながりの中で行われており，その基盤となるのは，常用漢字表である。常用漢字表は，一般の社会生活において，現代の国語を書き表す場合の漢字使用の目安として用いられるとともに，小学校，中学校，高等学校の教育課程を通して学習する漢字の範囲ともなっている。同様に，漢字の字体・字形についての考え方に関しても，常用漢字表に示された「字体についての解説」が目安とされることが望ましい。そのために，当指針の内容が社会一般に行き渡り，特に，教育関係者が持っておくべき基礎的な国語の知識として共有されること，さらに，不特定多数の人々を対象とするような入学試験，採用試験，各種の検定試験等において，漢字の字体・字形の正誤を判断する際の統一的なよりどころとして活用されることが期待される。

また，行政機関や金融機関等など訪れた人が，窓口等で姓名や住所等を記載する際などに生じる字体・字形に関する問題の解決も課題の一つである。戸籍や住民基本台帳等に関する窓口業務の現場で字体・字形に関する問題が生じた際には，これまでも，常用漢字を対象とした「字体についての解説」が参照されている。特に，窓口等を訪れる人が明朝体のデザインの違いや手書きの楷書と明朝体における表し方の習慣の違いなどについて疑問を抱いた際には，この解説を示すことで解決される場合もある。

　窓口等で扱われることの多い人の姓名や地名に用いられる漢字には，人名用漢字をはじめとする表外漢字が多数あり，常用漢字は全体の一部にすぎない。当指針は，常用漢字を対象とするものであるが，取り上げる具体例を増やすとともに，漢字の構成要素に注目した説明を施すことで，表外漢字について考える際にも参考となるよう配慮したものである。窓口での書類の記載等において，漢字の字体・字形に関する問題が起きた場合には，より実用性の高い参考資料として用いられることが期待される。※

※　窓口業務における漢字の取扱いについて

　戸籍や住民基本台帳等に関する窓口業務においては，常用漢字表における字体・字形の考え方とは異なった取扱いがなされることがある。

　例えば，常用漢字表では，印刷文字に点二つの「しんにゅう」（「辶」）が用いられている字であっても，手で書くときには，点は一つで書く（「辶」）こととされているが，窓口業務では，「しんにゅう」を含む字については，申請者が手で記載する際にも，点一つ（「辶」）と点二つ（「辶」・「辶」）との書き分けが行われる場合がある。そのほか，常用漢字表では同字と考える「吉」と，「土」＋「口」の形である「吉」とが，使い分けられる場合もある。

　このように，字体・字形の取扱いに関する考え方の違いがある点について，当指針は，戸籍・住民基本台帳等に関する業務の現状を改めることを要請するものではない。

5 「漢字を手書きすることの重要性」(「改定常用漢字表」)との関係

(1)「漢字を手書きすることの重要性」(「改定常用漢字表」)の概要

　「改定常用漢字表」(平成22年6月7日　文化審議会答申。以下,「答申」という。)の「Ⅰ　基本的な考え方」「1　情報化社会の進展と漢字政策の在り方」の「(4)漢字を手書きすることの重要性」では,漢字を手で書くことを,「漢字の習得及び運用面とのかかわり」という面と「手書き自体が大切な文化である」という面との二つの側面から整理している。

　前者については,「書き取り練習の中で繰り返し漢字を手書きすることで,視覚,触覚,運動感覚など様々な感覚が複合する形でかかわる」ため,それによって「脳が活性化されるとともに,漢字の習得に大きく寄与する」こと,また,そのような習得が「漢字の基本的な運筆を確実に身に付けさせるだけでなく,将来,漢字を正確に弁別し,的確に運用する能力の形成及びその伸長・充実に結び付く」という考え方を示している。

　また,後者については,情報機器が普及する中でも,漢字を手書きする機会が今後もなくなることはないと考えている人が多いこと,また,手書きの文字には,書き手の個性が表れること等を踏まえ,「〈手で書くということは日本の文化としても極めて大切なものである〉という考え方を社会全体に普及していくことが重要」であり,「情報機器が普及すればするほど,手書きの価値を改めて認識していくことが大切である」としている。

(2)「国語に関する世論調査」に見る,文字の「手書き」についての日本人の意識

　当指針の検討に当たって,情報化社会の進展により,今後,手書きする機会が更に減っていくことが予想される中,答申の考え方を踏まえた上で,漢字を手書きすることと,手書き文字の字形に関する指針を作成する必要性との関係を改めて整理すべきであるとの議論があった。このため平成26年度の「国語に関する世論調査」(平成27年1～2月調査。全国16歳以上の男女3,000人を対象。総回答数1,942)の中で,文字を手書きすることに関して,国民の意識を調査した。なお,日常生活において文字を書く際には,日本語表記の特徴である漢字仮名交じり文が用いられるのが一般的であることから,漢字のみを書くことに限定した調査とはしていない。調査結果の概要は,参考資料(P.215)に付した。

　「文字を手書きする習慣は,これからの時代においても大切にすべきであると思うか,それともそうは思わないか」という問いに対しては,91.5%の人が「大切にすべきであると思う」と回答した。一方,「大切にすべきであるとは思わない」は1.6%であった。

　「大切にすべきである」と回答した人にそう思う理由を尋ねたところ(選択肢の中から幾つでも回答),「文字を手書きすることは,漢字などを正確に身に付けることにつながるから」(63.3%)と回答した割合が最も高く,「手書きの文字には個性が表れ,印刷文字にはない情感などを込めることができるから」(60.7%),「文字を手書きすること自体が文化であり,それを守っていくべきだと思うから」(45.2%)が続いている。

　また,「年賀状や挨拶状などは,印刷されたものが増えているが,文字の部分が全て印刷されたものと文字の部分が手書きされたものや手書きが一言加えられたものとでは,どちらが良いと思うか」を尋ねた問いでは,「手書きされたものや手書きが一言加えられたもの」と回答した人が87.6%,「全て印刷されたもの」が5.0%,「どちらも変わらない」が6.6%という結果であった。

　これらの調査結果からは,多くの人々が手書きの習慣を今後も守るべきものであると考える

とともに，手書きの文字に対しては印刷文字の役割以上のものを期待する場合があることがうかがえる。再現性の高い情報の保存や正確な伝達という観点からは，印刷文字を用いる方が優位であるとも考えられるが，印刷文字からは得られない付加的な価値を手書きの文字に求めているとも言えよう。

ただし，その一方で，3割弱の人には，日頃，手書きをする機会がないという結果も出ている。「日常生活において，文字を手書きする機会があるか，それともないか。」という問いに対しては，手書きをする機会が「よくある」（38.2％）と「時々ある」（34.4％）と回答した人を合わせた「ある（計）」の割合は，7割強（72.7％）であった。一方，「余りない」（20.9％）と「ない」（6.4％）を合わせた「ない（計）」は3割弱（27.3％）であった。

（3）漢字の「手書き」と字体認識能力の関係

答申では，漢字を手書きすることの意義として「漢字を正確に弁別し，的確に運用する能力の形成及びその伸長・充実に結び付く」ことを挙げている。この，漢字を正確に弁別し，的確に運用する上での根幹となる能力は，漢字の字体を認識する力である。

ある漢字を何度も手書きすれば，その都度，書かれた漢字の形状には，多かれ少なかれ差異が生じる。ある漢字を繰り返し手書きすることは，同じ字体の枠組みの範囲内で，書くたびに違う字形として具現化する行為であり，字体を認識する力を深めることにつながる。

このことは，手で書かれた漢字を読み取る際にも同様である。印刷文字に比して，手書き文字における字形の違いはより多様になる。差異の幅の大きい手書き文字に多く触れることは，同じ文字でありながら，様々に肉付けされて具現化される数多くの字形を目にし，それぞれに共通する特徴を読み取ることである。それを繰り返すことは，文字の骨組み，つまり，文字の具体的な形状を背後で支える抽象的な概念としての字体を認識する力を，効率的に会得していく機会となっていると考えられる。

（4）漢字の運用面における「手書き」

「漢字を手で書くことの重要性」は，文字の運用面における有用性という観点からも認められる。

先述のとおり，手書きは，視覚，触覚，運動感覚など様々な感覚が複合する形で関わる身体性を伴った行為であるため，漢字を習得したり，言葉を記憶したりする上で，手で繰り返し書くことが有効である。漢字の習得をはじめ，文字を手書きすることによって何かを覚える方法は，現在もよく行われている。

また，印刷文字にはない手書き文字の特徴が，有用性を発揮する場合がある。例えば，契約書を交わす際などの署名やクレジットカード等の使用時におけるサインといった社会的慣習においては，手書き文字の唯一無二性が生かされている。加えて，「国語に関する世論調査」の結果によれば，9割に近い人々が，挨拶状や年賀状などに手書きの文字が書かれていることを望んでいる。人とのコミュニケーションの場面等においては，手書きした文字が書く人の個性や気持ちをより直接的に伝えるという点で，有用性を発揮していると見ることもできよう。

ほかにも，電話の内容や伝言などのメモ書き，講義内容の記録，手帳へのスケジュールの記入等は，現在でも手書きによることが少なくない。さらに，手書きすることを通してアイデアや思考を深める習慣などもある。これらは，情報機器等を用いて行うことも可能であるが，手で書くことの手軽さや自由度という有用性によって，現在も広く行われている。

なお，情報機器との関係で言えば，タブレット端末などへの手書き入力の精度も以前より高くなっており，今後の活用が期待される。

（5）文化としての「手書き」

答申には，「〈手で書くということは日本の文化としても極めて大切なものである〉という考え方を社会全体に普及していくことが重要」であるとの認識が示されている。

日本における手で書くことの文化は，文字の運用面において実現してきた。例えば，年賀状をはじめとする季節の挨拶状を書いたり，短冊に短詩や願い事等をしたためたり，のし紙に祝いの言葉を記したりといった習慣が，手書き文字と直接結び付いて人々に広く定着している。かつて，ここに挙げたような文字の運用では，手書きするのが当たり前であり，「書く」という行為は，そのまま「手で書く」ことを意味していた。

しかし，現在，私たちは印刷文字を中心とした文字生活を送っており，文字を手書きする機会や手書きされた文字に触れる機会が少なくなっている。先述したように，「国語に関する世論調査」によれば，既に3割弱の人々が日常的に手書きをしていないという状況もある。書くことの在り方は多様化し，情報機器のキーボードや画面からの入力という書記行為が中心となりつつある。答申が言う文化としての「手で書くということ」を取り巻く環境は，今後も更に変化していくと考えられよう。加えて，手書きする際にも印刷文字のとおりに書かなくてはいけないといった認識や，手書き文字の細部の在り方にこだわって一定の字形だけを正しいものとするような見方が生じている。こうした考え方が更に進めば，手書きすることに萎縮し，揺れの少ない印刷文字の字形を用いる方に安心感を覚える人が更に増えていくということも予想されよう。今や，「手書き」は，以前のような当たり前の日常的行為から，そうとは言い切れないものに変化しつつあるとも考えられる。

その一方で，先述した「国語に関する世論調査」の結果のとおり，人々の大半が文字を手で書くことを「これからも大切にすべきである」と考え，手書きの文字に特別な思いを抱いている。これは，現代の印刷文字を中心とした文字生活の中で，手で書かれた文字に付加的な価値があることが，改めて認識されるようになったからとも考えられる。その付加的な価値のうちには，書く人の個性，情感，考えや気持ちの表れ，わざわざ掛けられた手間への有り難み，書かれたものの唯一無二性，加えて，芸術的な表現や装飾的な働きなどが挙げられよう。情報の保存や伝達のための手段としては，印刷文字を用いる方が高い再現性と正確さを期すことができるという面がある一方，手書きの文字には，情報を伝える記号としての役割を果たすだけではなく，書いた人の個性や言外にある思いまでを，時代を超えて長く伝えていく可能性が期待できる。

また，現代の日本で用いられている漢字の字体・字形そのものが，手書きすることによって形成され，維持されてきたという点にも注意すべきであろう。手書きにおいては，点画を組み合わせていく上で順序や方向性があり，動きの中で字形が表される。しかし，手書きする機会が減り，それ自体既に出来上がった状態とも言える印刷文字ばかりに触れるようになれば，幾つもの点画が重なり合っている漢字の形状を，順序や方向性を持つ動的な存在として捉えるこれまでの字体・字形意識の維持が難しくなろう。ひいては，手書きという身体の動きの中で把握されてきた漢字の字体・字形に関する理解の仕方も変化し，漢字を複雑な模様のようなものとして捉えるようになっていくおそれもある。

印刷文字を中心とした生活の中にあっても，年齢などの属性によらず，誰もが安心して手書

きをし，手書き文字に触れる機会を得やすくするような方策を立てることは，文化としての手書きを将来にわたって残し，漢字の字体・字形に関する理解を維持していく上での差し迫った課題であると言えよう。

第 2 章

明朝体と手書き（筆写）の楷書との関係

第2章　明朝体と手書き(筆写)の楷書との関係

　本章は，常用漢字表「(付)字体についての解説」の内容に従って，明朝体と手書き（筆写）の楷書との関係について，具体例を挙げて説明するものである。このうち「2－1　明朝体のデザイン」以降は，「字体についての解説」に示された項目を同じ順で取り上げ，説明と具体例を増やしてより活用しやすいよう工夫した。

　特に，「3　明朝体に特徴的な表現の仕方があるもの」，「4　手書き（筆写）の楷書では，いろいろな書き方があるもの」においては，該当する項目に関わる構成要素の例を掲げ，その構成要素を持つ主な常用漢字の例を挙げた。

　その際，手書きの楷書による字形の例を幾つか示した上で，「◇　上記を含め，同様に考えることができる漢字の例」欄に，手書きの楷書の例に示したものと同じような書き方をすることがある常用漢字のうち主なものを，小学校学習指導要領の学年別漢字配当表に挙げられているものを中心に，原則として常用漢字表が掲げるのと同じ明朝体で例示した。あわせて，特に説明が必要な漢字等には「※」を付し，各項の最後に注記を行った。構成要素を用いた分類が難しい漢字がある場合等については，「その他」として，それらをまとめて示した。

　本章に手書きの楷書による字形の例が示されていないものについては，「字形比較表」の「手書き文字の字形の例」欄で確認することができる。漢字の例示は，原則として音訓順となっているが，手書きの楷書の例については，構成要素と形の近い漢字がある場合，それを最初に示した。

　なお，本章に例として挙げた手書き文字の字形は，飽くまでもその漢字において実現し得る字形のごく一部であり，標準の字形として示すものではない。また，例示された字形は固定的なものではなく，複数例示された字形それぞれの部分を組み合わせた字形等も用いることができる。

1　手書き（筆写）の楷書と明朝体の歴史

（1）手書きの楷書の発展

　手書きの楷書は，中国の後漢末頃（2～3世紀）に隷書やその補助書体であった行書に基づき発展したもので，一点一画を連続したり省略したりせずに，更にはっきりと表現した書体を言う。それ以降，隋・唐（6～10世紀）の時代に掛けて，その端正さや読みやすさなどから，主たる書体の一つとして発達し，古くは「真書」，「正書」などとも呼ばれた。現代の日本でも，学校教育において最初に習得する書体であるとともに，公の書類などに手書きする際には，楷書で書くよう求められることが多い。

　手書きの楷書は，現在の明朝体と同じ形で書かれてきたものではない。例として，唐における楷書の傑作とされ，現在でも楷書の手本とされることのある虞世南の「孔子廟堂碑（びょうどうのひ）」（628～630年頃）と欧陽詢（おうようじゅん）の「九成宮醴泉銘（きゅうせいきゅうれいせんのめい）」（632年）の文字を次に示す。

虞世南「孔子廟堂碑」から

欧陽詢「九成宮醴泉銘」から

　これらは，字体という観点からすれば，現代の日本に通用しているものと同一であるが，現在広く用いられている印刷文字の字形とは異なるところが少なくない。「孔子廟堂碑」と「九成宮醴泉銘」の間にも，字形の違いが見られるほか，「九成宮醴泉銘」に2回現れる「飲」のように，一方は最終画をはらっているのに対し，他方はとめているといった例もある。手書きの楷書の字形は，印刷文字のように一定の字形を再現するものではなく，歴史的にも多様性を有するものであった。

　このように，手書きの楷書体は，明朝体が生まれる以前から，また，印刷が盛んになってからも，その独自の伝統を育んできた。印刷文字の字体を中心に整理してきた戦後の国語施策においても，当用漢字表，常用漢字表を通じて，手書きの楷書における書き方の習慣を尊重すべきことがうたわれている。

（2）明朝体の発展

　一方，明朝体は明（1368～1644年）の時代に，まずは中国で，後に日本でも，印刷のための版木（板木（はんぎ））を彫刻するのに適した，また，印刷文字として読むことに特化され

た，手書きの楷書に基づく書体として用いられるようになったものである。すなわち，手書きの楷書体と明朝体とでは発展の過程が異なっており，それぞれに独自の特徴や習慣があるため，両者の間で字形に違いが見られる場合も少なくない。

　唐代以降，それまで主に筆で手書きされていた漢字が，版木に彫って印刷されるようになった。木版印刷が行われるようになった当初は，木に彫られる文字にも手書きの楷書に倣ったものが用いられたが，楷書の字形を版木に彫るには，曲線や点画の微妙な角度などの再現が必要となって手間と時間を要した。宋（960〜1279年）の時代には，量産化のために，字画が少しずつ直線化しはじめ，元（1271〜1368年）の時代を経て明に入ると，出版印刷業の更なる発展とともに，以前よりも木版印刷に速さや効率が求められることとなり，必要に応じて複数人で分担できる彫りやすい字形が追求された。その結果，彫る人それぞれの癖や技術が表れることのないよう，点画を直線化し，横画と縦画をなるべく直角に交わるようにすることで，微妙な曲線や角度が表れるのを避けるようになった。加えて，読むことに特化された字形であることから，文字を縦に並べたときに読みやすくなるように，縦画を太く，横画を細くし，いわゆるウロコやヒゲを付けるなどの様式化が行われた。このような印刷に用いられる特有の字形を持った書体の体系として生じたのが明朝体である。

　その後，曲線状の「はらい」や「はね」など幾何学的模様が調和する洗練されたデザインの明朝体は，１８世紀のフランスにおいてローマン体とうまくマッチする漢字の金属活字の書体として作られるようになった。１９世紀初め頃に，この明朝体活字はアジアにもたらされ，中国を中心としたキリスト教布教のために，マラッカやマカオなどで，聖書等の活版印刷に用いられるようになった。ウィリアム・ギャンブル（ガンブルとも　William Gamble）は，明朝体活字に大きさの段階を設けた号数活字を導入するなど改良を加えて，印刷の質と効率を向上させた。明治２年（1869年），ギャンブルは長崎に設立された活版伝習所に招かれ，活字の鋳造，組み版の技術を伝えた。翌年，中国の明朝体を基に日本の活字製作が始まり，明治６年（1873年）には築地活版製造所が設立された。当初，母型の製造技術は拙く，種字彫刻も中国に依存していたが，明治１７年（1884年）以降はバランスのとれた美しい独自の書体が整備されていった。これが「築地体(築地明朝体)」と呼ばれ，日本における近代の明朝体活字の源流となった。この築地活版製造所から活字を購入して，明治９年（1876年）に創業したのが秀英舎で，翌明治１０年（1877年）には中村正直訳「改正西国立志編」を，日本で初めて，用紙から全て純国産による活版洋装本として製作した。その後は自社で活字を鋳造するようになり，新たな明朝体活字を持つようになった。これが「秀英体(秀英明朝体)」と呼ばれるもので，築地体(築地明朝体)よりも縦線のやや細いものであった。こうして，明朝体は，版木から金属の活字へと発展していく過程で，正方形を埋めるような字形へと変化していくとともに，近年では情報交換用にデジタル化されたフォントとしても，デザイン上，様々な特徴を凝らしたものが次々と作られてきている。

　以上のように，明朝体は，木版印刷用の文字から活字の文字へ，さらに，アナログの活字からデジタルフォントへと変化し，細部で微妙に異なる様々な字形を持つに至っている。今日において手書きの楷書体と明朝体の字形に違いが見られるのは，それぞれが別の発展の経緯をたどってきたことを背景とするものである。

2-1 明朝体のデザイン

　常用漢字表では，個々の漢字の字体を，便宜上，明朝体のうちの一種を例に用いて示している。これは，現在，明朝体が印刷文字として最も広く用いられていることによる。
　一般に使用されている各種の明朝体には，同じ字でありながら，微細なところで形状の相違の見られるものがある。しかし，それらの相違は，いずれも書体設計上の表現の差，すなわちデザインの違いに属する事柄であって，字体の違いではないと考えられる。つまり，それらの相違は，字体の上からは全く問題にする必要のないものである。
　このような個々の明朝体にデザインの違いがあることは，必ずしも一般に広く理解されていない。そうしたデザインの違いをもって別の漢字であるとみなしたり，手書きの楷書においてもその差を再現しなくてはならないと考えたりするといった誤解が生じている。ここでは，常用漢字表が明朝体のデザインの違いとして挙げる例を改めて引用し，必要に応じて説明を加える。
　なお，ここに挙げているデザイン差は，現実に異なる字形がそれぞれ使われてきており，かつ，その実態に配慮すると，字形の異なりを字体の違いと考えなくてもよいと判断したものである。すなわち，実態として存在してきた異字形を，デザインの差と字体の差に分けて整理することがその趣旨であり，明朝体をはじめとする印刷文字の字形を新たに作り出す場合に適用し得るデザイン差の範囲を示したものではない。
　また，ここに挙げている明朝体のデザイン差は，おおむね「筆写の楷書字形において見ることができる字形の異なり」と捉えることも可能である。そのことを「2-2　手書き文字のいろいろな書き方に明朝体のデザイン差と共通するところがあるもの」で具体的に説明した。

（1）へんとつくり等の組合せ方

　　漢字のへんとつくり等の組合せに，以下に挙げるような相違がある場合にも，字体の違いと考えなくてもよい。

　①　大小，高低などに関する例

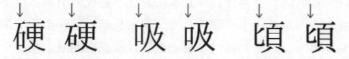

　②　はなれているか，接触しているかに関する例

（2）点画の組合せ方

　　漢字の点画の組合せに，以下に挙げるような相違がある場合にも，字体の違いと考えなくてもよい。

① 長短に関する例

雪 雪 雪　満 満　無 無　斎 斎

② つけるか，はなすかに関する例

発 発　備 備　奔 奔　溺 溺

空 空　湿 湿　吹 吹　冥 冥

③ 接触の位置に関する例

岸 岸　家 家　脈 脈 脈

蚕 蚕　印 印　蓋 蓋

④ 交わるか，交わらないかに関する例

聴 聴　非 非　祭 祭

存 存　孝 孝　射 射

⑤ その他

芽 芽 芽　夢 夢 夢

（3）点画の性質

点画の表し方について，以下に挙げるような相違がある場合にも，字体の違いと考えなくてもよい。

① 点か，画（棒）かに関する例

帰 帰　班 班　均 均　麗 麗　蔑 蔑

② 傾斜，方向に関する例

考 考 値 値 望 望

③ 曲げ方，折り方に関する例

勢 勢 競 競 頑 頑 頑 災 災

④ 「筆押さえ」等の有無に関する例

芝 芝 更 更 伎 伎
八 八 八 公 公 公 雲 雲

⑤ とめるか，はらうかに関する例

環 環 泰 泰 談 談
医 医 継 継 園 園

⑥ とめるか，ぬくかに関する例

耳 耳 邦 邦 街 街 餌 餌

上記の「とめるか，ぬくかに関する例」は，斜めの画に関するものである。一般に，明朝体のデザインでは，縦画の終筆はぬくように表さず，とめた形にされる。

⑦ はねるか，とめるかに関する例

四 四 配 配 換 換 湾 湾

⑧ その他

次 次※ 姿 姿

※ 「次」の左の部分は，元々「にすい（冫）」ではなく，「二」を成り立ちに持つなどとされる形である。明朝体でも「二」の形であった。

（4）特定の字種に適用されるデザイン差

「特定の字種に適用されるデザイン差」とは，以下の①～⑤それぞれの字種にのみ適用される印刷文字のデザイン差のことである。これらはいずれも，平成22年の常用漢字表の改定において追加され，現実に異なる字形がそれぞれ使用されており，かつ，その実態に配慮すると，字形の異なりを字体の違いと考えなくてもよいと判断できるものに含まれる。ただし，下記①～⑤については，その字形の異なりを他の字種，特に，昭和56年の常用漢字表に既に採用されていた字種の印刷文字には及ぼせないと判断し，このような扱いとしたものである。

① 牙・牙・牙

明朝体の「牙」については，このようなデザインのバリエーションがあり得るが，同様の又は似た構成要素を有する「芽」，「雅」，「邪」など，他の常用漢字については，左の字形の部分（「牙」）は用いない。

② 韓・韓・韓

明朝体の「韓」については，このようなデザインのバリエーションがあり得るが，同様の又は似た構成要素を有する「偉」，「緯」，「違」など，他の常用漢字の明朝体には，中央の字形の部分（「中」）は用いない。

③ 茨・茨・茨

明朝体の「茨」については，このようなデザインのバリエーションがあり得るが，同様の又は似た構成要素を有する他の常用漢字のうち，「恣」については，左の字形の部分（「二」）を用いる。「恣」以外の「凝」，「姿」，「諮」，「次」，「准」，「凍」，「冷」，「治」，「凄」などの明朝体には，左の字形の部分（「二」）は用いない。

④ 叱・叱

明朝体の「叱」と「叱」は本来別字とされるが，その使用実態から見て，異体の関係にある同字と認めることができる。「叱」については，上に示すようなデザインのバリエーションがあり得るが，同様の又は似た構成要素を有する「七」，「虞」，「虜」，「虚」，「虐」，「虎」，「膚」，「窃」，「戯」，「慮」，「劇」，「切」など，他の常用漢字の明朝体には，右の字形の部分（「七」）は用いない。

⑤ 栃・栃

明朝体の「栃」については，このようなデザインのバリエーションがあり得るが，似た構成要素を有する「励」の明朝体には，左の字形の部分（「厉」）は用いない。

2－2　手書き文字のいろいろな書き方に明朝体のデザイン差と共通するところがあるもの

「2－1　明朝体のデザイン」で見たデザイン差の分類については，おおむね「筆写の楷書字形において見ることができる字形の異なり」の分類として見ることも可能である。「2－1　明朝体のデザイン」の分類に従って，手書きの楷書における字形のバリエーションの例を以下に示した。ただし，「(4) 特定の字種に適用されるデザイン差」は，印刷文字に限った問題であるため，ここでは取り上げていない。

ここには，ごく一部の例を示したに過ぎず，例示された漢字における字形の異なりは，ここで取り上げていないその他の漢字においても，広く見られるものである。

なお，ここに挙げた例のうちには，「4　手書き（筆写）の楷書では，いろいろな書き方があるもの」にも掲げているものがある。また，具体的な書き方の例については，手書きする際の慣用として，より一般的であると考えられるものがある場合には，それを先に示したため，「2－1　明朝体のデザイン」と同じ順序にはなっていない。

(1) へんとつくり等の組合せ方
① 大小，高低などに関する例

硬硬　吸吸　頃頃

② はなれているか，接触しているかに関する例

睡睡　異異　挨挨

(2) 点画の組合せ方
① 長短に関する例

雪雪雪　満満　無無　斎斎

② つけるか，はなすかに関する例

発発　備備　奔奔　溺溺※

空空　湿湿　吹吹　冥冥

　※　「溺」は，手書きの楷書では「溺」のように書かれることが多い。

③ 接触の位置に関する例

岸岸　家※　脈脈脈
蚕蚕　印印　蓋蓋

※　明朝体の「家」の字形は，手書きの楷書では用いないのが一般的である。したがって手書きの例は示していない。

④ 交わるか，交わらないかに関する例

聴聴　非非　祭祭
存存　孝孝　射射

⑤ その他

芽芽芽　夢夢夢

(3) 点画の性質
① 点か，画（棒）かに関する例

帰帰帰　班班班
均均　麗麗　蔑蔑

② 傾斜，方向に関する例

考考　値値　望望

③ 曲げ方，折り方に関する例※

勢勢　競　頑頑　災

※　手書きの楷書では，明朝体の「競」，「頑」，「災」に見られるような，2画に見える折り方と同様の表現をしないのが一般的である。したがって，そのような表し方をする手書きの例は示していない。

④　「筆押さえ」等の有無に関する例

　　手書きの楷書では，明朝体のような筆押さえの表現をしないのが一般的である。したがって，手書きの例は示していない。

⑤　とめるか，はらうかに関する例

環環　泰泰　談談
医医　継継　園園

⑥　とめるか，ぬくかに関する例

耳耳　邦邦　街街　餌餌※1

⑦　はねるか，とめるかに関する例

四四　配配　換換　湾湾

⑧　その他※2

次　姿

※1　「餌」は，手書きの楷書では「餌」のように書かれることが多い。

※2　「次」や「姿」などの「にすい」型の2画目部分は，明朝体のように下方へ点を打ってはねるような書き方（「丶」）ではなく，上の例のような書き方が一般的である。このことは，「にすい」の2画目部分，「さんずい」の3画目部分でも同様である。

3 明朝体に特徴的な表現の仕方があるもの

明朝体の字形と手書きの楷書の字形との間には，以下に挙げる漢字の例のように，いろいろな違いがある。それらは，印刷文字と手書き文字におけるそれぞれの習慣の相違に基づく表し方の差であり，字形に違いがあっても，同じ字体として認めることのできるものである。それらを（1）～（5）に分類して示した。

（1）折り方に関する例

明朝体の点画の折り方に特徴的な表し方があるものとして，以下のような漢字の構成要素及び漢字の例が挙げられる。ここに挙げるような明朝体の字形と手書きの楷書の字形との相違は，字体の相違にまで及ぶものではない。

ア 「ム」,「幺」のような形を構成要素として有するもの。

構成要素の例	明朝体の例 － 手書きの楷書の例	
ム	雲－雲　　去－去　　公－公	など
幺	玄－玄　　糸－糸　　細－細	など

◇　上記を含め，同様に考えることができる漢字の例

構成要素の例	左のような構成要素を持つ漢字の例
ム	育　雲　屋　会　絵　拡　去　強　芸　公　広　鉱　参　酸　至　私　始　治　室　松　窓　総　態　台　転　伝　統　能　仏　弁　法　流　など
幺	絵　紀　機　級　給　系　係　経　結　潔　絹　玄　後　紅　細　糸　紙　磁　終　縦　縮　純　織　績　絶　線　素　組　総　続　率　孫　統　納　編　綿　約　幼　練　緑　など
その他	該　骸　刻　など

イ　縦画のはねの表現に関するもの。

構成要素の例	明朝体の例 － 手書きの楷書の例	
衣	衣－衣　　製－製　　裏－裏	など
艮	眼－眼　　銀－銀　　良－良	など
辰	唇－唇　　振－振　　震－震	など
氏	氏－氏　　紙－紙　　低－低	など

2章 3-(1)

◇ 上記を含め，同様に考えることができる漢字の例

構成要素の例	左のような構成要素を持つ漢字の例
衣	衣 裁 衰 製 装 表 俵 裏 など
良	飲 館 眼 郷 銀 限 根 飼 食 節 退 飯 養 良 朗 など
辰	唇 振 震 農 濃 など
氏	氏 紙 低 底 など
民	民 眠 など
長	長 帳 張 など
その他	越 喪 展 など

ウ　下ろした縦画を右に折る際の表し方に関するもの。

構成要素の例	明朝体の例　－　手書きの楷書の例	
比	比－比　　階－階　　混－混	など
丂	汚－汚　　号－号	など
弓	弓－弓　　引－引	など
ㄴ	医－医　　区－区	など
ㄴ	断－断　　直－直	など
丩	収－収	など

◇ 上記を含め，同様に考えることができる漢字の例

構成要素の例	左のような構成要素を持つ漢字の例
比	階 混 比 批 陛 など
丂	汚 顎 巧 号 など
与	写 与 など
弓	引 弓 強 弱 第 張 弟 費 など
ル	頑 競 微 など
卬	仰 迎 抑 など
卯	貿 留 など
ㄴ	医 区 など
ㄴ	継 県 植 世 断 値 置 直 葉 など
凵	画 岸 岩 逆 胸 鋼 山 歯 出 炭 島 悩 脳 満 密 など
女	安 案 桜 好 妻 始 姉 姿 数 接 努 婦 妹 要 など
母	海 毒 梅 毎 など
毋	貫 慣 など
及	及 吸 級 など
その他	誤 考 災 収※ 母 卵 など

—34—

※ 明朝体において,「収」の「乚」の部分は,「叫」,「糾」などの右側部分と形が似ているため3画であると誤解されることがあるが,2画である。

(2) 点画の組合せ方に関する例

明朝体の点画の組合せ方に特徴的な表し方があるものとして,以下のような漢字の構成要素及び漢字の例が挙げられる。ここに挙げるような明朝体の字形と手書きの楷書の字形との相違は,字体の相違にまで及ぶものではない。

構成要素の例	明朝体の例 － 手書きの楷書の例			
水	水－水	永－永		など
氺	求－求	康－康		など
豕	家－家	象－象	隊－隊	など
人	人－人	欠－欠	次－次	など
爪	派－派	脈－脈		など
北	北－北	背－背		など

◇ 上記を含め,同様に考えることができる漢字の例

構成要素の例	左のような構成要素を持つ漢字の例
水	永 泳 承 蒸 水 泉 線 氷 など
氺	求 救 球 康 泰 様 緑 録 など
豕	家 象 像 隊 など
人	飲 火 歌 灰 欠 災 次 秋 人 炭 談 欲 など
爪	派 脈 など
北	背 北 など
その他	久※ 備 旅 など

※「久」の明朝体に「久」のように3画目が2画目の角の辺りに接するデザインのものがあるが,手書きの楷書では「久」と書き表すのが一般的である。

(3)「筆押さえ」等に関する例

明朝体の特徴的な表し方に「筆押さえ」があり,以下のような漢字の構成要素及び漢字の例が挙げられる。ここに挙げるような明朝体と手書きの楷書における字形の相違は,原則として,字体の相違にまで及ぶものではない。近年,「筆押さえ」等を付す明朝体のデザインは少なくなっているため,下記の構成要素の例は,常用漢字表の通用字体として用いられているものを中心に挙げた。なお,「字形比較表」の「印刷文字の字形の例」欄には,「筆押さえ」等が付された明朝体の例も多く示している。

構成要素の例	明朝体の例 － 手書きの楷書の例	
史	史－史　使－使　吏－吏	など
之	芝－芝　乏－乏	など
入	入－入　込－込	など
入	詮－詮　喩－喩	など
八	八－八　公－公　船－船	など

◇ 上記を含め，同様に考えることができる漢字の例

構成要素の例	左のような構成要素を持つ漢字の例
史	史　使　吏 など
之	芝　乏 など
入	込　入 など
入※	詮　喩 など
八	沿　穴　公　船　八　貧　分　粉 など
その他	延　伎　建　健　交　支　枝　丈　誕　庭　父　文 など

※　「詮」，「喩」など，明朝体の「入」とそれを手書きした際の「入」の字形の差異は，字体の違いに及んでいると考えられる場合がある。なお，明朝体の「入」のとおりに手書きする際に，「入」のように１画目の左はらいの途中の部分に始筆を接触させて右はらいを書くべきとの考え方があるが，明朝体のデザインに影響されたものであり，本来，その必要はない。

(4) 曲直に関する例

　明朝体においては，手書きの楷書では曲線で書かれることの多い点画を直線的に表す場合があり，以下のような漢字の構成要素及び漢字の例が挙げられる。ここに挙げるような明朝体の字形と手書きの楷書の字形との相違は，字体の相違にまで及ぶものではない。

構成要素の例	明朝体の例 － 手書きの楷書の例	
子	子－子　学－学　好－好	など
手	手－手　挙－挙	など
了	了－了　承－承　蒸－蒸	など

◇ 上記を含め，同様に考えることができる漢字の例

構成要素の例	左のような構成要素を持つ漢字の例
子	学 季 教 好 孝 厚 子 字 熟 存 孫 乳 遊 など
手	挙 摯 手 摩 など
了	承 蒸 了 など
その他	極 呼 など

（5）その他

上記（1）～（4）のほか，明朝体に特徴的な表し方があるものとして，以下のような漢字の構成要素及び漢字の例が挙げられる。ここに挙げるような明朝体の字形と手書きの楷書の字形との相違は，字体の相違にまで及ぶものではない。

構成要素の例	明朝体の例　－　手書きの楷書の例			
辶	近－近	述－述	連－連	など
辶	遡－遡	遜－遜	謎－謎	など
竹	簡－簡	笑－笑	箱－箱	など
心	心－心	総－総	必－必	など

◇ 上記を含め，同様に考えることができる漢字の例

構成要素の例	左のような構成要素を持つ漢字の例
辶※	遺 運 遠 過 逆 近 週 述 進 選 送 造 速 退 達 追 通 適 道 導 辺 返 迷 遊 連 など
辶※	遡 遜 謎 など
竹	管 簡 筋 策 算 笑 節 第 築 笛 答 等 箱 筆 など
心	愛 悪 意 応 億 恩 感 急 憲 志 思 誌 心 窓 想 総 息 態 忠 徳 認 念 秘 悲 必 忘 密 優 など

※　「遡」，「遜」，「謎」など，明朝体で点二つで表される「しんにゅう」を有する字を手書きする場合について，常用漢字表では「辶」（点一つの「しんにゅう」）と同様に「辶」と書くとされているが，戸籍や住民基本台帳に関する窓口業務等においては，常用漢字表における字体・字形の考え方とは異なった取扱いがなされる場合もある。窓口業務等では，「しんにゅう」を含む漢字については，申請者が手で記載する際にも，点一つ（「辶」）と点二つ（「辶・辶」）との書き分けが行われる場合がある。そのような書き分けを行う場合を含め，点二つの「しんにゅう」の漢字を「辶・辶」のように書いたものを誤りとすべきではない。

なお，明朝体においては，点一つのもの（「辶」）と二つのもの（「辶」）は別の字体として扱われる。

2章 4-(1)

4 手書き(筆写)の楷書では,いろいろな書き方があるもの

手書きの楷書においては,以下に挙げるような漢字の構成要素及び漢字の例のように,字形に違いがあっても,同じ字体として認めることのできるものがある。それらを(1)～(6)に分類して示した。

(1) 長短に関する例

漢字の点画の長短にいろいろな書き表し方があるものとして,以下のような漢字の構成要素及び漢字の例が挙げられる。ここに挙げるような長短の違いは,字体の判別の上で問題にならない。

ア 複数の横画を有する漢字における,横画の長短に関するもの

構成要素の例	左のような構成要素を持つ漢字の書き表し方の例	
無	舞 舞	無 無 など
幸	幸 幸	報 報 など
天	天 天	蚕 蚕 など
三	三 三	など
夫	春 春	奉 奉 など
王	王 王	全 全 など
寺	寺 寺	など
亲	新 新	親 親 など

◇ 上記を含め,同様に考えることができる漢字の例

構成要素の例	左のような構成要素を持つ漢字の例
無	舞 無 など
幸	幸 執 報 など
天	蚕 奏 天 など
关	関 咲 送 など
辛	辞 辛 避 辣 など
半	半 伴 判 など
三	勤 業 群 耕 三 実 達 羊 洋 様 など
夫	春 奏 奉 棒 など
戋	残 浅 銭 など
王	王 球 玉 金 現 皇 国 聖 全 程 班 宝 望 理 など

—38—

主	往 住 注 柱 など
羊	義 議 差 着 養 など
青	害 割 潔 憲 情 青 清 晴 精 静 責 積 績 素 毒 麦 表 俵 など
生	産 生 性 星 など
ヨ	帰 急 雪 当 婦 など
寺	詩 寺 持 時 待 等 特 など
亲	新 親 など
妻	妻 凄 など
聿	建 健 筆 律 など
五	五 悟 語 など
至	屋 至 室 到 など
莫	墓 暮 幕 など
その他	案 委 汚 芽 看 寒 漢 季 狭 苦 形 型 芸 研 兼 互 工 紅 構 講 黒 座 作 昨 矢 事 借 若 手 書 章 乗 垂 制 宣 善 卒 率 著 賃 庭 鉄 得 任 拝 美 票 夫 平 豊 満 毛 薬 郵 要 葉 裏 量 緑 録 など

イ　上部に「一」，下部に「冂」又は「口」のような形を有する漢字における，上部の「一」の長短に関するもの

構成要素の例	左のような構成要素を持つ漢字の書き表し方の例	
雨	雨 雨 雨　　　雲 雲	など
南	南 南 南	など
市	市 市 市	など
百	百 百 百　　　宿 宿	など
車	車 車 車　　　庫 庫	など
戸	戸 戸 戸　　　肩 肩	など

◇　上記を含め，同様に考えることができる漢字の例

構成要素の例	左のような構成要素を持つ漢字の例
雨	雨 雲 雪 電 など
丙	病 柄 など
南	献 南 など
甫	浦 捕 補 など
市	市 姉 師 肺 布 など

百	宿 縮 百 など	
直	植 値 置 直 など	
真	真 慎 など	
啇	商 適 敵 など	
覀	価 票 標 要 など	
酉	酸 酒 尊 配 など	
靣	演 画 など	
頁	額 顔 願 順 題 頂 頭 預 領 類 など	
豆	短 豆 頭 など	
甫	恵 専 博※ など	
車	運 揮 軍 軽 庫 車 転 輸 輪 連 など	
重	重 動 など	
束	整 束 速 など	
東	東 凍 棟 練 など	
吏	使 吏 など	
更	更 硬 便 など	
亜	亜 悪 など	
卓	幹 朝 潮 など	
戸	肩 戸 所 編 など	
畐	富 副 福 など	
その他	右 再 策 司 首 西 道 面 有 融 両 など	

※ 「専」と「博」のつくりは、本来は字源を異にする（「専」と「尃」）ものである。

ウ　上下の組立てによって構成される漢字の、上部と下部の幅の長短に関するもの

構成要素の例	左のような構成要素を持つ漢字の書き表し方の例	
出	出 出　　拙 拙	など
その他	岸 岸　　署 署	など

◇　上記を含め、同様に考えることができる漢字の例

構成要素の例	左のような構成要素を持つ漢字の例
出	屈 掘 出 拙 など
その他	員 岸 絹 罪 暑 署 唱 星 損 炭 男 置 導 買 勇 など

エ　複数の縦画を有する漢字における，縦画の長短に関するもの

構成要素の例	左のような構成要素を持つ漢字の書き表し方の例	
川	川 川　　　　州 州	など
世	世 世 世	など

◇　上記を含め，同様に考えることができる漢字の例

構成要素の例	左のような構成要素を持つ漢字の例
川	訓　州　順　川　など
世	世　葉　など
その他	帯　など

オ　画の長短が字体の判別に関わるものとして「士」と「土」[※1]が挙げられるが，これらが別の漢字の構成要素になっている場合に，必ずしも長短を問題にする必要のないもの

構成要素	左のような構成要素を持つ漢字の書き表し方の例	
士	荘 荘　　　樹 樹	など
土	周 周　　　週 週	など

◇　上記を含め，同様に考えることができる漢字の例

構成要素	左のような構成要素を持つ漢字の例
士	喜　吉[※2]　結　穀　志　誌　樹　声　荘　装　続　読　売　など
土	園　遠　街　寺　捨　周　週　待　調　等　など

※1　構成要素としての「士」と「土」について，横画の長短が問題にされないのは，漢字の右部や上部の狭い部分にはまるような場合が多い。「士」と「土」と同様に，横画の長短が字体の判別に関わるものに「末」と「未」があるが，構成要素としての「末」と「未」は，音符（漢字の音を表す部分）となっているケースが多いことなどのため，長短が入れ替わるように書かれることが少ない。

※2　「吉」と「𠮷」は，一般には同じ漢字として用いることができるが，戸籍等では，使い分けが行われる場合がある。なお，辞書等においては，「𠮷」を俗字とするものもある。

（2）方向に関する例

漢字の点画の方向にいろいろな書き表し方があるものとして，以下のような例が挙げられる。ここに挙げる点画の方向の違いは，字体の判別の上で問題にならない。

ア　横画の中央上部にある点画の方向にいろいろな書き方があるもの

構成要素の例	左のような構成要素を持つ漢字の書き表し方の例	
亠	京　京	方　方　など
宀	穴　穴	定　定　など
广	広　広	庁　庁　など
ネ	神　神	礼　礼　など
ネ	初　初	複　複　など
隹	集　集	難　難　など
言	言　言　言	語　語　語　など

◇　上記を含め，同様に考えることができる漢字の例

構成要素の例	左のような構成要素を持つ漢字の例
亠	暗 衣 位 意 育 液 往 億 音 顔 旗 泣 京 境 鏡 競 景 激 交 効 校 航 高 刻 済 裁 産 市 姉 施 辞 主 就 住 熟 商 章 障 織 新 親 製 接 装 族 卒 率 対 滝 畜 注 柱 停 適 敵 統 童 肺 倍 部 文 変 方 放 訪 亡 忘 防 望 夜 遊 裏 立 流 旅 六　など
宀	安 案 院 宇 演 家 嫁 害 額 割 完 官 寒 管 館 寄 客 宮 穴 憲 察 字 室 実 寂 守 宗 宿 縮 宣 宅 宙 貯 定 富 宝 密 容　など
宂	究 空 窓 突　など
广	応 拡 庫 広 康 鉱 座 序 床 席 庁 底 庭 店 度 糖 府　など
疒	痛 疲 病　など
良	飲 館 飼 食 飯 養 良 朗　など
ネ	視 社 祝 神 祖 福 礼　など
ネ	初 複 補　など
隹	確 観 権 雑 集 準 進 推 難 奮 曜　など
言	課 記 議 許 訓 計 警 謙 言 語 誤 護 講 詞 試 詩 誌 識 謝 諸 証 信 誠 設 説 誕 談 調 討 読 認 評 訪 訳 論 話　など
倉	倉 創　など

イ　右から左にはらって書くことも，横画として左から右に書くこともあるもの

構成要素の例	左のような構成要素を持つ漢字の書き表し方の例	
風	風風	など
比	比比　　　混混	など
印	仰仰　　　迎迎	など
奏	奏奏	など

◇　上記を含め，同様に考えることができる漢字の例

構成要素の例	左のような構成要素を持つ漢字の例
風	嵐 風 など
天	橋 笑 添 など
系	系 係 孫 など
属	嘱 属 など
ヒ	化 花 貨 疑 掲 死 指 態 能 北 老 など
比	階 混 比 批 陛 など
考	考 拷 など
印	仰 迎 抑 など
癶	愛 受 授 など
その他	印 純 奏 暖 任 貿 卵 留 など

ウ　点の方向にいろいろな書き方があるもの

構成要素の例	左のような構成要素を持つ漢字の書き表し方の例	
糸	紅紅　　　紙紙	など
灬	魚魚魚　　　点点点	など
舟	舟舟　　　航航	など
羽	羽羽羽羽※1　曜曜	など
雨	雨雨雨雨	など

◇　上記を含め，同様に考えることができる漢字の例

構成要素の例	左のような構成要素を持つ漢字の例
糸※2	絵 紀 級 給 経 結 絹 紅 細 紙 終 縦 縮 純 織 績 絶 線 組 総 続 統 納 編 綿 約 緑 練 など
灬	駅 魚 漁 鯨 験 黒 熟 照 蒸 鮮 然 鳥 点 熱 燃 馬

2章 4-(2)

	無 鳴 など	
舟	航 舟 船 など	
羽	羽 習 曜 翌 など	
雨	雨 雲 雪 電 など	
火	炎 火 灰 災 秋 焼 炭 灯 燃 畑 など	
忄	快 慣 情 性 など	
州	州 酬 など	
その他	均 弱 飛 など	

※1 「羽」を「羽」のように書いたものは,いわゆる康熙字典体である。

※2 いとへんは,「糸」のように書く場合,下部の三つの点を,通常,左から順に書くため,筆順が変わる。

エ　横画又は縦画で書くことも,点で書くこともあるもの

構成要素の例	左のような構成要素を持つ漢字の書き表し方の例	
年 牛 戸 今 リ	年 年 年	など
	偉 偉 偉　　隣 隣 隣	など
	戸 戸　　　　所 所	など
	今 今　　　　念 念	など
	帰 帰 帰　　班 班 班	など

◇　上記を含め,同様に考えることができる漢字の例

構成要素の例	左のような構成要素を持つ漢字の例
年	年 など
牛	偉 違 衛 傑 降 隣 など
牙	牙 芽 雅 など
戸	肩 戸 所 編 など
弌	弐 武 など
今	含 今 念 など
令	領 令 冷 など
臨	監 鑑 覧 など
臣	臣 蔵 臓 臨 など
リ	帰 班 など

オ　縦画を垂直に書くことも，斜めに書くこともあるもの

構成要素	左のような構成要素を持つ漢字の書き表し方の例	
直	真真　　　植植	など
古	徳徳	など

◇　上記を含め，同様に考えることができる漢字の例

構成要素	左のような構成要素を持つ漢字の例
直	植　真　値　置　直　など
その他	徳　南　など

（3）つけるか，はなすかに関する例

　漢字の点画をつけるか，はなすかについていろいろな書き表し方があるものとして，以下のような例が挙げられる。ここに挙げるものをはじめ，他の漢字においても，同様の点画のつけ方，はなし方の違いは，字体の判別の上で問題にならない。

ア　横画と，その中央上部の点画とを，つけて書くことも，はなして書くこともあるもの

構成要素の例	左のような構成要素を持つ漢字の書き表し方の例	
亠	主主主　　立立立	など
宀	完完完　　実実実	など
广	床床床　　店店店	など
礻	社社社　　祝祝祝	など
隹	推推推　　曜曜曜	など
言	言言言　　計計計	など

◇　上記を含め，同様に考えることができる漢字の例

構成要素の例	左のような構成要素を持つ漢字の例
亠	暗　衣　位　意　育　液　往　億　音　顔　旗　泣　京　境　鏡　競　景　激　交　効　校　航　高　刻　済　裁　産　市　姉　施　辞　主　就　住　熟　商　章　障　織　新　親　製　接　装　族　卒　率　対　滝　畜　注　柱　停　適　敵　統　童　肺　倍　部　文　変　方　放　訪　亡　忘　防　望　夜　遊　裏　立　流　旅　六　など
宀	安　案　院　宇　演　家　嫁　害　額　割　完　官　寒　管　館　寄

2章 4-(3)

構成要素の例	左のような構成要素を持つ漢字の例
宀	客 宮 穴 憲 察 字 室 実 寂 守 宗 宿 縮 宣 宅 宙 貯 定 富 宝 密 容 など
穴	究 空 窓 突 など
广	応 拡 庫 広 康 鉱 座 序 床 席 庁 底 庭 店 度 糖 府 など
疒	痛 疲 病 など
良	飲 館 飼 食 飯 養 良 朗 など
ネ	視 社 祝 神 祖 福 礼 など
ネ	初 複 補 など
隹	確 観 権 雑 集 準 進 推 難 奮 曜 など
言	課 記 議 許 訓 計 警 謙 言 語 誤 護 講 詞 試 詩 誌 識 謝 諸 証 信 誠 設 説 誕 談 調 討 読 認 評 訪 訳 論 話 など
倉	倉 創 など
鳥	鳥 島 鳴 など

イ 口, 冂などの内部にある横画の終筆を, 右側の縦画につけて書くことも, はなして書くこともあるもの

構成要素の例	左のような構成要素を持つ漢字の書き表し方の例			
日	日 日	昭 昭	模 模	など
月	月 月	消 消	肺 肺	など
田	田 田	思 思	畑 畑	など
ヨ	婦 婦	当 当	急 急	など

◇ 上記を含め, 同様に考えることができる漢字の例

構成要素の例	左のような構成要素を持つ漢字の例
日※1	意 映 易 億 音 温 楽 幹 旧 鏡 景 激 原 源 厚 皇 混 最 昨 旨 指 児 時 識 者 借 習 宿 縮 春 書 暑 署 諸 昭 唱 傷 照 障 場 織 職 星 昔 泉 線 早 草 層 増 題 担 暖 昼 著 腸 潮 提 的 都 湯 得 日 白 晩 百 復 腹 複 墓 暮 暴 幕 明 盟 綿 模 薬 陽 量 など
目	遺 員 夏 貨 賀 貝 覚 額 看 慣 観 眼 顔 願 規 貴 具 見 県 現 財 算 賛 視 資 自 質 首 順 助 賞 植 親 省 責 積 績 祖 組 相 想 則 息 側 測 損 貸 題 値 置 貯 頂 直 賃 頭 道 導 敗 買 箱 費 鼻 貧 負

	貿 面 目 優 預 覧 領 類	など
耳	厳 耳 取 聖	など
艮	館 眼 郷 銀 限 根 飼 食 節 退 娘 養 良 朗	など
倉	倉 創	など
鳥	鳥 島 鳴	など
門	開 閣 間 簡 聞 閉 門 問	など
酉[※2]	酸 酒 尊 配	など
月[※1]	胃 育 期 胸 筋 月 肩 絹 湖 骨 散 消 勝 情 青 清 晴 精 静 前 臓 態 朝 潮 能 脳 背 肺 肥 服 腹 望 脈 明 盟 輸 有 朗	など
其	基 期 旗	など
身	射 謝 身	など
斉	済 剤 斉	など
田	胃 異 界 魚 漁 細 思 層 増 男 町 田 畑 番 鼻 富 副 福 奮 勇 略 留	など
由	演 横 画 黄 専 宙 笛 届 博 由 油	など
甲	押 果 課 戦 単	など
申	申 神	など
車	運 揮 軍 庫 車 転 輸 輪 連	など
東	東 練	など
更	更 硬 便	など
里	黒 童 野 里 理 裏 量	など
重	種 重 動 働	など
曲	曲 典 農 豊	など
冉	構 講 再	など
冊	編 輪 論	など
用	備 用	など
甬	通 痛	など
ヨ	帰 急 雪 当 婦	など
その他	俺 査 電 補 緑 録	など

※1 「日」の「日」及び「月」の「月」の字形について，辞書等によっては，いわゆる旧字体として扱われている場合がある。

※2 「酉」は，「酉」のように，内部の横画の始筆も終筆も，縦画とはなして書くことがある。

2章 4-(3)

ウ　漢字の下部や狭い部分にある「木」「米」などの左右のはらいの始筆を，つけて書くことも，「ホ」のようにはなして書くこともあるもの

構成要素の例	左のような構成要素を持つ漢字の書き表し方の例	
木	案案　　保保	など
米	歯歯　　迷迷	など

◇　上記を含め，同様に考えることができる漢字の例

構成要素の例	左のような構成要素を持つ漢字の例
木	案　栄　果　課　楽　業　困　採　菜　殺　雑　集　条　乗　深　新　親　染　巣　操　探　築　保　薬　葉　など
米	歯　数　断　迷　類　など
その他	兼　など

エ　「又」の2画目，「文」の3，4画目などのように，左右のはらいの始筆をつけて書くことも，はなして書くこともあるもの

構成要素の例	左のような構成要素を持つ漢字の書き表し方の例	
又	又又　　技技　　返返	など
文	文文文　　対対対	など

◇　上記を含め，同様に考えることができる漢字の例

構成要素の例	左のような構成要素を持つ漢字の例
又	仮　技　径　経　軽　護　穀　祭　最　際　殺　察　支　枝　寂　取　受　授　収　段　暖　努　度　投　波　破　反　坂　板　版　皮　服　返　報　又　役　友　など
文	済　斉　文　など
夂	改　救　教　敬　警　激　厳　故　散　修　数　政　整　敵　敗　放　牧　枚　務　など

オ　縦画を，それを挟む上下の横画に，つけて書くことも，はなして書くこともあるもの

構成要素の例	左のような構成要素を持つ漢字の書き表し方の例	
立	立立立	など
無	無無	など
垂	垂垂	など

2章 4-(3)

◇ 上記を含め，同様に考えることができる漢字の例

構成要素の例	左のような構成要素を持つ漢字の例
立	暗 位 意 億 音 顔 泣 鏡 競 辞 識 章 障 織 職 新 親 童 倍 部 翌 立 など
無	舞 無 など
垂	垂 郵 など
乗	乗 剰 など
その他	並 など

カ　その他，つけて書くことも，はなして書くこともあるもの

構成要素の例	左のような構成要素を持つ漢字の書き表し方の例	
癶	登 登　　発 発	など
疒	病 病　　痛 痛	など
穴	究 究　　窓 窓	など
右	右 右　　石 石	など

◇ 上記を含め，同様に考えることができる漢字の例

構成要素の例	左のような構成要素を持つ漢字の例
癶	登 発 など
疒	痛 病 など
穴	究 空 窓 など
右	右 確 君 郡 群 研 砂 若 石 倉 創 名 など
合	各 格 閣 額 谷 浴 欲 落 略 路 など
下	下 峠 など
共	異 共 供 選 など
貝	遺 員 貨 賀 貝 額 慣 願 貴 賛 資 質 順 賞 責 積 績 則 側 測 損 貸 貯 頂 賃 買 費 貧 負 貿 預 領 類 など
圭	街 掛 など
少	砂 少 省 秒 歩 など
兄	鋭 悦 閲 兄 祝 税 説 党 など
その他	益 演 夏 歌 革 希 期 旗 極 具 後 誤 黄 興 困 左 差 刷 蚕 四 死 湿 樹 従 縦 春 焼 真 吹 西 短 昼 兆 町 溺 豆 届 麦 否 飛 備 不 布 武 兵 片 暮 奔 幕 冥 夢 夜 養 など

2章 4-(4)

（4）はらうか，とめるかに関する例

漢字の点画の終筆をはらうか，とめるかについて，いろいろな書き表し方があるものとして，以下のような例が挙げられる。ここに挙げるような点画のはらい方，とめ方の違いは，字体の判別の上で問題にならない。

ア　はらって書くことも，とめて書くこともあるもの※

構成要素の例	左のような構成要素を持つ漢字の書き表し方の例	
八	公　公	船　船　など
大	器　器	契　契　など
央	央　央	映　映　など
矢	矢　矢	医　医　など
攵	敬　敬	修　修　など
木	困　困	床　床　など
禾	委　委	季　季　など
糸	糸　糸	紀　紀　　系　系　など
卜	外　外	など

◇　上記を含め，同様に考えることができる漢字の例

構成要素の例	左のような構成要素を持つ漢字の例
八	益　沿　公　松　船　総　八　貧　分　粉　など
今	今　念　など
人	飲　歌　会　幹　欠　合　谷　姿　資　舎　捨　拾　除　次　食　全　倉　創　答　内　肉　命　容　浴　欲　輪　令　冷　など
衣	製　装　表　俵　裏　など
艮	眼　銀　限　根　食　養　良　など
園	園　遠　など
大	因　恩　寄　器　契　参　実　状　然　太　燃　美　奮　模　など
夫	漢　賛　など
央	英　映　央　など
天	橋　笑　添　など
矢	医　候　矢　族　など
失	失　鉄　など
夫	春　奏　奉　棒　など
夬	快　決　など
火	火　灰　災　秋　炭　談　など

尺	駅 釈 沢 訳 など
又	仮 技 径 経 軽 護 穀 祭 最 際 殺 察 支 枝 寂 取 受 授 収 設 段 暖 努 度 投 波 破 反 坂 板 版 飯 皮 服 返 報 又 役 友 など
攵	改 救 教 敬 警 激 厳 故 散 修 数 政 整 敵 敗 放 牧 枚 務 など
僉	険 検 験 など
木	案 栄 果 課 楽 株 休 業 困 査 採 菜 策 朱 集 床 条 乗 深 森 染 巣 操 体 探 築 東 保 木 本 末 未 味 薬 葉 来 林 歴 など
束	束 速 頼 など
禾	委 季 番 など
关	巻 券 勝 など
米	歯 米 迷 など
豕	家 象 像 隊 など
水	永 泳 承 蒸 水 氷 など
氺	求 球 康 様 など
夂	愛 各 格 閣 客 後 降 酸 終 条 冬 麦 復 腹 複 優 落 略 路 など
及	吸 級 など
糸	絵 紀 級 給 系 係 経 結 潔 絹 紅 細 糸 紙 終 縦 縮 純 織 績 絶 線 素 組 総 続 孫 統 納 編 綿 約 緑 練 など
小	願 京 景 県 原 源 砂 寂 就 小 少 省 歩 など
示	禁 祭 際 票 標 など
ホ	茶 余 など
ホ	述 術 など
父	校 父 など
共	異 供 港 選 暴 など
爪	派 脈 など
その他	液 外 基 挙 狭 兼 更 歳 参 史 使 衆 送 奏 昼 天 展 登 農 発 便 墓 暮 幕 夜 旅 など

※ 右はらいをとめて書く場合には,「央」,「床」といったように,始筆がはなれることが多い。

イ　右上にはらって書く横画をとめて書くこともあるもの

構成要素の例	左のような構成要素を持つ漢字の書き表し方の例	
土	城城　　　地地	など
女	好好　　　始始	など
耳	耳耳　　　取取	など

2章 4-(4)

◇ 上記を含め，同様に考えることができる漢字の例

構成要素の例	左のような構成要素を持つ漢字の例
土	域 塩 街 境 均 城 場 勢 増 地 熱 坂 など
工	功 試 式 など
王	球 現 班 理 など
止	政 疎 武 路 など
重	動 働 など
金	鏡 銀 鉱 鋼 針 銭 鉄 銅 録 など
豆	樹 頭 など
比	階 混 比 批 陛 など
女	好 始 姉 数 妹 など
子	教 熟 孫 乳 など
牛	特 物 牧 など
舟	航 船 など
非	罪 俳 非 悲 など
耳	厳 最 耳 取 趣 職 聖 聞 など
以	以 似 など
己	改 選 など
我	我 義 議 など
その他	戯 勤 切 属 段 虫 風 邦 望 北 野 郵 など

ウ　左部分の縦方向の画の終筆をとめて書くことも，はらって書くこともあるもの

構成要素の例	左のような構成要素を持つ漢字の書き表し方の例	
月	育 育　　消 消	など
角	角 角　　解 解	など
周	周 周　　調 調	など

◇ 上記を含め，同様に考えることができる漢字の例

構成要素の例	左のような構成要素を持つ漢字の例
月	胃 育 筋 肩 絹 骨 散 消 情 青 清 晴 精 静 前 能 背 望 輪 有 など
井	囲 耕 井 など
开	算 鼻 弁 など
开	開 形 型 研 など
介	介 界 など
用	通 痛 備 用 など

角	解 角 など
周	周 週 調 など
非	俳 排 非 悲 など
川	訓 州 順 川 など
その他	刊 荒 済 冊 赤 判 変 など

エ　最終画又は構成要素の最終画となる縦画の終筆をとめて書くことも，はらって（ぬいて）書くこともあるもの

構成要素の例	左のような構成要素を持つ漢字の書き表し方の例	
十	十 十　　許 許　　中 中	など
巾	常 常　　布 布	など
阝	都 都　　郵 郵	など

◇　上記を含め，同様に考えることができる漢字の例

構成要素の例	左のような構成要素を持つ漢字の例
十	華 解 革 干 刊 幹 岸 牛 許 計 件 午 幸 辞 十 準 章 障 申 神 針 千 早 草 卒 率 単 中 仲 忠 南 年 半 評 平 棒 用 など
巾	希 帰 市 姉 師 常 席 掃 帯 肺 布 婦 幕 綿 など
卩	印 節 命 卵 など
川	訓 州 川 など
井	囲 耕 井 など
廾	戒 械 算 鼻 弁 など
开	開 研 など
阝	郷 郡 都 部 邦 郵 など
介	介 界 など
斤	近 所 新 折 断 など
卋	偉 降 瞬 など
丰	拝 邦 峰 など
羊	群 達 羊 洋 など
弗	費 沸 など
聿	建 健 筆 律 など
車	運 揮 軍 庫 車 連 など
斉	済 斉 など
その他	引 科 叫 今 耳 料 輪 論 など

（5）はねるか，とめるかに関する例

漢字の点画の終筆をはねるか，とめるかについて，いろいろな書き表し方があるものとして，以下のような例が挙げられる。ここに挙げるような点画のはね方，とめ方の違いは，字体の判別の上で問題にならない。

ア　縦画の終筆をはねて書くことも，とめて書くこともあるもの

構成要素の例	左のような構成要素を持つ漢字の書き表し方の例	
木 禾 牛 糸 小 示 袁 門 氶	木／木　委／委　特／特　糸／糸　県／県　示／示　園／園　門／門　衆／衆	机／机　積／積　牧／牧　絹／絹　少／少　禁／禁　遠／遠　問／問

など（各行）

◇　上記を含め，同様に考えることができる漢字の例

構成要素の例	左のような構成要素を持つ漢字の例
木	案 栄 桜 横 果 課 械 楽 株 机 機 休 橋 業 極 検 権 校 構 因 根 査 採 菜 材 札 殺 雑 枝 朱 樹 集 床 松 条 乗 植 深 森 新 親 染 相 巣 想 操 村 体 探 築 柱 梅 箱 板 標 保 棒 木 本 枚 模 薬 葉 様 来 林 歴 など
未	妹 未 味 など
末	末 抹 など
束	整 束 速 など
朿	策 刺 など
東	東 練 など
禾	委 移 科 季 穀 私 種 秋 称 税 積 程 秘 秒 利 和 など
耒	耕 耗 など
米	奥 歯 数 精 断 糖 粉 米 迷 料 類 など
牛	特 物 牧 など
丬	将 状 装 など

糸	絵 紀 級 給 系 係 経 結 潔 絹 紅 細 糸 紙 終 縦 縮 純 織 績 絶 線 素 組 総 続 孫 統 納 編 綿 約 緑 練 など
小	願 京 景 県 原 源 砂 就 除 小 少 省 歩 余 など
示	禁 祭 際 察 示 宗 票 など
朮	述 術 など
不	否 不 など
弔	第 弟 など
袁	園 遠 など
睘	還 環 など
瓜	派 脈 など
才	才 材 財 閉 など
門	開 閣 間 関 簡 聞 閉 門 問 など
その他	界 歳 斉 衆 茶 番 飛 旅 など

イ　縦に下ろして右に曲げる点画（乚）の終筆を，とめて書くことも，はねて書くこともあるもの

構成要素の例	左のような構成要素を持つ漢字の書き表し方の例	
匕	指指	陛陛 など
己	改改改	起起 など
儿	四四	陸陸陸 など
穴	空空空	など

◇　上記を含め，同様に考えることができる漢字の例

構成要素の例	左のような構成要素を持つ漢字の例
匕	化 花 貨 疑 傾 旨 死 指 態 能 背 比 批 陛 北 老 など
己	改 巻 記 起 港 選 包 など
尤	稽 就 蹴 など
几	机 航 穀 殺 処 設 段 投 盤 役 など
九	究 雑 など
儿	逸 四 商 西 勢 熱 売 陸 など
七	七 切 など
穴	究 空 窓 など
酉	酸 酒 尊 配 など
その他	俺 危 荒 築 電 発 犯 流 など

（6）その他

そのほか，漢字の点画について，いろいろな書き表し方があるものとして，以下のような例が挙げられる。ここに挙げるような違いは，字体の判別の上で問題にならない。

ア　点画が交わるように書くことも，交わらないように書くこともあるもの

構成要素の例	左の構成要素を持つ漢字の書き表し方の例	
女	女女　　桜桜　　妹妹妹妹	など
ト	外外	など
才	才才　　材材　　閉閉	など
耳	耳耳	など
ヒ	化化　　花花	など

◇　**上記を含め，同様に考えることができる漢字の例**

構成要素の例	左のような構成要素を持つ漢字の例
女	安 案 委 桜 好 妻 始 姉 姿 女 数 努 婦 妹 要 など
ト	外 掛 訃 など
才	才 材 財 閉 など
耳	厳 最 耳 取 趣 職 聖 聞 など
ヒ※1	化 花 貨 死 など
又	祭 際 察 など
弟	第 弟 など
身※2	射 謝 身 など
辰	振 震 農 など
長	長 帳 張 など
非	罪 俳 非 悲 など
才	在 存 など
その他	孝 収 など

※1　「化」や「花」で「七」のように交差する形については，辞書等によっては旧字体とされる場合もある。

※2　「身」は，最終画「ノ」だけでなく，長い横画が右の縦画より右に出る形で書かれることがある。

イ　縦画を曲げて書くことも，まっすぐ書くこともあるもの ※

構成要素の例	左のような構成要素を持つ漢字の書き表し方の例	
于 争 矛	芋芋　　　宇宇 争争　　　浄浄 矛矛　　　務務	など など など

◇　上記を含め，同様に考えることができる漢字の例

構成要素の例	左のような構成要素を持つ漢字の例
于	芋　宇　など
争	浄　静　争　など
矛	矛　務　など
その他	序　貯　丁　庁　町　頂　野　予　預　など

※　「子」「手」「了」など，印刷文字では縦画を直線で表すが，手書きの際には，曲線を使う方が一般的なものがある。それらを印刷文字に従って直線で書いたものについても，誤りとは言えない。（3（4）P.36　参照）

ウ　点画の接触の位置や接触の仕方に関するもの

構成要素の例	左のような構成要素を持つ漢字の書き表し方の例	
尺 求 白 尤 甫	尺尺　　　駅駅 求求　　　録録 白白白 就就 備備	など など など など など

◇　上記を含め，同様に考えることができる漢字の例

構成要素の例	左のような構成要素を持つ漢字の例
尺	駅　尺　訳　など
大	参　奪　添　奮　奔　など
夫	春　奏　奉　棒　など
水	永　泳　承　蒸　水　泉　氷　など
氺	求　救　球　康　暴　録　など

衣	衣 表 俵 裏 など
長	長 帳 張 など
辰	振 震 農 など
白	階 楽 願 激 原 皇 習 泉 線 的 白 百 綿 薬 など
自	自 息 鼻 など
𠂤	師 追 など
鳥	鳥 島 鳴 など
舟	航 船 など
呂	営 宮 呂 など
夕	夕 多 など
石	確 岩 砂 磁 石 破 など
尤	就 蹴 など
冘	沈 枕 など
旡	概 既 など
丘	岳 丘 兵 など
その他	界 向 蚕 衆 喪 展 備 養 など

エ その他

構成要素の例	左のような構成要素を持つ漢字の書き表し方の例	
令	令 令 令 令 令 令 鈴 鈴 鈴 鈴 鈴 鈴	など
叱	叱 叱 叱 叱	など

◇ 上記を含め，同様に考えることができる漢字の例

構成要素の例	左のような構成要素を持つ漢字の例
令	領 令 冷 鈴 など
叱※	叱

※ 「叱」の印刷文字には，「叱」という字体が用いられることがある。「叱」は，本来「叱」とは別字であり，辞書等では，「カ」という音を持つ「口を開ける様」という意味の漢字とされているが，この字体も「シツ・しかる」として広く使われていることから，異体の関係にある同字と認められる。

5　手書き（筆写）の楷書字形と印刷文字字形の違いが，字体の違いに及ぶもの

　現行の常用漢字表においては，従前のとおり「印刷文字における現代の通用字体」が示され，削除した5字を除いて，昭和５６年の常用漢字表の掲げた通用字体が全てそのまま継承された。

　しかし，新たに常用漢字表に追加した１９６字については，特に印刷文字の字体の安定性を損なうことがないよう，当用漢字字体表及び昭和５６年の常用漢字表に準じた字体の整理を行うことはせず，原則として，当該の字種における一般の書籍での最も使用頻度の高い字体を採用することとした。その結果，平成１２年の国語審議会答申「表外漢字字体表」が示した「印刷標準字体」と「人名用漢字」の字体を通用字体として掲げることとなった。（「曽」「痩」「麺」については，印刷標準字体として「曾」「瘦」「麵」が掲出されていたが，常用漢字表では生活漢字としての側面を重視し，「簡易慣用字体」とされていた字体を採用した。）

　このことにより，昭和５６年から常用漢字表に掲出されていた通用字体との間で，「道／遡」「飲／餅」「臭／嗅」「歩／捗」「幣／蔽」などのように，同じ構成要素を持ちながら，印刷文字における字体上の差異があるものが生じた。

　そして，こうした字体上の差異は，印刷文字と手書き文字との間にも影響し，印刷文字と手書き文字の習慣による字形との間の相違が，字体の違いにまで及ぶ場合が生じることとなった。その手当てとして，「（付）字体についての解説」において，これらの漢字を実際に手書きする際の参考となるよう，具体例が示されている。

　以下に挙げるものは，常用漢字表の採用した通用字体と手書き文字におけるそれぞれの習慣の相違に基づく表し方の差が，字体（文字の骨組み）の違いに及ぶものである。左は手書きの楷書の習慣による字形の例，右は印刷文字である明朝体の字形に倣って書いたものであるが，手書きの楷書ではどちらの字形で書いても差し支えない。「手書きの楷書の習慣による例」に挙げたもののうちには，現代において，実際に広く用いられているとは言い難いものもあり，明朝体に倣った字形の方が手書きする場合の字形としても一般的な場合がある。

　なお，ここに挙げるものの中には，例えば，「煎」と「煎」のように「表外漢字字体表」（平成１２年国語審議会答申）において，「表外漢字だけに適用されるデザイン差」として整理されていたものがある。ただし，それらの字形の違いは，辞書等において，多く字体の違いとして説明されていた。

　平成２２年に上記のような字種を常用漢字表に追加するに当たっては，例えば，「煎」における「煎」の字形を「デザイン差」として扱うと，昭和５６年から常用漢字として掲げられていた字種の通用字体に影響が及び，「煎」から「灬」を除いた形と「前」とをデザイン差とみなす必要が生じるなど，辞書等の説明と一致しないことになりかねなかった。そこで，昭和５６年からの常用漢字の通用字体に影響が及ぶことが懸念される場合には，辞書等の考え方も踏まえ，デザイン差という捉え方を改め，字体の違いに及ぶものとして整理を行っている。

2章 5-(1),(2)

(1) 方向に関する例

該当字種	手書きの楷書の習慣による例	明朝体の字形に倣った手書きの例
恣	恣 など	恣 など
煎	煎 など	煎 など
嘲	嘲 など	嘲 など
溺	溺 など	溺 溺 など
淫	淫 など	淫 など
隙	隙 など	隙 など
蔽	蔽 など	蔽 など

(2) 点画の簡略化に関する例

該当字種	手書きの楷書の習慣による例	明朝体の字形に倣った手書きの例
嗅	嗅 など	嗅 など
賭	賭 など	賭 など
箸	箸 など	箸 など
餌	餌 など	餌 など
餅	餅 など	餅 など
遡	遡 など	※
遜	遜 など	
謎	謎 など	
葛	葛 など	葛 など
僅	僅 など	僅 など
箋	箋 など	箋 など
塡	塡 など	塡 など
頰	頰 など	頰 など

※「遡」「遜」「謎」について，明朝体の字形に倣った手書きの例を示していないのは，常用漢字表が「「辶」も手書きでは「辶」と同様に「⻌」と書く」としていることに基づいたものである。日常生活における漢字使用においては，「辶」も「辶」も，手書き字形としては同じ「⻌」の形で書くことが一般的である，という認識を社会全般に普及していく必要がある。

　ただし，歴史的にも，手書きにおける点二つの「しんにゅう」の例は少なからず存在し，現在においても，例えば，戸籍に関する業務などでは，「辻」と「辻」が区別され，手書きでの記入に当たっても書き分けられるように，主に人名や固有名詞等に関わる場合など，「辶」（「⻌」）と「辶」（「⻌・⻌」）の使い分けが行われることがある。点二つの「しんにゅう」の漢字を「⻌・⻌」のように書いたものも誤りとすべきではない。

(3) その他

該当字種	手書きの楷書の習慣による例	明朝体の字形に倣った手書きの例
彙	彙　など	彙　など
剝	剝　など	剝　など
詮	詮　など	詮　など
喩	喩　など	喩　など
惧	惧　など	惧　など
稽	稽　など	稽　など
捗	捗　など	捗　など

第3章

字体・字形に関するQ＆A

第3章 字体・字形に関するQ&A

　本章のQ&Aでは，漢字の字体・字形に関する様々な質問に対して，常用漢字表の「字体についての解説」の考え方と第1，2章の内容に基づき回答しています。このQ&Aを読めば，字体・字形に関する基本的な考え方と具体的な取扱いについての大体が理解できるようにすることを目指して作成したものです。

　問いの番号（Q○）の後には，その要点を簡単に示しました。質問に対しては，まず「A」で簡潔に回答し，その後で，説明を加えています。

　また，ほかに関係する問いがある場合には「（→Q○）」のように，指針の別の章に関連事項がある場合には説明の末尾に「⇒参照　○章○〔P.○〕」のように，それぞれ注記しています。

1　基本的な事項に関する問い

（1）手書き文字の字形と印刷文字の字形について

> **Q1　手書き文字と印刷文字の字形の違い①**
> 　学校で教わった漢字の形と新聞や本で見る漢字の形が違っていることがあります。どちらが正しいのですか。

A　それぞれ正しい形です。学校で教わった手書きの文字の形と印刷された文字の形には，表し方にそれぞれ独自の特徴や習慣があるため，違いが見られることがあるのです。

　学校では，手書き（筆写）の楷書を中心に学びます。楷書は，文字を崩さず，一点一画をきちんと書く書き方です。小学校の教科書では，主に教科書体と呼ばれる印刷文字が使われていますが，教科書体は児童生徒が漢字を書くときの参考になるよう，基本的に手書きの楷書の習慣に倣って作られています。

　永 糸 （手書きの楷書）　　　永 糸 （教科書体）

　一方，ほとんどの新聞や書籍では，明朝体という印刷文字が使われています。縦の線（縦画）を太く，横の線（横画）を細く表現し，横画のとめ（終筆）には，ウロコなどと呼ばれるはね上げたような三角形の形が付きます。明朝体は，今日の日本で，最も多く使われている印刷文字であり，この指針の文字も主に明朝体を使っています。

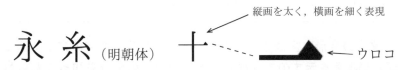

永 糸 （明朝体）　　十　← 縦画を太く，横画を細く表現　　▲ ← ウロコ

　印刷が始まったばかりの頃には，木の板に文字を彫り，それを基に印刷物が刷られていました。この板を「木版」と言います。当初，木版は手書きの楷書の形で彫られていましたが，微妙な曲線などを再現するのには時間が掛かりました。スピードと効率が追求された結果，より彫りやすく，分業して作業しやすい形として生まれたのが明朝体です。その後，明朝体は専ら読まれるためのものとして発展し，現在に至ります。明朝体の形と，手書き文字や手書き文字を基にして作られた教科書体などの形とが違うのはそのためです。

　⇒参照　第2章1〔P.24〕，2-1〔P.26〕，2-2〔P.30〕

3章　Q2, 3

> **Q2　手書き文字と印刷文字の字形の違い②**
> 手書き文字の字形と印刷文字の字形とは，一致させるべきではないでしょうか。

A 印刷文字は，読みやすさを重視して発展してきたものですから，その形のとおり手書きするのは難しい場合があります。それぞれの表し方の習慣を知っておくことが大切です。

　手書き文字（筆写の楷書）と代表的な印刷文字である明朝体の形は，それほど極端に懸け離れているわけではありません。文字の骨組み（**字体 →Q5**）に注目すれば，おおむね一致しています。昭和24年（1949年）の「当用漢字字体表」の「まえがき」には「この表の字体の選定については，異体の統合，略体の採用，点画の整理などをはかるとともに，筆写の習慣，学習の難易をも考慮した。なお，印刷字体と筆写字体とをできるだけ一致させることをたてまえとした」とあります。戦後の国語施策では，漢字表の範囲で，両者の字体の一致を実現してきたとも言えるのです。

　しかし，自然な手の動きが基本になっている手書き文字と，印刷したときの見やすさやバランスを重視した印刷文字とは，字形の細かいところではどうしても一致しない部分が出てきます。それを無理に一致させようとすると，長い間用いられてきた印刷文字のデザインや手書き文字の習慣を変える必要が生じるなど，かえって問題を複雑にしてしまうおそれもあります。

　そのため，当用漢字字体表でも「この表の字体は，これを筆写（かい書）の標準とする際には，点画の長短・方向・曲直・つけるかはなすか・とめるかはね又ははらうか等について，必ずしも拘束しないものがある」とするなど，点画の細部に関わるような字形の問題については，手書き文字の習慣を妨げることがないよう配慮されていました。

　この考え方は，常用漢字表においても引き継がれています。手書きには手書きの，印刷文字には印刷文字の表し方の習慣があり，それぞれが理解されることが望まれます。特に，情報機器の普及によって，小さな子供の頃から印刷文字の字形を見ることが多くなっています。漢字を習得していく段階においても，それぞれの違い，特徴についての分かりやすい説明など，新たな対応策が必要になる可能性があります。
　⇒参照　第2章1〔P.24〕, 2-1〔P.26〕, 2-2〔P.30〕

> **Q3　多様な手書き字形を認めるのは，漢字の文化の軽視ではないか**
> それぞれの漢字を手書きする際に，様々な字形を認めることは，漢字の文化をないがしろにし，壊してしまうことにつながりませんか。

A 手書き文字の字形に多様性を認めるのは，むしろ，漢字の文化に基づく考え方です。この指針は新しい考えを示すのではなく，本来の漢字の伝統を知ってもらおうとするものです。

　現代の日本で一般的に用いられている漢字の字体は，昭和24年に内閣告示として実施された「当用漢字字体表」が示した字体に基づいています。当用漢字字体表は「漢字を使用する上の複雑さは，その数の多いことや，その読みかたの多様であることによるばかりでなく，字体の不統一や字画の複雑さにももとづくところが少（すくな）くない」（内閣訓令制定文）ことから，字体を整理して，その標準を定めようとしました。それまでは，骨組みが違う複数の字が，同じ漢字として用いられることがあったのを，一つの字体に統一することで，漢字を使用す

る上での複雑さを解消しようとしたのです。ただし，その一方で，手書きの楷書における伝統的な書き方や字形の多様性を尊重しました。統一された字体を用いる際の「使用上の注意事項」には「この表の字体は，これを筆写（かい書）の標準とする際には，点画の長短・方向・曲直・つけるかはなすか・とめるかはね又ははらうか等について，必ずしも拘束しないものがある。そのおもな例は，次のとおりである。」とし，次の（1）～（6）を示しています。

```
（1）長短に関する例
　雨雨　商商　戸戸　無無

（2）方向に関する例
　風風　比比　仰仰
　糸糸　年年
　言言　ネネ　主主

（3）曲直に関する例
　了了　手手　空空

（4）つけるかはなすかに関する例
　又又　文文　月月　果果

（5）とめるかはらうか、とめるかはねるか、に関する例
　奥奥　隊隊　公公
　角角　骨骨
　木木　来来　牛牛　糸糸

（6）その他
　北北　女女
　人人　入入　令令
```

この注意事項が示す手書きの楷書の習慣として認められている字形の中には，現代において問題にされることもある，次のようなものが含まれています。（→Q38，39，41，60，70，73，75）

木 牛 糸 果 比 角 空 戸

　例えば，手書きの楷書では，伝統的に，一つの字の中で右はらいの表現は一つにする，狭いところでは右はらいはせずとめるように書く，また，横画が複数ある場合には，長さをおおよそそろえて，そのうちの一つだけを長く書くなどの習慣によって，様々な字形が書かれてきました。しかし，現在，そのような楷書における書きやすさや造形美に基づいた書き方までが，誤りであるとみなされる場合があります。
　手書きの字形において，一つだけの正しい字形があるという考え方は，むしろ，近年になって生まれてきたものであり，漢字の伝統や文化からすれば，同じ骨組みの中でいろいろな字形が生じるのは，自然なことなのです。
　⇒ 参照　第1章1〔P.5〕，第2章1〔P.24〕

Q4　表外漢字の扱い
　この指針に書いてあることは，常用漢字表にはない漢字についても当てはまると考えていいのでしょうか。

A　手書き文字と印刷文字との関係や，共通する形については，同じ考え方ができる場合があります。手掛かりとして参考にしてください。

　この指針は常用漢字表が示す通用字体（**通用字体**　→Q7）の範囲を対象としていますが，その考え方は，常用漢字表にない漢字（表外漢字）を書く場合にも手掛かりになります。
　第2章「明朝体と手書き（筆写）の楷書との関係」では，常用漢字表で掲げている印刷字

3章 Q5

体を具体的に示し，形の上で共通する部分を持っている漢字ごとに，それらを手書きするときのいろいろな書き方について説明しています。形の上で共通する部分を持つ表外漢字を書く場合にも，この説明が参考にできます。

⇒参照　第1章4(1)〔P.14〕

(2) 字体，字形，書体，字種などの用語について

Q5　「字体」，「字形」とは
　漢字の「字体」，「字形」とは，それぞれ，どのようなもので，両者にはどのような違いがあるのですか。常用漢字表の考え方を説明してください。

A　文字を文字として成り立たせている骨組みが字体です。それを実際に文字として記したときの形状を字形と言います。同じ字体に基づいて書かれても，実際に現れる字形は様々です。

　１００人の人が同じ漢字を手書きすると，書く人それぞれの癖や筆勢などにより，１００通りの形が出現します。例えば，「学」と書くとき，上の三つの点を打つ位置は人により少しずつ違います。また，４画目と５画目をしっかり付けて書く人もいれば，少し離して書く人もいるでしょう。筆で書くか鉛筆を使うかでも，形は変わってきます。印刷した場合も，横画のとめ（終筆）にウロコ（→Ｑ１）という飾りが付く明朝体と，全ての線が均一に近い太さにデザインされたゴシック体では，かなり印象が異なります。これら一つ一つの字の形が「字形」です。字形は，手書きされた文字の数だけ，印刷文字の種類だけ，存在するとも言えるでしょう。

　しかし，ボールペンでさっとメモ書きされた「学」も，明朝体で黒々と印字された「学」も，同じ字として認識されます。それぞれの形（字形）に違いがあっても，同じ漢字であると読み取れるのは，それら全ての形に，同じ骨組みが共通して備わっているからなのです。これが常用漢字表の考え方で，この骨組みのことを「字体」と呼んでいます。骨組み＝字体に肉付けされ，具体的に目に見えるように表されたものが字形であり，例えば，「学」の上の三つの点の位置が多少違っていても（字形が違っていても）この字であると読み取れるのは，骨組みは崩れていない（同じ字体を備えている）とみなされるからです。

　ただし，もし，「学」の上の点を一つしか書かなかったら，「字」という形になってしまいます。「学」と「字」とは，字形が似ていますが，字体を異にする，別の意味，別の読み方を持った漢字です。

　言い換えれば，様々に肉付けされながらも同じ文字とみなすことができる無数の字の形それぞれから抜き出せる，形の上での共通した特徴がその文字の「骨組み」＝「字体」です。字体は，その字であることを満たす上での形状に関する条件であり，実際に目に見える具体的な文字の形（字形）を背後で支えているものとも言えるでしょう。このような性質から，字体は抽象的な概念である，と言われることもあります。

　字体は，文字を見分け判別する際の基準であり，書かれた又は印刷された字形が，文字として社会的に通用するかどうかの基準ともなりますから，同じ漢字を用いる社会全体で共有されていることが望ましいと考えられます。情報を伝える人と受け取る人とが同じ字体を共有していれば，情報の伝達は円滑に行われます。書き手の個性や，字のうまさ，筆記用具などにより，字形は千差万別であっても，字体が共有されていれば情報交換が可能です。

⇒参照　第1章2〔P.7〕

Q6 「字種」とは
常用漢字表の「表の見方及び使い方」には「字種2136字を掲げ」とありますが，この「字種」とはどういうことでしょうか。

A 同じ読み方，同じ意味で使われる漢字の集まり（グループ）を指す常用漢字表の用語です。「種」と言っても，漢字，平仮名，片仮名といった意味ではありません。

　「桜」は古くは「櫻」と書かれました。どちらも，訓読みでは「さくら」，音読みでは「オウ」と読まれ，同じ植物を指して使われる漢字です。この「桜」と「櫻」のような関係を同じ字種である，と言います。同様のものに「国」と「國」，「学」と「學」，「竜」と「龍」などがあります。また，「島」という字は「嶋」，「嶌」，「嶹」などと書かれることもありました。これらは，語句や文章を書き表す際に，文脈や用途によっては相互に入替えが可能なものとして用いられてきました。
　一般的には，「「桜」と「櫻」は同じ字だ。」などと言い，わざわざ「字種」という言葉が持ち出されることは少ないでしょう。しかし，常用漢字表では，字体（→Q5）の異なりに着目した場合には，「桜」と「櫻」とを別の字として扱うので，「字」と「字種」という用語が使い分けられています。
　現在，ふだんは，「桜」，「国」，「学」，「竜」，「島」のように，常用漢字として採用されている字の方が用いられることが多いものの，旧字体とも呼ばれる「櫻」，「國」，「學」，「龍」や「嶋」，「嶌」などの方も，人の名前や団体名に用いられたり，各種専門分野で使われたりする場合があります。
　⇒**参照**　第1章2〔P.8〕

Q7 「通用字体」とは
常用漢字表の「通用字体」とは，どういうものですか。

A 現在，社会で最も広く使われていて，今後も使われることが望まれる字体であるとともに，常用漢字表が採用している字体のことを言います。

　通用字体は，一般の社会生活において現代の国語を書き表す際に最も広く用いられている字体，そして，今後とも広く用いられていくことが望まれる字体と位置付け，常用漢字表がそれぞれの字種を示すに当たって採用し，漢字を使用する際に用いる字体の目安としているものです。
　戦後すぐ，当用漢字字体表が作成された際には，漢字を読みやすく書きやすいものにするために，点画を整理したり略体を採用したりし，印刷字体と手書きの字体をできるだけ近づけようと考えられました（→Q2）。新字体などとも言われたこの字体は，次第に社会に受け入れられ定着し，昭和56年（1981年）の常用漢字表にも受け継がれ，通用字体と呼ばれるようになりました。
　しかし，常用漢字表以外の漢字（表外漢字　→Q4）の字体については，長く取決めがなかったため，次第に，書籍に用いられる字体と情報機器に搭載された文字の字体とが食い違うなどの混乱が生じるようになります。その状況を解決するために，当時の国語審議会は，社会で用いられている印刷文字において，それぞれの表外漢字がどのような字体で用いられて

いるのかを広く調査した上で，平成12年（2000年）に「表外漢字字体表」を答申します。これは，表外漢字における印刷文字の標準字体を定めたもので，実態の調査に基づき，当用漢字以前に使われていた字体（**いわゆる康煕字典体 →Q8**）が主に選ばれました。

平成22年（2010年）に常用漢字表が改定された際にも，新しく追加された字種には，原則として「表外漢字字体表」の印刷標準字体が採用されました。このときにも，改めて実際の印刷文字の使用状況について広く調査を行い，主に表外漢字字体表の字体が世の中で用いられていることが確かめられました。形だけ見ると，既に常用漢字表に入っていた字と追加された字とで異なっている部分がありますが，「社会生活において最も広く用いられている字体」という意味では，こちらも通用字体と呼ぶのにふさわしいと考えます。

なお，Q5で説明したとおり，本来，字体は具体的に書き表すことができません。そのため，常用漢字表は，便宜上，明朝体のうちの一種を例に用いて，「印刷文字における現代の通用字体」を示しています。常用漢字表で採用した字体が，それを具現化した明朝体のうちの一種を例にして示されている，ということです。

⇒参照　第1章2〔P.9〕

Q8　「いわゆる康煕字典体」とは

　　常用漢字表に示されている「いわゆる康煕字典体」とは，どういうものですか。旧字体とは違うのですか。

A　中国の「康煕字典」で用いられている字体で，日本では，おおむねこれに基づいて活字を作っていました。旧字体とも言われますが，康煕字典体ではない旧字体もあります。

「康煕字典」とは，18世紀の初めに清の康煕帝の勅命によって編纂された漢字字典で，5万弱の文字が214の部首に分類され収められています。「康煕字典」が刊行された後は，そこに掲げられた漢字の字体・字形が活字を作る際の規範となり，日本でも戦前の明朝体活字の設計はおおむねこれによっていました。

その後，昭和24年に，字体の簡易化や統合を図った「当用漢字字体表」が内閣告示として公布されて以降，現在の常用漢字表に掲げられた字体が現代の社会生活における目安として通用しています。

常用漢字表では，「明治以来行われてきた活字の字体とのつながりを示すため」（表の見方及び使い方），362の字種で「康煕字典体」を示しています。（「弁」には3通りが示されているため，合計では364。）」

例えば，Q6で「字種」について説明した際に例に挙げた「櫻」，「國」，「學」，「龍」が康煕字典体です。これらの漢字以外にも，手書きの楷書等で用いられてきた伝統的な字体・字形などが含まれると考える場合もあります。そのため，康煕字典体と旧字体とは必ずしも同じものを指すとは言えません。

また，「いわゆる康煕字典体」という言い方をしているのは，実際の「康煕字典」の見出し字の字体には，同じ構成要素でも漢字によって不統一があったり（「既」，「慨」，「概」等），明治時代以降に康煕字典体と呼び習わされてきたもののうち，そもそも「康煕字典」には載っていないもの（「塀」）や，見出しの字体とは違っているもの（「既」（「康煕字典」では俗字とされる。），「郷」等）があったりするなどの事情によるものです。

⇒参照　第1章2〔P.8〕

Q9 「書体」とは
常用漢字表では「書体」という用語をどのような意味で使っているのですか。

A　漢字に施される，形に関する特徴や様式の体系のことを言います。印刷文字には，明朝体，ゴシック体など，歴史的には，篆書，隷書，草書，行書，楷書などの書体があります。

　文字の骨組みである字体は常に一定の形を持っているものではありません。骨組みに肉付けされ，具体的に目に見えるように表された文字の形状が字形であると述べました（→Q5）。そのように印刷されたり，手書きされたりした文字の字形は，何らかの書体に分類できます。

　印刷された文字をよく見ると，それぞれの文字の形は異なっていても，全ての文字に共通する特徴や傾向があることが分かります。パソコンなどの情報機器を使って書類を作ったりレポートを書いたりするときには，何かしらの印刷文字を用いることになるでしょう。情報機器には，明朝体，ゴシック体，教科書体など，何種類かの印刷文字が搭載されていることがあります。例えば，明朝体では，どの文字も縦画が太く，横画が細く，ゴシック体はどの文字も縦も横も同じ太さになっています。こうしたそれぞれの印刷文字に施された，一定の特徴や様式の体系が「書体」です。手書きをまねた印刷文字も開発され，新しい印刷書体として用いられることもあります。

明朝体　　　ゴシック体　　　教科書体　　　　　　　手書き風のもの

　印刷文字だけでなく，手書きだけが行われていた時代から歴史的に用いられてきた篆書，隷書，草書，行書，楷書などの体系も書体と呼ばれます。こちらも，一点一画をはっきりと書くか，連続的に省略して書くかといった特徴や様式を持っています。これらの書体を基に作られた印刷文字もあります。

篆書体　　　　隷書体　　　　草書体　　　　行書体　　　　楷書体

以上が，常用漢字表における書体の考え方です。
⇒ 参照　第1章2〔P.8〕

Q10　いわゆる康熙字典体，許容字体の扱い
常用漢字表に丸括弧（　）付き，角括弧［　］付きで示されている漢字は何ですか。常用漢字と同じように使ってもかまわないのでしょうか。

A　常用漢字と同じ扱いはできません。丸括弧は「康熙字典体」，角括弧は印刷文字における「許容字体」を示しています。意味合いが異なるため，違う形の括弧を使っています。

　丸括弧付きで示されているのは「いわゆる康熙字典体」です。（→Q8）これは，常用漢字表が採用している字体ではありません。「明治以来行われてきた活字の字体とのつながりを示すために参考として添えたもの」なので，著しい差異のないものは省いています。

　康熙字典体は，一般の社会生活において，広く用いられる字体とは言えませんが，今でも使われることがあります。常用漢字表は飽くまで現代の国語を書き表す場合の漢字使用の目

安を示すものですから，それぞれの専門分野での表記習慣や，表記に関する個々人の好み・主義まで縛るものではありません。

　角括弧付きで示されているのは，「許容字体」です。平成22年の常用漢字表の改定に際して，「しんにゅう」と「しょくへん」に関わる五つの文字（「遡」，「遜」，「謎」，「餌」，「餅」）については，それぞれ，「辶」，「𩙿」を用いた字形を「許容字体」とし，「現に印刷文字として許容字体を用いている場合，通用字体である「辶／飠」の字形に改める必要はない」とされています。

　いわゆる康熙字典体も許容字体も，個人が用いるのは自由ですが，一般的な情報交換，特に不特定多数の人を対象とするような情報の発信等においては，固有名詞の表記を除き，通用字体を用いることが望ましいでしょう。ただし，「許容字体」が示された5字を手書きする際には，手書きの習慣に基づいて行われるのが一般的です。（→Q77）

⇒ 参照　第2章5〔P.59〕

Q11　「異体字」とは
　「異体字」とは，どういうものですか。

A　同じ漢字として通用しても，字体が異なるものを言います。例えば，「学」と「學」はお互いに異体字の関係にあるとも，「學」は通用字体「学」の異体字であるとも言います。

　常用漢字表に「異体字」という用語は出てきませんが，「異体の関係にある同字」といった表現が用いられています。これは，同じ字種（→Q6）でありながら字体の違う漢字を言う用語です。

　当用漢字字体表では，字体を選定する方針の一つとして，「異体の統合」を行いました。例えば，「略」は，活字には「田」が「各」の上に来ている字体（「畧」）もありましたが，同じ字種であることから「略」に統合されました。

　常用漢字表でも，この方針を引き継ぎ，原則として1字種につき1字体を採用しています。例えば，平成22年に追加された「鬱」には「欝」という異体字がありますが，常用漢字表の通用字体としては「鬱」が採用されました。同じ字種の異体字を複数取り上げて，それぞれを常用漢字の字体として認めることはしていません。

　ただし，Q8でも説明したように，「明治以来行われてきた活字の字体とのつながりを示すために」いわゆる康熙字典体が丸括弧に入れて示されています。通用字体（「学」，「桜」）と康熙字典体（「學」，「櫻」）とは，お互いに異体字の関係にあると言えます。また，常用漢字表に採用された「学」，「桜」を標準的な字体と捉え，「學」，「櫻」を異体字と呼ぶこともあります。

⇒ 参照　第1章2〔P.7〕

Q12　旧字体や略字など，異体字を使ってよいか
　日常生活の中で，旧字体や略字などの異体字を使ってはいけないのですか。

A　個人が用いるのは自由です。ただし，不特定多数の人を対象とした意思疎通や情報交換を円滑に行うためには，通用字体を使うことが望ましいでしょう。

常用漢字表は，現代の社会生活における漢字使用の目安であり，字体・字形に関する考え方についても同様です。日常生活において，旧字体や略字などの異体字を用いることを制限するものではありません。

　例えば，祝儀袋に金額を書く際など，「万」ではなく旧字体の「萬」を用いることはよく行われます。（「康煕字典」による「萬」を示している辞書もあります。）また，「くさかんむり」を旧字体のように「艹」と書いたり，行書にも見られるように「⺍」と書いたりした字が見られることがあります。さらに，「門」や「もんがまえ」を「门」，「第」を「㐧」，「曜」を「旺」と書くような略字も，日常的に用いられてきました。

　ただし，誰かに何かを伝えようとする場合には，異体字が，相手には理解されないということも起こり得ます。常用漢字表は，人々が円滑に意思疎通や情報交換ができるように使用する漢字の範囲とその音訓，字体を定めたものですから，情報の伝達という観点からすると，常用漢字表が示す通用字体（→Q7）を用いた方が効果的です。特に，不特定多数の人々を対象とする文書では，旧字体や略字などの異体字を用いることはせずに，常用漢字表の通用字体を使用することが望ましいでしょう。公用文，教育の現場や，新聞，放送などマスコミ関係では，通用字体の使用が原則とされています。

Q13　フォントと書体は同じか
　パソコンやタブレット端末などの情報機器には，「フォント」と書いてあるところに「明朝体」，「ゴシック体」といった書体が出てきます。フォントは書体のことだと考えてよいのですか。

A　本来は別の意味の言葉ですが，一般的には同じように使っても差し支えありません。

　「書体」は，文字に施された一定の特徴や様式の体系のことです。言い換えると，文字に一貫して施されているデザインの体系が書体です。

　一方，「フォント」は，ある書体で統一された，一そろいの活字（情報機器に搭載されたものを含む。）のセットを指します。元々は金属の活字に使われた言葉ですが，現在は，情報機器に搭載されている電子的な文字のセットのことをフォントと呼ぶことが多くなっています。

　情報機器で明朝体の書体を使うということは，その書体で統一されたフォントを使うということになります。書体と，その書体で統一されたフォントとは不可分の関係で，特に情報機器に搭載される印刷文字については，書体といってもフォントといっても，実態としては同じものを指すことがあります。
　⇒参照　第1章2〔P.8〕，第2章1〔P.24〕

Q14　点画が間引きされたように見える字体
　パソコンや電子辞書のモニターに出てくる漢字の中に，画数が足りないものがあるような気がします。どういうことでしょうか。

A　情報機器の画面の解像度の制約によって，便宜的に用いられているものです。

　情報機器の画面の解像度は，必ずしも高いとは限らないので，縦画や横画の多い漢字の点画を全て表現できない場合があります。そのような場合には，次に示すように便宜的に点画

を省略した字形を示すことがあります。「間引き字体」などと言われることもあります。

警(警)　襲(襲)　髪(髪)　優(優)

　ワープロ用ソフトやメール用ソフト，またウェブページを表示するブラウザソフトでも，点画の略された字形が画面に表示されている場合があります。また，道路標識などにも，瞬間的にその字と認識される範囲で点画を省略している例が用いられたことがあります。もともと知っている漢字であれば，点画が抜けていても瞬間的にその字として認識されるため，ふだんはなかなか気付きません。

　ただ，初めて見た字やあやふやに覚えている字では，略された点画のある画面上の文字の字形をそのまま書き写してしまうことも考えられるため，注意が必要です。

(3) 常用漢字表「(付) 字体についての解説」について

> **Q15　字体の違いにまで及ばない字形の違い**
> 「字体についての解説」にある「字形の異なりを字体の違いと考えなくてもよい」とは，どういう場合のことを言うのでしょうか。

A　字の形が違っていても，別の文字と見分けられなかったり紛れてしまったりすることがなく，その文字であると判別できるような場合のことを言います。

　次に挙げる五つの字は，それぞれ見た目の形には違いがあるものの，全て同じ漢字であると判断されるものです。これは，それぞれの字形は違っていても，その違いが字体の違いにまでは及んでいないからです。このような場合に，「字形の異なりを字体の違いと考えなくてもよい」と言います。

空　空　空　空　空

　一方，次に挙げるような形は，それぞれ字形の異なりが，字体の違いにまで及んでいると考えられるものです。上に挙げた5字に共通するのと同じ字体が確認できず，別の漢字の字体になっているものや，通常用いられる漢字の字体には該当しないものです。

空　空　穴　空　空

　また，「輪」と「輪」や「永」と「氷」などは，それぞれ字形が似ているものの，骨組みは異なっており，その違いから別の漢字だと判断されます。さらに，「士」と「土」，「末」と「未」のように，上下にある横画の長さが入れ替われば，別の漢字になるものがあります。これらは，字形の異なりが，字体の違いにまで及んでいる例です。

　なお，「漢」や「簿」などの字において，構成要素の位置関係やバランスの異なる次のような書き方を見ることがあります。それぞれ，「漢」，「簿」であると読み取ることは可能ですが，骨組みが異なっていると考えられます。各種の試験など，正誤の判断の対象になるような場合には，このような形で書くことは避ける方が良いでしょう。

漢　簿

⇒**参照**　第1章2[P.7]

3章　Q16, 17

> **Q16　明朝体以外の印刷文字の扱い**
> 「字体についての解説」の「明朝体のデザインについて」の考え方は，明朝体以外の印刷文字についても同様に当てはまるのでしょうか。

A　ゴシック体など，おおむね明朝体と同様に考えることが可能な印刷文字もあります。ただし，手書き文字を基にデザインされた印刷文字等当てはまらないものも少なくありません。

　当指針では，印刷文字のうち，明朝体を取り上げて説明をしています。これは，日本の印刷物等において，明朝体が最も広く用いられてきたからです。印刷文字には，明朝体以外にも，幾つもの種類の書体があります。
　その中には，手書きの楷書をはじめ，隷書体や行書体など，歴史的に形成されてきた各書体の特徴を表しているもの，いわゆる丸文字なども含んだ手書き文字を基に作られたものなど，明朝体とは別の書体や手書き文字の字形に近いような印刷文字があります。それらは，「明朝体のデザインについて」と同様に考えることが難しい場合もあるでしょう。
　一方，ゴシック体など，おおむね明朝体と同様に考えることが可能な印刷文字もあります。

> **Q17　いろいろな書き方の組合せ**
> 「案」という漢字の場合，「字体についての解説」では，はねる書き方もとめる書き方もある「木」と，2画目（「ノ」）と3画目（「一」）が接する書き方も交わる書き方もある「女」の両方の形を部分として持っています。「木」と「女」それぞれに例示された二つの字形を掛け合わせると，「案」には四つのパターンが生じることになります。そのように，部分部分の書き方を組み合わせて考えてよいのでしょうか。

A　そのように考えることができます。部分部分の書き方を組み合わせて考えてください。これは，ほかの全ての漢字においても同様です。

　「字体についての解説」には，次のような例示があります。

　　　　木 － 木 木　　　女 － 女 女

　「案」の字形では，「木」と「女」それぞれに示された手書き文字の字形を組み合わせた次のような例が考えられます。

　　　　　　　案 案 案 案

　また，「案」という漢字は，ほかにも手書きの楷書ではいろいろな書き方がある構成要素を持っています。

　　　　宀 宀 宀　　安 安 安　　木 木 朩

　これらの構成要素を位置関係やそのバランスが変わらない範囲で組み合わせていくと，更にいろいろな字形が生じることになります。それらはいずれも，「案」という漢字の骨組みを備えた字形であり，誤りではないものです。加えて，同じ骨組みを持つ字形は，ここに挙げたものの組合せだけにとどまらず，点の大小や画の長短，接触の有無などを含めて考えれば，

3章　Q18, 19

無限にあるとも言えます。ここで取り上げた「案」に限らず，漢字の正誤を判断するような場合においては，字形には様々な幅が生じ得るということを踏まえておくとよいでしょう。
⇒参照　第1章2〔P.7〕

> **Q18　特定の字種に適用されるデザイン差**
> 　　印刷文字で「茨」と「茨」はデザイン差とされているのに，「恣」の場合には「次」の形だけを認め，「次」の形を認めないのはどうしてですか。

A　実際に使われている明朝体の字体を調査した結果，実情に即して判断されたものです。

　「茨」も「恣」も，常用漢字表が平成22年に改定された際に追加された漢字です。このとき追加された漢字の字体には，その字種のうち，最も多く使われている字体を採用するという方針を採りました。実際にどのような字体が多く用いられているかを調査した結果，原則として，国語審議会が平成12年に答申した「表外漢字字体表」が示す「印刷標準字体」が用いられました。「茨」と「恣」も「印刷標準字体」が通用字体として採用されましたが，「茨」については，「くさかんむり」の下部が「次」と同じ形になっている明朝体も実際に広く使われているという状況が分かりました。一方だけを通用字体とするのでは，現実に行われている漢字使用に影響が及ぶと判断され，印刷文字としては同値とみなすこととする「特定の字種に適用されるデザイン差」とされています。
　一方，「恣」については，上部が「次」の形になっている明朝体がほとんどなく，「次」の形になった印刷標準字体が広く安定して用いられているという状況が分かりました。そこで，安定した字体以外の印刷文字が新たに作られることを避けるよう，デザイン差を認めなかったのです。なお，手書きする際に「恣」を「恣」のように書くのは問題ありません。
　同様に，調査の結果，それぞれ，複数の字体が広く用いられていた「牙」，「韓」，「叱」，「栃」も「特定の字種に適用されるデザイン差」の対象となっています。
⇒参照　第2章2－1(4)〔P.29〕

> **Q19　手書きの楷書と印刷文字の違いが字体の違いに及ぶもの**
> 　　「煎」という字の「灬」を除いた部分を，「前」という字と同じように書くと，字体の違いに及ぶというのは，どういうことでしょうか。

A　常用漢字表に採用された際に，印刷文字における「煎」は「煎」と別の字体として整理されました。辞書等で字体が異なるとされており，特に印刷文字では同じ字体として扱うと「前」という漢字の字体に影響するからです。

　平成22年の常用漢字表の改定で追加された字種については，原則として「表外漢字字体表」（平成12年　国語審議会答申）の「印刷標準字体」が通用字体として採用されました。表外漢字字体表は印刷文字を対象とするものでしたが，「煎」と「煎」は「表外漢字だけに適用されるデザイン差」とされており，表外漢字であった時点では，どちらの字形も同じ字体とみなすという考え方を採っていました。ただし，辞書の多くは，それらの字形の違いを字体の違いとして扱っています。
　平成22年にこの字種が常用漢字表に追加されることになり，通用字体として「煎」が採

用されましたが，表外漢字字体表と同様に「煎」と「煎」をデザイン差という扱いにすると，昭和５６年から常用漢字として掲げられていた字種の通用字体に影響が及び，「煎」から「灬」を除いた形と「前」とをデザイン差とみなす必要が生じるなど，辞書等の説明と一致しないことになりかねませんでした。そこで，昭和５６年からの常用漢字の通用字体に影響が及ばないよう，デザイン差という捉え方を改め，印刷文字において字体の違いに及ぶものとして，改めて整理されました。これは，多くの辞書が両者を別の字体として扱っているのを重視したからでもあります。平成２２年の常用漢字表では，「筆写の楷書字形と印刷文字字形の違いが，字体の違いに及ぶもの」として次のように例示されています。（「→」は，当指針による。）

煎 ― 煎（→煎）

手書きされた文字だけを取り出して見比べると，→を付した部分の形が違うだけです。原則として，常用漢字表では，点や短い横画の方向に違いがあっても，その字であると読み取れるのであれば，字体の違いに及ぶものとはしませんが，この場合には，印刷文字における扱いを重視し，筆写の楷書字形と同様の印刷文字の字形が通用字体と混同されないよう，「字体の違い」として扱っているわけです。「煎」と同様に，平成２２年の追加字種については，特に印刷文字におけるその字体の扱いが昭和５６年から常用漢字であった字種の字体に影響を及ぼさないよう手当てがなされています。

なお，「煎」と「煎」の関係が，「牙」，「韓」，「茨」，「叱」，「栃」のように「特定の字種に適用されるデザイン差」（→Q18）とされなかったのは，書籍を中心とした印刷文字における漢字の使用実態の調査の結果，ほとんど「煎」の方だけが用いられていたからでした。これは，他の追加字種についても同様です。

⇒参照　第2章5〔P.59〕，2－1(4)〔P.29〕

Q20　表外漢字の書き方
「絆（きずな）」という字を手書きするとき，右の部分（つくり）は「半」の形にしてもよいのでしょうか。「絆」のように，常用漢字ではないものについて，書き方に迷ったらどうすればよいのでしょうか。

A　常用漢字表にない字（表外漢字）についても，常用漢字の字形と共通する部分については，常用漢字と同じように書ける場合があります。

当指針では，表外漢字の詳しい扱いについては言及していませんが，表外漢字を書く場合にも，常用漢字の書き方が参考にできる場合があります。（→Q4）
「絆」の印刷文字においては，右の部分の点二つが「ハ」のように下部を広げる形が標準的な字体とされています。しかし，手書きするときには，右の部分を「半」と同じように書いて問題ありません。

半　　絆（絆）

これは，歴史的な手書きの習慣とも一致する考え方です。常用漢字表にない漢字については，「絆」のように，その構成要素が常用漢字の一部をなす構成要素と共通しているものであることが分かる場合には，常用漢字と同じ字体・字形で書くことができます。
なお，印刷文字の字形のままで書いても誤りではありません。

⇒参照　第2章5〔P.59〕

(4) 漢字の正誤の判断について

> **Q21　漢字の正誤をどう判断するか**
> 　常用漢字表の考え方では，漢字が正しいか誤っているかを，どのように判断するのですか。

A　骨組みが過不足なく読み取れ，その文字であると判別できれば，誤りとはしません。

　常用漢字表では，文字の形に関しては，文字がその文字特有の字体を表しているかどうか，その文字に特有の骨組みが読み取れるかどうかを漢字の正誤の判断基準としています。つまり，別の文字と見分けられなかったり，紛れてしまったりすることがなく，その文字であると判別でき，その文字としての働きをするのであれば，誤りとはしない，という考え方です。
　ですから，漢字の細部のとめ，はね，はらいなどが，字体の違いに影響し，文字の判別に関わってこないのであれば，その有無によって正誤を分けることはしません。例えば，次のような漢字は，左右のどちらの字形で書かれていても誤りではありません。

　ただし，次に示す「未」と「末」，「土」と「士」，「干」と「于」のようなものは，字形の違いによって別の文字になってしまうもので，点画の長さやとめはねの違いなどによって，字体が異なり，字種も変わるため，正誤の問題が生じる例です。

　そのほか，点画の過不足があるような場合，また，似た形でも画数が異なっているもの（「水」と「氺」等）や方向等の違いを書き分けるもの（「学」と「賞」の上部等）などが混同されて書かれたような場合には，字体が異なると判断され，正誤に関わる場合があります。
　⇒参照　第1章2〔P.7〕

> **Q22　緩やかな基準でよいのか**
> 　常用漢字表では，漢字を書く際のとめ，はね，はらいなどについて，緩やかな考え方が示されていますが，その結果，どのような書き方をしてもいいということになってしまわないでしょうか。

A　どのような書き方をしてもいいということではありませんが，漢字の骨組みに影響しないような細かな違いやずれなどは，その文字の正誤に関わらないと考えています。

　どのような書き方をしてもいいということではありません。常用漢字表及び当指針が示す緩やかな考え方は，主に漢字の正誤に関する判断の基準です。正誤の判断に当たっては，とめ，はね，はらい，接触などの有無がその漢字の骨組みに関わらないような場合には，誤りとしないということを求めているものです。
　漢字の字体・字形に関する評価には，正誤以外にも「整っているか」，「美しいか」，「丁寧に書かれているか」といった観点があります。当指針は，そういった観点に基づいて指導することを改めるよう求めるものではありません。また，漢字を習得する段階では，発達の段

階に応じた配慮等から,ある字形を推奨し,細かな部分にまで注意しながら書くことが有効な場合があるでしょう。

　ただし,手書きすることは,身体の動きが伴う行為ですから,丁寧に書くよう努めても,筆の勢いの表れや震えなどが生じるのは自然なことであり,いつも同じ形を再現するのは困難です。推奨されている字形がある場合にも,それとの一致を追求する結果,見本のとおりに書かなくては誤りであると考えたり,漢字の骨組みに関わらないような,とめ,はね,はらいといった部分の細かな違いや,僅かなずれなどまでに着目し,それらを基準に誤った字であると評価したりするようなことはやめましょう,というのが当指針の考え方です。

⇒参照　第1章2〔P.7〕

Q23　正しい字形をきっちりと教えるべきではないか

　漢字は,正しい字形を,きっちりと教える必要があると思います。そのような考えは間違っているでしょうか。

A　漢字には,一つだけの正しい形があるわけではありません。そのことを踏まえた上で,より整った,読みやすい字を書こうとする気持ちは尊重されるべきです。

　漢字の「正しい字形」は,一つだけではありません。まずは,そのことを理解していただく必要があります。伝統的に漢字の字形には多様性がありました。昭和24年の当用漢字字体表で,当用漢字表の1,850字それぞれについて,その字体までは定めましたが,ある一定の字形だけを正しいと決めたわけではありません。特に,手書きの文字に関しては,おのずから多様な字形が生じるはずです。

　現代において,漢字を用いて文書のやり取りなどをする上では,常用漢字表に示された範囲の字体を用いておけば,正しい字として認められるというのがこの指針の考え方です。しかし,その範囲の中に収まってさえいれば,それでよい,どれも同じように評価できる,と考えるものではありません。より読みやすい字を書きたい,より好ましい字にしたいという思いは,大切にされるべきですし,それは,正誤の問題とは別に教えられることであると考えます。

⇒参照　第1章2〔P.7〕

Q24　常用漢字表は「標準」と「許容」を決めているか

　書写関係の本では,学習指導要領の字形を「標準」とした上で「許容」の書き方を示していることがあります。常用漢字表には「標準」と「許容」という考え方はないのですか。

A　学校教育において示される「標準」は今後とも尊重されるべきですが,常用漢字表は,手書きの文字について,伝統的な漢字の文化を踏まえ,「標準」と「許容」を決めていません。

　漢字を教える際には,はっきりとしたよりどころとなる字形が求められることがあります。「改定常用漢字表」(文化審議会答申)では,常用漢字表の扱いについては,従来の漢字の教育の経緯を踏まえ,かつ,児童生徒の発達段階等に十分配慮した,別途の教育上の適切な措置によることとされており,当指針についても,それは同様です。学校教育においては,児童の学習が円滑に行われるようにするため,従来,学習指導要領の学年別漢字配当表に示さ

れた漢字の字体を標準として指導が行われています。(→Q25, 26, 37)

ただし、ある一定の字形だけが「正しい字形」であるという認識については、伝統的な漢字の文化を尊重するという観点から、問題意識を持っています。手書きされる文字には、印刷文字にはない、微妙な違いが生じるのが当然です。

常用漢字表は手書きの文字について、「標準」と「許容」という考え方を採用していません。それは、歴史的に様々な字形が用いられてきたことに配慮しているからです。「標準」と「許容」という言い方で漢字の字形を扱う際にも、本来は手書きの字形に絶対的なものはなく、飽くまでも、配慮の下でそのような扱いがなされているのだということを理解していただきたいと考えています。例えば、「木」を「朩」のように書くと、根が土から出てしまって枯れてしまうから誤りであるなどと言われることがあります。これは、一定の字形を覚えるためには便利な比喩かもしれませんが、本来の字義や楷書の字形に揺れが生じた経緯とは無関係です。

なお、常用漢字表は、印刷文字に関しての「許容字体」を定めています。(→Q10)

⇒参照 第1章2〔P.7〕

Q25 発達段階への配慮が必要な場合

6、7歳くらいの子供に対しても、点画の長さやとめ、はね、接し方などが「字体についての解説」のように緩やかに幅広く認められていることを前提に教える方がいいのでしょうか。

A 相手の発達段階や実態に配慮すると、当指針に沿った指導が難しいことがあるでしょう。そのような場合にも、当指針の考え方をよく理解しておいていただきたいと考えます。

学校教育における漢字指導の際には、児童の学習が円滑に行われるように、従来、学習指導要領において、「学年別漢字配当表に示す漢字の字体を標準とすること」とされており、当指針の考え方をそのまま学校教育に反映することを求めるものではありません。今後の漢字の指導に際しても、指導の場面や状況に応じた配慮や工夫が行われると考えられます。

学校教育では、漢字の読み書きの指導と書写の指導とが一体となって行われる場合があります。特に、小学校段階では、日常生活や学習活動に生かすことのできる書写の能力を育成するため、文字を一点一画、丁寧に書く指導なども行われており、指導の場面や状況に応じて、指導した字形に沿った評価が行われる場合もあることを十分に踏まえる必要があります。

ただし、教育関係者に、国語に関する基本的な知識として、「字体についての解説」及び当指針が説明する印刷文字と手書き文字の字体・字形に関する考え方を理解しておいていただくことは大切です。当指針は、書かれた漢字がその漢字として備えおくべき骨組みを過不足なく備えていれば、誤りとはしない、という考え方を採っています。これまで、これらの考え方が十分に社会一般に浸透していなかったため、手書きされた漢字にも特定の正しい字形がある、手書きでも印刷文字のとおりに書かなくてはいけないなどといった誤解が広がっています。

そのような誤解を解消していくためには、教育関係者の方々も、常用漢字表の考え方を十分に理解し、踏まえておくことが求められます。

いずれにしても、児童生徒が学習指導要領の学年別漢字配当表に示す字体を標準として漢字を習得することを通して生涯にわたる漢字学習の基礎を培い、将来の社会生活における円滑な漢字運用を身に付けていくことができるよう、教育関係者が「字体についての解説」の内容を理解するとともに、指導の場面や状況によっては、指導した字形に沿った評価が行われる必要もあることを踏まえた上で、柔軟な評価を行うことが期待されます。

⇒ 参照　第1章3（2）〔P.11〕

> **Q26　学校のテスト等との関係**
> 　児童が漢字の書き取りテストで，教科書の字とは違うものの「字体についての解説」では認められている形の字を書いてきました。このような場合は，正答として認めるべきなのでしょうか。

A「児童生徒が書いた漢字の評価については，指導した字形以外の字形であっても，指導の場面や状況を踏まえつつ，柔軟に評価すること」とされています。

　常用漢字表に関連する教育上の措置の一つと言える「小学校学習指導要領解説　国語編」（文部科学省　平成20年6月）では，学習指導要領の「第3　指導計画の作成と内容の取扱い」の「2（1）ウ（ウ）」にある「漢字の指導においては，学年別漢字配当表に示す漢字の字体を標準とすること」という記述について次のように解説しています。

> 〔注：学習指導要領の記述を指して〕は，漢字の標準的な字体の拠り所を示している。漢字の指導の際には，学習指導要領の「学年別漢字配当表」に示された漢字の字体を標準として指導することを示している。しかし，この「標準」とは，字体に対する一つの手がかりを示すものであり，これ以外を誤りとするものではない。児童の書く文字を評価する場合には，「常用漢字表」の「前書き」にある活字のデザイン上の差異，活字と手書きの楷書との関係なども考慮することが望ましい。

　また，平成22年に常用漢字表が内閣告示として実施されるのと同時に示された，文部科学大臣政務官通知「常用漢字表の改定に伴う中学校学習指導要領の一部改正等及び小学校，中学校，高等学校等における漢字の指導について」（平成22年11月30日　22文科初第1255号）の「記2　学校教育での筆写（手書き字形）の取扱いについて」には，次のような記述があります。

> 　なお，改定後の常用漢字表においても，「（付）字体についての解説」の「第1　明朝体のデザインについて」や「第2　明朝体と筆写の楷書との関係について」の記載があることを踏まえ，児童生徒が書いた漢字の評価については，指導した字形以外の字形であっても，指導の場面や状況を踏まえつつ，柔軟に評価すること。

　なお，学校教育では，漢字の読み書きの指導と書写の指導とが一体となって行われる場合があります。特に，小学校段階では，日常生活や学習活動に生かすことのできる書写の能力を育成するため，文字を一点一画，丁寧に書く指導なども行われており，指導の場面や状況に応じて，指導した字形に沿った評価が行われる場合もあることを十分に踏まえる必要があります。
　このため，児童生徒が学習指導要領の学年別漢字配当表に示す字体を標準として漢字を習得することを通して生涯にわたる漢字学習の基礎を培い，将来の社会生活における円滑な漢字運用を身に付けていくことができるよう，教育関係者が「字体についての解説」の内容を理解するとともに，指導の場面や状況によっては，指導した字形に沿った評価が行われる必要もあることを踏まえた上で，柔軟な評価を行うことが期待されます。
　⇒ 参照　第1章3（2）〔P.11〕，4（2）〔P.14〕

Q27　入学・採用試験等における字体・字形の扱い

入学試験や採用試験などの漢字の書き取り問題では，どのような考え方に基づいた採点が行われるのが望ましいでしょうか。

A　事前に採点の基準を公開しているのでなければ，常用漢字表の考え方に基づいた評価が行われることを，当指針としては期待します。

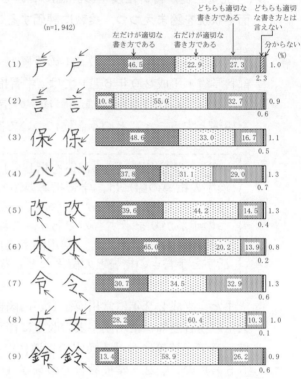

グラフ：どちらが適切な書き方か

不特定多数の人を対象とする入学試験や採用試験での漢字の書き取り問題については，その採点の基準までが詳細に公開されることはまれです。採点に当たって，何をその正誤の判断の根拠としているのかは，必ずしも明確にされてはいません。

平成26年度の「国語に関する世論調査」では，常用漢字表で手書きの楷書ではどちらで書いてもよいものとして例示されているものを中心に，九つの漢字について二つずつの字形を示し，どちらを適切と考えているかを尋ねました。その結果からは，適切だと考えられている漢字の字形が，人によって違っている場合があることがうかがえます。

入学試験や採用試験における漢字の書き取りについては，字体・字形の扱いも含め，試験実施者の権限と責任において評価されるものです。仮に，入学試験や採用試験において，グラフに挙げられた字形の一方だけを正解としているようなことがあれば，国が漢字使用の目安として示してきた考え方とは異なった基準で採点が行われていることになり，そのような場合には，説明を求められます。

常用漢字表は，学校教育における漢字指導については，別途の教育上の適切な措置に委ねることとしています。この，教育上の措置の一つとして，Q26でも引用した文部科学大臣政務官通知「常用漢字表の改定に伴う中学校学習指導要領の一部改正等及び小学校，中学校，高等学校等における漢字の指導について」（22文科初第1255号）があります。この通知を踏まえ，大学入試に関連しては，平成22年12月8日に各国公立私立大学長（大学院大学を除く）・独立行政法人大学入試センター理事長宛て文部科学大臣政務官通知「大学入学者選抜における常用漢字表の取扱いについて（通知）」（22文科高第895号）が発出されました。その「記2」には次の記述があります。

> 入学者選抜において，受験者が書く漢字を評価する場合には，前記通知〔注：22文科初第1255号〕記2「学校教育での筆写（手書き字形）の取扱いについて」のなお書き〔注：児童生徒が書いた漢字の評価については，指導した字形以外の字形であっても，指導の場面や状況を踏まえつつ，柔軟に評価すること〕を十分に踏まえ，適切に行うこと。

不特定多数の人が受験する入学試験や採用試験については，何らかの理由により，正誤に関して特別な判断基準を必要とし，かつ，あらかじめ採点の基準を詳細に公開できるような場合を除いて，常用漢字表の「字体についての解説」及び当指針の考え方に沿った評価が行われることを期待します。
⇒ 参照　第1章3(1)[P.10](2)[P.11], 4(2)[P.14]

Q28　手書きの習慣を印刷文字に及ぼせるか

「字体についての解説」には，「僅」，「葛」などを手書きする際には，「僅」，「葛」のように，印刷文字と違う字体で書くことがあるという説明があります。印刷文字についても，「僅」，「葛」のような字を使っていいのでしょうか。

A　印刷文字においては，常用漢字表に示された通用字体を用いることが望ましいでしょう。

常用漢字表に示された各字種の字体は「印刷文字における現代の通用字体」です。手書きの習慣においては，通用字体と違う字体を用いることがある漢字もありますが，その字体を印刷文字として用いることは，常用漢字表の意図するところではありません。

常用漢字表の「表の見方及び使い方」には「4　字体は文字の骨組みであるが，便宜上，明朝体のうちの一種を例に用いて「印刷文字における現代の通用字体」を示した。」とあります。常用漢字表に掲出された各字種の字体は，一義的には印刷文字における通用字体として用いられているものです。平成２２年に追加された漢字の一部を除けば，印刷文字の字体と手書き文字の字体は一致していますが，「僅」や「葛」のように，手書きでは別の字体で書くことのある漢字については，「僅」，「葛」のような字体は，原則として手書きの際にのみ用いるものであって，それに基づいた印刷文字を作ることを勧めるものではありません。ただし，手書きの楷書を基に作られる教科書体や正楷書体などの印刷文字では，手書きの習慣のとおり「僅」，「葛」の形を採用しているものもあります。

また，情報機器によっては，明朝体においても手書きの習慣に準じた「僅」，「葛」のような形しか表示されないことがあります。このような場合にはその文字を用いることもできます。上記，「表の見方及び使い方」に「付　情報機器に搭載されている印刷文字字体の関係で，本表の通用字体とは異なる字体（通用字体の「頰・賭・剝」に対する「頬・賭・剥」など）を使用することは差し支えない。」とあるとおりです。
⇒ 参照　第2章5[P.59]

Q29　行書のような書き方

例えば，急いでメモを取るときには，「口」を「㋺」のように書いてしまうこともあります。そのような手書き文字についてはどのように考えればいいのでしょうか。

A　楷書の中には，行書に近い書き方をするものがあります。「口」という文字の骨組みが認められるのであれば，誤りとするのは行き過ぎでしょう。

当指針では，手書きの楷書の字形を対象としています。楷書では文字の１画１画をはっきり書く習慣がありますから，「口」を楷書で書く際には，１画ずつをはっきり書く方が望ましいでしょう。

しかし，実際の文字の運用においては，急いで書こうとするような場合など，点画が続いてしまうのは自然なことでもあります。点画が続くように書かれる文字の中には，社会生活の中で用いられることのある「行書」や「草書」などの書体によるものもあります。読む人に配慮した丁寧な書き方が望ましいことは言うまでもありませんが，次に挙げるような行書に近い書き方のものもあります。

口　口　口

上記のような行書に近い書き方の楷書においても，「口」という文字の骨組みを読み取ることができ，読み誤るおそれはありません。正誤の判断が必要になる場合にも，このような字を誤りであると考えるのは行き過ぎでしょう。

なお，メモに書かれる「口」が「○」のように見えるような場合があります。書く人自身のためのメモとして本人だけが読み取れればいい場合や，友達同士の手紙のやり取りに用いるような場合であればかまわないとも言えますが，公的な場面で，他者との情報交換に用いるのは望ましくありません。また，「○」からは「口」の骨組みは読み取りにくいため，正誤の判断という点でも問題があると考えられます。

⇒参照　第1章2〔P.7〕

Q30　いわゆる書写体（筆写体）の扱い

書道関係の本を見ると，常用漢字表の通用字体とは形の違う楷書の文字がいわゆる「書写体」（「筆写体」とも。）などとして示されていることがあります。そのような字を使うことについて，どのように考えればいいでしょうか。

A　歴史的に培われてきた個々の漢字における字体や字形のバリエーションは尊重されるべきですが，一般の社会生活では，通用字体を用いることが望まれます。

このいわゆる書写体（筆写体）とは，書体（→Q9）の一つではなく，手書きの習慣における異体字（→Q11）に当たるものです。書写体（筆写体）と呼ばれる手書きの楷書の字体には，常用漢字表の通用字体とは一致しないものがあります。社会生活の中で共有される字体が安定するまでには，それぞれの字にいろいろな書き方があり，現代においても，特に芸術やデザインの分野などにおける手書きの習慣として残っている字体がそれです。例えば，次に示す右側の字のようなものが挙げられます。

遠－遠　奥－奧　酒－酒　走－赱　勅－勑

上記のいわゆる書写体（筆写体）については，当指針の対象とされていませんが，このような字体を個人が用いることを制限するものではありません。ただし，情報の伝達という観点からすると，常用漢字表が示す通用字体を用いるのが効果的で，間違いがありません。このように歴史的に培われてきた個々の漢字における字体や字形のバリエーションは尊重されるべきですが，一般の社会生活における漢字使用の目安とは別の観点によるものです。正誤の判断の対象になるような場合にも，書写体（筆写体）で書くことは避ける方が良いでしょう。

Q31 現在もよく使われる書写体（筆写体）の扱い

「四」を「㑚」，「西」を「㢴」のように書いた字をよく見掛けます。このような字の正誤は，どのように判断すればよいでしょうか。

A このような書き方も，いわゆる書写体（筆写体）に分類されます。日常的に使うのは問題ありませんが，正誤の判断の対象になるような場合には避けておくべき書き方でしょう。

書写体（筆写体）（→Q30）の中には，現代の日常生活においても，よく見掛けることのある書き方があり，「㑚」，「㢴」は，その代表的な例です。これらは，読み間違えられるようなことが考えにくいこともあり，実際に，広く用いられています。ふだん，このような書き方を用いたからといって，問題にする必要はないでしょう。

ただし，字の骨組み，という観点からすると，同じ字体であるとは言い難いところがあります。例えば，手書きに用いられる「㑚」は，「署」や「罰」の「罒」に，「㢴」は「票」や「要」などの「覀」に似た形になりますが，「署」や「票」の上の部分を「四」や「西」のように書くことはありません。「四」と「㑚」，「西」と「㢴」は，字体としては，別のものであると考えるのが適当です。

したがって，正誤の判断の対象になるような場合には，「㑚」，「㢴」という形で書くことは避ける方が良いでしょう。また，公的機関等の窓口業務においても，これらの書き方は「四」，「西」とは区別されています。（→Q34）

Q32 名前などに使われる異体字の扱い

「高橋」さんには「髙」という字を使う人がいます。また，「崎」の代わりに「﨑」，「達」の代わりに「達」，「辺」の代わりに「邊」又は「邉」などと書く人もいます。このような字についてはどのように考えればいいのでしょうか。

A 人の名前などに用いられる異体字は，原則として固有名詞に限って用いられるものです。それ以外のところで用いると，誤った字であるとみなされることもあります。

人名や地名などに用いられる漢字の字体には，常用漢字表の通用字体とは一致しないものがあります。人の姓名に用いられる漢字の字体は，個々人の思い入れや愛着が向けられるものであり，尊重されるべきでしょう。

ただし，一般の語を書き表す際に用いる漢字については，情報の伝達という観点からすると，常用漢字表が示す通用字体を用いるのが効果的です。また，正誤の判断の対象となるような場合には，字体の異なる漢字（**異体字** →Q11）を用いるのは，避けた方が良いでしょう。常用漢字表の考え方では，「吉」と「𠮷」は同字体として扱われますが，「高」と「髙」，「崎」と「﨑」，「達」と「達」，「辺」と「邊」又は「邉」などは異体字とみなされます。

なお，差し支えのない場合には，人名や地名といった固有名詞についても，常用漢字表の通用字体を用いて書くことができます。固有の字体を用いることが難しいようなときだけでなく，広く不特定多数の人に情報を伝えるべきときなど，必要に応じて，常用漢字表の通用字体を使う場合があるということも，社会全体で共通に理解されることが望まれます。

⇒参照　第1章2〔P.7〕

3章 Q33, 34

> **Q33 印刷文字のとおりに手書きしないといけないのか**
> ある窓口で書類に自分の氏名を記入したところ，印刷された明朝体の文字を示されて，その形のとおりに書き直すように言われました。印刷文字のとおりに書かなくてはいけないのでしょうか。

A 同じ漢字であっても，手書きの文字と印刷文字との間には，形の違いが現れることがあります。本来は，手書きの文字を印刷文字の字形のとおりに書く必要はありません。

　明朝体に代表される印刷文字は，手書き文字と別々に発展してきました。明朝体は，読まれることを目的として発展してきた書体であり，手書き文字の字形とは異なった印刷文字特有のデザインが施されている場合があります。（→Q１）微細な違いには気付かないことも多く，ふだんは余り問題にならないのですが，見た目に比較的大きな違いがある「令」，「心」等の漢字については，どちらかが正しいといった意識につながりやすく，窓口などで問題にされることもあるようです。

　印刷が始まった頃は，木の板（版木）に文字を彫って版を作っていました。これを「木版印刷」と言います。当初は手書きの楷書に倣った字を版木に彫っていましたが，筆で書かれた端正な楷書体を版木に再現するのには手間と時間が掛かりました。印刷物が量産されるようになると，手間と時間を省くために，曲線などをなるべく少なくした直線的で彫りやすい文字で版が作られるようになります。また，彫りの分業が可能になるように，微妙な角度を付けた点画をなるべく少なくし，縦画と横画とを直角に交差させるとともに，正方形に収まる形にするような単純化が図られました。さらに，縦画は太く横画は細くし，横画の終筆部分には三角形のウロコとよばれる形を付けるなど，次第に手書きの楷書の形から離れ，読まれることに特化したデザインとして，現在の明朝体に近づいていったのです。

　したがって，同じ文字であっても，手書きの楷書と明朝体とでは，その表し方にそれぞれの習慣があり，字形に違いが生じる場合があります。手書きの字形と印刷文字の字形の間の違いは，表し方の習慣の違いであり，どちらかにそろえる必要はありません。

⇒参照　第1章2〔P.7〕，第2章1〔P.24〕

> **Q34 窓口で問題になることの多い漢字**
> 手書き文字と印刷文字の違いに関して，窓口などでよく問題になる漢字があったら教えてください。

A 窓口担当者を対象とした調査で，「衣」，「家」，「子」，「心」，「八」，「保」，「北」，「令」，「鈴」などのほか，次ページの表に挙げた常用漢字が特に問題になりやすいことが分かりました。

　窓口に提出される書類は楷書で手書きされることが多く，印刷文字になったものとは，字形が異なる場合があります。窓口を訪れる人が印刷文字になった自分の名前を見て，「この字は私の字とは違う。」と訴えたり，一方，窓口で勤務する人が提出された手書きの字を見て，戸籍や住民基本台帳にあらかじめ記載された印刷文字や手書き文字の字形のとおりに書き直すよう指示したりすることもあるようです。

　全国６８か所の市役所，区役所等で窓口業務を担当している方を対象に行った調査では，常用漢字のうち，アンケートにあらかじめ示した「衣」，「家」，「子」，「心」，「八」，「保」，「北」，

「令」,「鈴」などのほか,下の表に示す漢字の書き方がよく問題になることが分かりました。
　ここに挙げた手書き文字の字形の例は,どれも誤りと言えるものではなく,原則として,いずれも左に示した明朝体と同じものとみなされます。

明朝体の例	手書き文字の字形の例	問題になることのある点
言	言　言　言	１画目の点の方向に関する点,など。
均	均　　均	勹の中の１画目は,横画か,斜めの点か,など。
麗	麗　麗	上部の点を縦に打つか,斜めに打つか,など。
真	真　　真	２画目が垂直に下りるか,左下方向に斜めに下りるか,など。
直	直　　直	２画目が垂直に下りるか,左下方向に斜めに下りるか,など。
美	美　　美	６画目と７画目の長短に関する点,など。
幸	幸　幸　幸	６画目と７画目の長短に関する点,など。
奏	奏　　奏	下部が「天」か「夭」か,など。
邦	邦　　邦	左部分の横画の方向に関する点,など。
西	西　　西	５画目の終筆をはねるか,はねないか,など。なお,「西」のような書き方が手書きの習慣として見られることがあるが,窓口業務等においては,俗字として「西」と使い分ける場合があるほか,「要」などの「覀」と混同されないよう注意が必要である。
花	花　　花	「匕」の横画が「𠃊」と接触するだけか,突き抜けるか,など。辞書等によっては,突き抜ける字を旧字体とするものもある。
久 久	久	３画目の始筆が２画目の上部に付くか,途中に付くか,など。
松	松	「公」の筆押さえの表現に関する点,など。
牙	牙　　牙	「芽」の下の部分のように５画で書いてよいか,など。
塚	塚	最後の２画が接触する位置に関する点,他の字体との関係,など。

　このほか,アンケートでは表外漢字やいわゆる康熙字典体も挙げられました。当指針では取り上げていませんが,常用漢字表の通用字体と同じ構成要素を持つ漢字については,参考にできる場合があります。
　例外として,問題になることがあるものとして最も多く指摘された,「龍」（「竜」のいわゆる康熙字典体）について説明します。特に,下に示すような１画目の字形差（縦画（左）か,横画（右）か。）に関するものです。

龍　　　龍

　常用漢字表の通用字体以外で子の名に使用することができる漢字の集合を示した「人名用漢字別表」（戸籍法施行規則別表第２　漢字の表）に掲げられた「龍」の明朝体の１画目は,上の右の例のような短い横画になっており,このことが窓口で問題にされることがあります。辞書によっては,両者を別の字体とするものもありますが,常用漢字表では「竜」のいわゆる康熙字典体として,昭和５６年には横画型,平成２２年には縦画型の明朝体が掲げられて

います。つまり，この違いは活字のデザイン差であり，両者は同じ字体であるというのが常用漢字表の考え方です。手で書く際には，どちらの書き方をしてもかまいません。
　⇒参照　第1章3(3)〔P.13〕, 4(2)〔P.14〕

(5) 漢字の正誤の判断基準と「整い方」,「丁寧さ」,「美しさ」,「巧みさ」などの観点について

> **Q35　整っていない字を，正しいと言えるのか**
> 　漢字のテストなどで，整っているとは言い難い読みにくい字で書かれていても，誤りではないと言えるのでしょうか。

A　文字の整い方は，原則として，正誤の判断とは別の評価です。評価対象の字形が読みにくいとしても，その漢字の骨組みが認められるのであれば，誤りとは言えないでしょう。

　漢字の正誤は，その漢字の骨組みが読み取れるか読み取れないかという，客観的な観点に基づいて判断されるものです。
　手書きされた文字が整っているかどうかという評価は，評価する人の個人的な感覚や情緒によって変わることがあります。また,「整っている」,「やや整っている」,「やや乱れている」,「乱れている」といった段階的な評価や,「こちらの方が整っている。でも，あちらの方がもっと整っている。」といった相対的な評価になる場合もあります。同様の観点によるものとして，丁寧であるか，美しいか，巧みであるかなどの評価も挙げられるでしょう。これはいずれも，字体が読み取れるか否かのどちらかに振り分ける正誤の判断とは，別の次元の評価であると考えられます。
　書かれた漢字の正誤を判断する際には，字形の整い方が十分でなく，丁寧に書かれていない場合にも，あるいは，美しさに欠け稚拙に書かれている場合にも，その文字がその文字の字体の枠組み内にあり，備えておくべき骨組みを過不足なく持っていると読み取れるのであれば，誤っているという評価はできないでしょう。
　ただし，書かれた文字の字形が整っていない場合，その度合いによっては，ある線を境に漢字の骨組みが読み取れなくなることがあるかもしれません。そのような場合には，誤った漢字として判断されるおそれがありますから，注意が必要です。
　⇒参照　第1章2〔P.7〕

> **Q36　どのような字形で書いてもいいのか**
> 　雑に書かれている字や十分に整っていない字であっても，字体が読み取れさえすれば誤りではないということは，どのような字形で書いてもいいということでしょうか。

A　そうではありません。読む人を気遣って，整った読みやすい字形で書くように配慮することは大切です。ただ，正誤の判断とは別の問題である，ということです。

　文字によるコミュニケーションでは，その字であることが正しく伝わるように書いてあることが必要です。窓口で記入する書類などに,「楷書で丁寧に書いてください。」といった注意書きが見られることがあるように，漢字による情報伝達をより円滑なものとするためには，

読む側への配慮に基づき，意図したとおりに正しく読み取ってもらえるよう書く必要があります。そのような場合には，整った読みやすい字形で，丁寧に書くよう努めるべきです。

また，「文化としての手書き」という観点から言っても，美しさや巧みさに配慮して文字を書くことが欠かせない場合があるでしょう。漢字に関わる検定などにおいても，それぞれの目的によっては，正誤とは別の評価や価値付けが重視されることがあるかもしれません。

したがって，字体が読み取れる字であれば，どのような書き方をしてもよいということを言おうとしているのではありません。整い方，丁寧さ，美しさ，巧みさなどに配慮して文字を書くことが大切な場合があることを踏まえた上で，しかし，これらの評価や観点は，正誤の判断とは別のものなので，混同せず区別して考えましょうというのが，当指針の考え方です。

Q37 一定の字形を標準とする場合の正誤の判断

ある字形を推奨し，それを正誤の判断基準にすることは，テストの採点などをはじめ，一般的に行われていることと思います。正誤を判断する場合に，一定の字形を標準にすることも避けるべきでしょうか。

A 漢字の正誤の判断においては，推奨される一定の字形だけを正しいものとするのではなく，その漢字の骨組みがあるかないかに着目した柔軟な評価が望まれます。

漢字については，一定の字形が標準として推奨される場合があります。その理由としては，発達段階に応じた教育的効果や情報交換の効率化が期待される点，倣って書くことで整った読みやすい字を表しやすい点などが挙げられるでしょう。（→Q24）

しかし，評価対象の字形が推奨される字形と違っているだけで，誤った文字であるとは判断できません。例えば，以下に挙げるものは，常用漢字表の考え方において，いずれも誤りであるとは言い難い手書き文字の字形の例です。

常用漢字表の掲出字形	骨組みに過不足がなく，誤りとは言えない手書きの字形の例			
木	木	木	木	木
女	女	女	女	女
言	言	言	言	言
改	改	改	改	改

一定の字形が推奨される場合であっても，それに倣うことを重視する余り，本来は直接関係のない正誤の判断にまで影響することがないよう注意しましょう。

⇒ 参照 第1章2〔P.7〕

2 具体的な事項に関する問い

(1) 問題になることの多い漢字

> **Q38 はねるか,とめるか(「木」・「きへん」など)**
> 「木」という漢字の真ん中の縦画の最後を,はねるように書いたら誤りなのでしょうか。「きへん」の場合についても教えてください。

A 「木」や「きへん」は,はねて書かれていても誤りではありません。はねても,はねなくてもいい漢字は,ほかにも多数あります。

「字体についての解説」にも,両方の書き方があることが下記のように例示されています。これは,「きへん」の場合も同様に考えられます。

木 ― 木 木

漢字の習得の段階では,「木」や「きへん」の付いた漢字について,はねのない字形が規範として示されることが多く,はねたら誤りであると考えている人も少なくないようですが,手書きの楷書では,はねる形で書く方が自然であるという考え方もあります。また,戦後の教科書には,両方の形が現れています。(近年,「木」を「朩」のように書くと,根が土から出てしまって枯れてしまうから誤りであるなどと言われることがあります。これは,一定の字形を覚えるためには便利な比喩かもしれませんが,本来の字義や楷書の字形に揺れが生じた経緯とは無関係であり,伝統的な漢字の文化とは別のものです。)このことは,「のぎへん」や「うしへん」などについても同様です。平成26年度の「国語に関する世論調査」では,回答者の年代によって適切だと考える字形が異なる傾向があることが分かりましたが,その要因は,習った漢字の字形に違いがあることによるものとも考えられます。

学習者の発達の段階に応じた教育上の配慮等から,一方の書き方を指導する場合にも,本来は,どちらも適切な書き方であるということ,また,はねの有無は,それが漢字の字体に影響しない場合には,正誤の判断基準にならないということをしっかりと踏まえておくことが望ましいでしょう。

同様に考えられる漢字には次のような例があります。

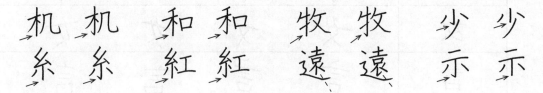

⇒ 参照 第2章4(5)ア〔P.54〕

> **Q39 「いとへん」の下部の書き方**
> 「絵」などの「いとへん」の下の部分を「小」のような形ではなく,点を三つ並べるように書いているものをよく見掛けます。そのような書き方をしてもいいのでしょうか。

A 点を三つ並べるような書き方は,行書に近い手書きの習慣として定着してきたもので,日常生活において用いても,誤りではありません。

「字体についての解説」にも「いとへん」の書き方が下記のように例示されています。

糸 — 糸 糸

「いとへん」の下の部分について点を三つ並べるような書き方は、行書に近い楷書の習慣として定着してきたもので、日常生活においては、よく用いられる、誤りではない書き方であると言えます。

ただし、「糸」の形で書く場合とは書き順が変わることなどを考慮し、混乱を避けるために、学習者の発達の段階に応じた指導がなされる場合があります。そのような際にも、本来は、点を三つ並べるような書き方が誤ったものではないということを、よく踏まえておくことが望まれます。

なお、上記のような書き方が定着しているのは、「いとへん」の場合であり、「糸」を単独で書いたり、「糸」を「素」や「緊」のような位置に書いたりする際に、点を三つ並べるような書き方をする習慣はほとんどありませんから、避けた方が良いでしょう。

⇒ 参照　第2章4（2）ウ〔P.43〕

Q40　接触の有無（「右」など）

「右」の「口」は「ノ」の部分に接触するように書くべきでしょうか。それとも接触しないように書くべきでしょうか。

A　どちらで書いてもよいものです。「右」という字に限らず、こうした接触の有無は、漢字の正誤の判断基準にはなりません。

複数の小学校の教科書に用いられている「右」という漢字を見比べてみると、「口」が左上の部分に接触しているものと、していないものとの両方が見られます。どちらの書き方をしても全く問題ありません。正誤の判断をする場合に、こういった微細な接触の有無を基準にすることは、行き過ぎであると考えられます。

右　右

同様に考えられる漢字に、「下」の3画目の点などをはじめ、次に挙げるようなものがあります。ここに挙げた例はほんの一部であり、他のどのような漢字についても、その漢字であると判別できない場合を除いて、接触の有無は正誤を判断する際の基準になりません。

⇒ 参照　第2章2−2（2）〔P.30〕, 4（3）〔P.45〕

3章　Q41, 42

> **Q41 「木」と「ホ」（「保」など）**
> 　私の名前には「保」という漢字が使われています。先日，住民票を取ったところ，「にんべん」に「口」＋「ホ」の形の「保」ではなく，「口」＋「木」の「保」という形で印刷されてきました。窓口の人は，これは同じ漢字であるというのですが，本当でしょうか。

A　同じ漢字です。印刷文字では，「口」＋「木」の形で表されるのが一般的ですが，手書きする場合には「口」＋「ホ」で書くこともあります。

　「字体についての解説」にも，両方の書き方があることが下記のように例示されています。

$$保 - 保 \; 保$$

　これは，手書き文字と印刷文字それぞれの習慣に基づく字形の相違であり，手書きの際には「ホ」の形で書くことがありますが，明朝体では「木」で表されるのが一般的です。
　片仮名の「ホ」がこの漢字の一部をとって生まれたことからも分かるように，手書きの楷書では「口」＋「ホ」の「保」の形で書くことも多かったのですが，現在の印刷文字においては「口」＋「木」の形の「保」，また，小学校で学習する字形も「保」になっています。しかし，手で書く際には，どちらで書いても問題ありません。「葉」を「葉」と書いたり，「果」を「果」と書くのも同様です。「楽」，「親」，「探」，「巣」などについても，同様に考えることができます。

　⇒ 参照　第2章4(3)ウ〔P.48〕

> **Q42 「令」や「鈴」を手書きの楷書でどう書くか**
> 　ある金融機関の窓口で書類に記入する際に「令」を小学校で習った形（「令」）で書いたら，明朝体と同じ形に書き直すように言われました。そうする必要があったのでしょうか。また，「鈴」，「冷」，「齢」といったほかの常用漢字や「伶」，「怜」，「玲」などの表外漢字の場合も同じように考えていいのでしょうか。

A　本来であれば，書き直す必要のないものです。印刷文字に見慣れてしまったため，手書きでは「令」と書く習慣があることが理解されにくくなっているのでしょう。

　「字体についての解説」にもこの書き方が例示されています。これは，手書き文字の字形と印刷文字の字形のそれぞれの習慣に基づく字形の相違であり，別の字ではありません。

$$令 - 令 \; 令$$

　手書きの楷書によく見られる「令」と明朝体の「令」との間には字形の差があるものの，同じ字体であるとみなされてきました。なお，「令」のように手書きしてもかまいません。
　また，質問のとおり，小学校ではこの漢字を「令」の字形で学習しています。その字形が社会で通用しない場合があるというのは，情報機器の普及等によって印刷された文字を見る機会の方が多くなっているからであろうと考えられます。本来，印刷文字の形のとおりに手書きする必要はなく，このことは，社会全体で共有される必要があります。
　「令」に限らず，この形が漢字の一部になっているほかの常用漢字「領」，「鈴」，「冷」，「齢」などでも同様ですし，「伶」，「怜」，「玲」などの表外漢字（→Q4）についても同じように考

えることができるでしょう。
⇒ 参照 第2章4(6)エ[P.58]

> **Q43 「女」の「一」と「ノ」の接し方**
> 「女」という漢字の2画目は、3画目の横画よりも上に出ない形で書くようにと学校で習ったのですが、その書き方を間違いだという人もいます。どちらが正しいのでしょうか。

A どちらで書いても誤りではありません。昭和50年代半ば以降、小学校では出る形で教えられていますが、この場合、出るか出ないかは、正誤に関わる問題ではありません。

「字体についての解説」にも、両方の書き方があることが下記のように例示されています。これは、「おんなへん」の場合も同様に考えられます。

女 － 女 女

現在の小学校の教科書には、全て、2画目を3画目の横画よりも少し上に出す形の字形が示されています。しかし、小学校国語の教科書に用いられた教科書体を戦後すぐまで遡って調べていくと、昭和50年代の半ば頃までは、次に示すようにどちらの形も見受けられますから、世代ごとに見慣れている字形の方を正しいと考える傾向があるのかもしれません。

女 女 女 女 女

また、明朝体をはじめとする印刷文字では、出ない形が一般的です。一般の社会では印刷文字に触れる機会の方が多いため、印刷文字のように出ない形の方が正しいと考えている人もいるようです。これは、出ていても出ていなくても、あるいは、2画目と3画目が僅かに接していないとしても、誤りであるとは言えないものです。これらの違いは、それによって、ほかの漢字に見えたり、字として読み取れなかったりということがありませんから、漢字の正誤の判断基準になりません。同様に、点画が交差していてもいなくても、誤りであるとみなされないものとしては、次のような例が挙げられます。

耳 耳 長 長 弟 弟 非 非

ただし、交差の有無に関しては、注意が必要な場合もあります。例えば、「貫」、「慣」の「毌」の部分は「母」、「毎」などと形が似ているために同じように書かれることがありますが、本来は交差するものではありません。「貫」や「慣」では、狭いところに書かれますから、交差していたとしても誤りであると断じる必要はないものの、書き分けるのが望ましいでしょう。

加えて、「工」と「土」、「矢」と「失」、「田」と「由」と「申」のように、縦画と横画が接するだけか、交差するかという字形の違いが字体の違いにまで及び、別の漢字とみなされることもあります。このようなものについては、しっかり書き分けないと誤りであると判断される場合があります。

⇒ 参照 第2章4(6)ア[P.56]

Q44 「士」と「土」を構成要素として持つ漢字

「吉」という字の上の部分を「土」と書いてあるのを見ることがありますが、これは「吉」とは別の字でしょうか。また、「喜」という字の「士」を「土」と書いたり、「寺」の「土」を「士」と書いたりする文字を見ることがあります。そういう字は、誤りと考えていいのでしょうか。

A 手書きの楷書では、いろいろな書き方があるものの一つであると考えられます。ただし、「吉」と「𠮷」について、窓口業務等では使い分ける場合があります。

「吉」という字の上の部分を「土」と書いてあるものは、長く「吉」と同じ字として用いられてきました。従来、明朝体においては、「士」＋「口」の形が一般的でしたが、手書きの楷書では「土」＋「口」の形で「𠮷」のように書くことが多かった漢字です。したがって、例えば、「大吉」、「大安吉日」といった、一般の用語を手書きする場合に、「士」の形だけでなく「土」の形が用いられることがあります。これは、誤りではありません。

ただし、辞書には、「土」＋「口」の「𠮷」を俗字としているものもあります。また、この漢字は人名や地名に使われていることが多く、そのような場合には、固有名詞だからこそ「士」と「土」のいずれか一方で書かなくてはいけないと考えられる傾向があります。実際、窓口業務等においては、使い分けられる場合があります。

ほかにも、「士」と「土」を構成要素として持つ漢字があります。「士」と「土」は、単独で用いられるときには、横画の長短がしっかり書き分けられますが（→Q21）、「喜」、「仕」、「寺」、「荘」など、漢字の一部になっているものについては、「士」と「土」が入れ替わったような形で書かれることがあります。そのような習慣を持つ漢字については、別の漢字に見間違えられることがないので、誤りであるとまで断じることはできないでしょう。

⇒参照 第2章4(1)オ〔P.41〕

Q45 はねるか、とめるか（「改」など）

例えば、「改」という漢字の「己」の最後のように、印刷文字でははねていますが、学校でははねないと教わった漢字があります。どちらが正しいのでしょうか。

A どちらで書いても誤りではありません。手書きの楷書では、とめる書き方が多く見られますが、明朝体では、はねているのが一般的です。

「改」については、「字体についての解説」にも、両方の書き方があることが下記のように例示されています。

改 － 改 改 改

伝統的に、手書きの楷書では、明朝体のようにはねる形で書くことは少ないのですが、戦後の教科書にも、次のように、はねる形の例が見られます。どちらも誤りではありません。

はねるか、とめるかについて、同様に考えられる部分を持った漢字には「役」、「化」、「起」、「空」、「指」、「酒」、「切」、「比」、「陸」などを挙げることができます。

また,「字体についての解説」に示されているとおり,「改」の3画目や「切」の2画目などは,右上方向に折ってぬくように書かれることもあります。
⇒参照　第2章4(5)イ〔P.55〕

Q46 「はつがしら」の接触の有無
「登」と「発」では,「はつがしら」の上部を離すか接するかがそれぞれ決まっていて,違う書き方をすると教わった記憶があります。使い分けが必要ですか。

A　使い分けの必要はなく,どちらの字をどちらの書き方で書いても誤りではありません。明朝体や教科書体など,印刷文字のデザイン差が影響していると考えられます。

明朝体や教科書体など,印刷文字によっては,「はつがしら」の上部が接触していたり離れていたりすることがあります。

これは,飽くまでも印刷文字のデザイン差に類するものであり,手書きの際にはどちらの書き方をしてもよいものです。「登」と「発」とで使い分けるような必要もなく,どちらも正しい書き方です。
⇒参照　第2章2－1(2)〔P.26〕,2－2(2)〔P.30〕,4(3)カ〔P.49〕

Q47　とめるか,はねるか,はらうか(「園」,「猿」など)
「園」や「遠」という漢字の「袁」と,「猿」という漢字の「袁」では,下の部分の表し方が違っていることがありますが,これは使い分ける必要があるのでしょうか。

A　狭いところではとめ,余裕のある場合にははねる傾向がありますが,どちらの書き方をしても誤りではありません。

園　園　　　猿　猿

「園」,「遠」,「猿」ともに,下部の縦画については,とめて書いても,はねて書いてもその文字の字体としては誤りではなく,正誤の判断を左右しません。また,「袁」の最終画についても,とめて書いても,はらって書いても誤りではありません。

慣用として,「園」や「遠」のように,上下を他の点画で囲まれるなど,狭いところに「袁」の形がある場合には,下部の縦画をとめている場合が多く,「猿」のように,比較的広いところにある場合には,はねたりはらったりしているという傾向があります。しかし,いずれの書き方をしてあっても正誤の判断には関係しません。これは,「環」,「還」などでも同様です。
⇒参照　第2章4(5)ア〔P.54〕

Q48 「奏」の下の部分の書き方

「奏」という漢字の下の部分を「夭」で書いたら誤りでしょうか。

A　誤りではありません。「天」の下の横画を長く書く形だけでなく，上の横画を右から左にはらって「夭」のように書かれる場合もあります。

　「奏」の下部には「天」のような部分があり，上の横画よりも，下の方を長く書くのが一般的です。しかし，現代の慣用では，「天」という字は上を長くするように書く傾向があります。「奏」では，上の横画の方が短くなるなどの理由から「天」の形に思えず，「夭」であると考える人が少なくないようです。また，「奏」を「夭」の形で書いた例は戦前からあり，昭和１０年頃に用いられた文部省活字（「奏」）のほか，戦後に編まれた漢和辞典にも，「夭」の形を採用しているものがあります。

　「夭」の形で書くと，この部分の１画目は，右から左にはらうように書くことになりますが，それによって字体の枠組みから外れてしまうことはありませんから，誤りであるとまで考えるのは行き過ぎでしょう。

　また，「天」という字だけを取り上げれば，上の横画を長く書くことも多いですから，「奏」が上の長い「天」の形で書かれることがあっても誤りとは言えないでしょう。

　⇒参照　第２章４(２)イ[P.43]

Q49 「者」には点がなく，「箸」にはあるのはなぜか

印刷された文字を見ると，「者」や「都」という漢字には「日」の上に点がないのに，「箸」や「賭」には点があるのはどうしてですか。また，それを使い分ける必要があるのですか。

A　点がある「箸」と「賭」は，いわゆる康熙字典体です。平成２２年の常用漢字表の改定で追加された際に，この字体が採用されました。手書きでは，点を打たない書き方ができます。

　昭和２４年に内閣告示として行われた「当用漢字字体表」以前の印刷文字は，康熙字典体（→Ｑ８）が用いられるのが一般的で，通常，「者」や「都」にも「箸」，「賭」と同様に点がありました。しかし，当用漢字字体表で点画の整理や統合が行われた結果，当用漢字表に採用された「者」，「都」の点は省略されました。一方，当用漢字表に採用されなかった「箸」，「賭」などの漢字については，特に手当てが行われず，昭和５６年の常用漢字表でもそれは同様でした。

　その後，平成１２年に国語審議会が「表外漢字字体表」を答申し，常用漢字表に入っていない漢字を印刷で用いる際の標準の字体（印刷標準字体）を定めました。その際には，書籍を中心とした漢字の使用実態を調査し，それぞれの漢字について，実際に最も多く用いられている字体を選ぶこととしました。その結果，「表外漢字字体表」には，「箸」，「賭」も含め，主に康熙字典体が採用されたのです。そして，平成２２年の常用漢字表の改定に当たって「箸」，「賭」が追加された際にも，「表外漢字字体表」の字体がそのまま採用されました。

　以上のような経緯があり，常用漢字表の表内において，「者」，「都」と「箸」，「賭」では，「日」の上の点の有無という違いが生じています。印刷文字においては，常用漢字表に掲げられたそれぞれの字体を用いることとされていますが，「箸」，「賭」を手書きする際には，点を付けないで書いてもかまいません。

なお,「者」,「都」に点の付いた字体は,いわゆる康熙字典体として扱われるため,人名などを除き,印刷文字においても,手書き文字においても,現在は用いないのが一般的です。
⇒参照　第2章5(2)〔P.60〕

Q50 「填」か「塡」か（文字コードとの関係）

電子辞書で「補塡」という言葉を調べようとしたら,常用漢字表の「塡」とは違う「填」という形が出てきました。どうしてこういうことが起きるのでしょうか。また,手で書くときにはどちらを書けばいいのでしょうか。

A　文字コードの制約によるものです。印刷文字としては「塡」が通用字体ですが,古い機種等では使えない場合があります。手で書く場合は,どちらで書いてもかまいません。

これは,情報機器に搭載されている文字コードの制約によるものです。新しい情報機器では,「塡」と「填」が共に使えるようになっていますが,現在のところ,まだ改められたJISコードに対応したコードポイントやフォントを搭載していない情報機器も流通していますし,対応していても,「填」の方が変換候補の上位にあり選びやすくなっていることがあり,質問のようなことが起きています。

JISコードが初めて制定されたのは,昭和53年（1978年）のことです。その後,昭和56年（1981年）には常用漢字表が内閣告示として実施されます。この常用漢字表では「常用漢字表に掲げていない漢字の字体に対して,新たに,表内の漢字の字体に準じた整理を及ぼすかどうかの問題については,当面,特定の方向を示さず,各分野における慎重な検討にまつこととし」（国語審議会答申「常用漢字表」　昭和56年3月23日），常用漢字表に入っていない漢字（**表外漢字　→Q4**）の字体については,その目安を定めることを留保していました。

国語審議会が表外漢字の字体について留保している間,国語施策の方針が示されないまま,昭和58年（1983年）にJISコードが改定され,一部の表外漢字の字体は,康熙字典体とは異なった字体に変更されました。「塡」もそのうちの一つで,このときに「填」という字体に変更されています。変更後の字体は,「拡張新字体」「準用字体」などと呼ばれました。この字体には,手書きを中心として古くから使われてきたものも含まれています。

その後しばらくの間,書籍には「補塡」という字体が使われているのに,コンピューターなどの情報機器には「補填」しか出てこないという状況が続き,不統一を問題視する声が上がるようになります。この問題を収拾するために,国語審議会が平成12年（2000年）に「表外漢字字体表」を答申し,印刷文字における標準の字体（印刷標準字体）を決定しました。その際には,社会で実際に用いられている漢字の字体を広く調査した結果として,「塡」という字体が採用されます。JISコードも同年行われた拡張で,第3水準に「塡」という字体を追加しました。現在は「表外漢字字体表」の印刷標準字体が情報機器においても使用されるようになっています。

平成22年の常用漢字表の改定で追加された際には,表外漢字字体表に従って「塡」が通用字体として採用されています。漢字を手書きする場合には「填」と書くこともできますが,印刷文字としては「塡」が通用字体となります。ただし,現行の常用漢字表の「表の見方及び使い方」の「付」には「情報機器に搭載されている印刷文字字体の関係で,本表の通用字体とは異なる字体（通用字体の「頰・賭・剝」に対する「頬・賭・剥」など）を使用することは差し支えない」とあり,当面は印刷文字においても「塡」と共に「填」が用いられる状

3章　Q51,52

況が続くと考えられます。
⇒参照　第2章5〔P.59〕

Q51　「牙」と「芽」

「牙」という字は「芽」の下の部分のように書いてはいけないのですか。また，その反対に「芽」の下の部分を「牙」のように書くのはどうですか。

A　一般的には，どちらも誤りではありません。ただし，「芽」は小学校で学ぶ字ですから，画数が変わる点については，教育上の配慮が必要な場合があると考えられます。

　「牙」を「芽」の「くさかんむり」の下の部分と同じように書いても誤りではありません。常用漢字表では，「牙」の明朝体に「特定の字種に適用されるデザイン差」が適用されており，「芽」の下の部分と同様のものもデザイン差として認められていることを，そのまま手書き文字にも当てはめて考えることができるからです。
　一方，「芽」については，下の部分が4画の「牙」の字体は，デザイン差として示されていません。これは印刷文字としては，「くさかんむり」＋「牙」の形を，別の字体であるとみなし区別しているということを意味します。しかし，手で書く場合には，「芽」の下部を「牙」の形で書くのは，自然な運筆によるものであり，そのように書かれていても，誤りであるとまでする必要はないでしょう。特に，行書や行書に近い楷書では，「牙」のように書かれるのが一般的であるとも言えます。
　ただし，小学校では「芽」の下の部分を5画で書くように学習しますから，画数が変わってしまう「くさかんむり」＋「牙」の書き方が問題とされることがあり，教育上の配慮が必要になる場合があります。同じ構成要素を持つ「雅」や「邪」などを含め，両者の字体が使い分けられていることは意識しておくとよいでしょう。

⇒参照　第2章2−1(4)〔P.29〕，5(3)〔P.61〕

Q52　画数の変わる書き方（「衷」）

「折衷」の「衷」という字は，真ん中の縦画が「一」と「口」を貫くように書かれているものや，「なべぶた」（「亠」）の部分が独立して書かれているものを見ます。また，縦画が「中」のように下まで貫かれているものを見ることもあります。どのように書けばいいのでしょうか。

A　「一」→「口」→縦画が「口」の底辺まで届く書き方，のほかに，「口」を貫いて「中」のようになる書き方や，「亠」→「口」→縦画という書き方もあります。

　当用漢字字体表において，「衷」は次のように示されました。

　平成22年の常用漢字表に掲げられた通用字体が「衷」であるように，現在の多くの明朝体では，縦画が横画（「一」）の上から「口」を貫き，底辺でとまる形になっています。しかし，この字の成り立ちが「衣」の間に「中」という字が入っている形であることから，辞書が示す字形の中には，「亠」→「口」→縦画，の形や，縦画が「中」のような形に貫かれたも

のも見られます。これらの違いは画数に影響する場合があるので,「衷」は辞書によって９画とされたり１０画とされたりします。また,字形の違いを字体の違いに及ぶと判断して,それぞれを異体の関係として扱う辞書もあります。

　常用漢字表が掲げる「衷」の通用字体も,当用漢字字体表を基にしており,字体を変更したわけではありません。したがって,両者の間に見られる字形の違いは,印刷文字のデザイン差とみなされます。また,手書きの楷書の場合,辞書によって画数の扱いが異なることからも,次に示すような書き方は,いずれも誤りではありません。

衷　衷　衷　衷

Q53　同じ字体の別字種（「芸」,「柿」）

　「芸」や「柿」という漢字が,全く違う読み方と意味で使われることがあると聞きました。これはどういうことでしょうか。

A　戦後の字体の整理やＪＩＳコードとの関係などによって,常用漢字と同じ字体を持っている（又はそのように見える）のに,別の字として用いられている漢字があります。

　「芸」や「柿」に対する「芸」（うん）や「柿」（こけら）のように,常用漢字と同じ字体を持っている,又は,そのように見えるのに,漢和辞典などでは,別の字種とされているものがあります。

　「芸」（げい）は,元々「藝」と書かれていました。この字種の字体として,昭和２４年の当用漢字字体表に「芸」という形が示されて以降,「藝」に代わって広く用いられるようになっています。しかし,「芸」はそれ以前から用いられていた「芸」（うん）という表外漢字と同じ字体であるため,現在では,一つの字体が,二つの字種に用いられるという状況が生じています。なお,「芸」（うん）の場合には,あえて「くさかんむり」を「艹」のように書いて区別することもあります。

　一方,「柿」（かき）と「柿」（こけら）とは,本来,同じ字体ではありません。通常,「かき」は,つくり（右側の部分）の上部の「なべぶた」型の下に「巾」の形が表される５画です。「こけら」は,中央の縦画が貫く形で４画になっています。

柿（かき）→市　　柿（こけら）→市

　しかし,両者は字体が似ているために,その区別は曖昧になることも多く,同じように用いられる傾向がありました。（明朝体においては,そのデザイン上,辞書等が示す画数とは異なって見える場合が少なくありません。）また,広く情報機器に搭載されてきたＪＩＳコードでも,両者を同じ区点に割り当てている（「包摂する」と呼ばれます。）ため,機種やフォントによっては使い分けができない場合があります。そのようなこともあって,二つの字は,同じ字体であると捉える考え方が生じています。なお,日本をはじめ,中国,韓国など漢字圏の国々で用いられる漢字を含んだ国際的な文字コード規格であるユニコードでは,両者が別の区点に割り当てられており,使い分けが可能です。このＱ53の説明では,御覧のとおり使い分けています。

（2）いろいろな書き方があるもの

> **Q54　明朝体どおりの手書き（折り方など）**
> 　例えば「糸」の1，2画目や「衣」の4画目などについて，手書きするときにも，明朝体のような折り方で書いたら誤りですか。明朝体のように書いてもよいのだとすると，それぞれの漢字の画数は変わるのでしょうか。

A　明朝体の形のとおりに手書きされた文字を誤りであるとまでは言えませんが，手書きではよりふさわしい書き方があります。また，明朝体のように書いても，画数は変わりません。

　1画が2画に見える明朝体のとおりに手書きされても，字体を見誤ることはないので，誤った字であるとまでは言えないでしょう。「糸」という漢字については，昭和50年代初めまでの小学校国語の教科書では，次に示すような，明朝体の折り方に似た教科書体が用いられていた例もあり，このような字形で手書きする習慣のある人も少なくありません。

　　　　糸　糸　糸　糸　糸

　しかし，「糸」や「衣」を手書きするときには「糸」，「衣」のように書いた方が，辞書等が示す画数と同じように見えて自然であり，これらの明朝体と手書きでは，画数が異なっているわけではありません。これは印刷文字におけるデザイン上の表現であり，2画に見えても1画とみなすものです。漢字の習得の段階では，混乱しないような書き方を覚えるのが望ましいでしょう。また，辞書を画数から引くような場合にも，この点には注意が必要です。そのほかにも，次に挙げるように，辞書等による画数と異なって見えるものは多数あります。

　　　　医　引　山　雲　越

　また，次に示すそれぞれの右側の印刷文字のように，画数が少なく見えるデザインもあります。この場合，手書きで同じように書くと，字体が異なるとみなされるおそれがあります。

　　　　姉－姉　　店－店　　美－美

　近年，印刷文字のとおりに書かないといけないという意識が広がっています。印刷文字のとおりに書かれていても，字体が読み取れるのであれば誤りとせず，それとは別に，印刷文字と手書きの楷書とでは，表し方に違いがあることを学ぶ機会を提供するのが適当でしょう。
　ただし，次のような手書きの文字については，折り方の表現が明朝体に似ているように見えても，全て1画で書かれたものであり，手書きの楷書として自然な書き方です。

　　　　糸　糸　糸　　衣　衣　衣

　なお，明朝体と手書きの字形との関係で注意を要する別の例に「離」や「璃」の「ム」の部分があります。これを手書きする場合には「ム」の形で，次のとおり書く習慣があります。

　　　　離　離　璃　璃

　上に示した手書きの例ではそのように見えませんが，「離」や「璃」の「ム」の部分は，「康熙字典」をはじめ多くの辞書等で3画に数えられます。この場合，明朝体の「ム」の形は，「公」などに見られる折り方の表現とは違い，辞書等のとおり3画とみなせます。ただし，手書き

においては，辞書等が示す画数とは異なるように見える形で書かれるのが一般的です。
　また，この部分は「偶」の右下部などと同様の形だと考えられることもありますが，従来，両者は書き分けられてきました。明朝体のとおりに，又は「ム」のように書いても誤りであるとは言えないものの，「離」や「璃」では，「ム」の形で手書きすると覚えておきましょう。
　⇒ 参照　第2章2−1(3)〔P.27〕，2−2(3)〔P.31〕，3(1)〔P.33〕

Q55　明朝体どおりの手書き（筆押さえなど）
　常用漢字表の「八」という字の2画目には，屋根のような部分がありますが，これは手書きするときにも書くべきですか。

A　手書きでは書かないのが一般的です。屋根のように見える部分は，「筆押さえ」などと言い，印刷文字に特有の装飾表現ですから，そのとおりに手書きするのはかえって不自然です。

　常用漢字表の通用字体の「八」に見られる屋根のような部分は，「筆押さえ」などと呼ばれ，活字のデザインにおける装飾的な要素です。筆押さえによる字形の違いは，字体の違いに及ぶものではありません。また，元々，筆の勢いをデザイン的に表現したものではありますが，飽くまでも，印刷文字における字形の特徴であり，手書きの際に書く必要はありません。ほかにも「芝」や「乏」などにも筆押さえが見られます。これらを手書きする際に，明朝体に倣って筆押さえが強調されて書かれることがありますが，本来，その必要はありません。ただし，筆押さえが書いてあるからといって，誤りであるとまでは言えないでしょう。
　なお，明朝体であれば，必ず「筆押さえ」があるというわけではありません。屋根のような部分のないもの（「八」）ものもあります。近年作られる明朝体フォントにおいては，「筆押さえ」の表現を用いることが少なくなっていますから，見慣れない人も少なくないでしょう。当指針の字形比較表の「印刷文字の字形の例」欄には，常用漢字表の通用字体との間で，デザイン上の差異が認められる明朝体を掲出しており，そこには「筆押さえ」の付いたデザインのあるものも含まれていますから，参考にしてください。
　⇒ 参照　第2章3(3)〔P.35〕

Q56　明朝体どおりの手書き（曲直，その他）
　「子」という字は，手書きでは，縦の線を曲げて「子」のように書きますが，明朝体では縦の画が直線になっていることに気付きました。同様に，「家」の最後の2画の位置や「たけかんむり」の形，「心」の点の位置など，明朝体と手で書くときとでは，形の違うものがあります。明朝体のとおりに書いてもいいのでしょうか。

A　明朝体のとおりに書いても，漢字の骨組みが読み取れないわけではありませんから，誤りとまでは言えません。しかし，手書きでは手書きの習慣に従って書くのが一般的です。

　「子」という字を手書きするときには，緩やかに曲げるように書くのが一般的ですが，明朝体をはじめとする印刷文字では，縦画を直線的に表現します。これも，手書き文字の字形と印刷文字の字形との間の習慣の違いです。ほかに，「手」，「了」などがあります。

子−子　　手−手　　了−了

同様に、明朝体の字形には、手書きする場合の習慣と異なる特徴的な表し方が見られることがあります。「字体についての解説」には、そのほかにも、明朝体と手書きの楷書との表し方が異なるものとして次のような例が示されています。いずれも、ふだんはなかなか気付きませんが、両者をよく見比べると、字形に違いがあることが分かります。

人－人　家－家　北－北
竹－ケケ　心－心

これらの漢字が手書きされる際に、活字のとおりに書かれたとしても、その字であるかどうか判断できないわけではありませんから、誤りであるとまでは言えません。しかし、それぞれ右に示された手書きの楷書の習慣に従って書かれるのが一般的です。
　⇒参照　第2章3(2)[P.35](4)[P.36](5)[P.37]、4(6)イ[P.57]

Q57　手書きでの「しんにゅう」の書き方
常用漢字表の「しんにゅう」の字には点が一つのものと二つのものがありますが、これらを手書きするときにも、点の数は書き分けないといけないのですか。

A　手書きでは、どちらも点一つで書くことができ、常用漢字表はその書き方を勧めています。ただし、印刷文字の通用字体が点二つのものを二つで手書きしても、誤りとは言えません。

　常用漢字表の表の見方及び使い方には「「辶」も手書きでは「辶」と同様に「⻌」と書く」こと、つまり、点一つで書いて、2画目を揺するように表現して書くことが説明されています。また、「改定常用漢字表」（文化審議会答申）の「Ⅰ　基本的な考え方」には、「「しんにゅう」の印刷文字字形である「辶／辶」に関して付言すれば、どちらの印刷文字字形であっても、手書き字形としては同じ「⻌」の形で書くことが一般的である、という認識を社会全般に普及していく必要がある。」との記述もあります。
　ただし、戸籍などにおいては、点一つの「しんにゅう」「辶」（「⻌」）と二つの「しんにゅう」「辶」（「⻌・⻌」）との使い分けが行われることがあります。点二つのものを「⻌・⻌」のように書いたものも誤りとまですべきではありません。
　なお、明朝体のように、点一つで揺すらない形（「辶」）で手書きされたようなものも、字体の違いにまで及んでいるとは言えず、誤りであると断じることはできないでしょう。
　⇒参照　第2章3(5)[P.37]、5(2)[P.60]

Q58　横画の長短
楷書の手本を見ていたら、「天」の下の横画の方が長い字や、「幸」の1番下の横画が一つ上の横画よりも長い字などがありました。そのような書き方をしてもいいのでしょうか。

A　いずれの書き方も、手書きの楷書では伝統的に用いられてきた形であり、誤りではありません。戦後から昭和50年代に掛けて用いられた教科書にも、そのような字形が見られます。

　手書きの楷書では、横画の長短が違う、次のような書き方をすることがあります。古くは、

「天」も「幸」も，下に挙げる例の右側の方で書かれるのが一般的でした。

天 天 天　　　幸 幸 幸

戦後の教科書を複数確認すると，横画の長短に違いがあるものが見られます。

天 天 天　　　幸 幸 幸

「天」や「幸」だけでなく，点画における長短の違いが漢字の判別に関わらない場合には，それを誤りであるとは言えません。一方，「士」と「土」や「末」と「未」のように，点画の長短が入れ替わることによって別の字になってしまう場合には注意が必要です。

⇒参照　第2章4（1）ア〔P.38〕イ〔P.39〕

Q59　上下部分の幅の長短など，構成要素同士の関係

「冒」の「日」と「目」の幅を，上下逆に書いたら間違いですか。

A　その漢字としての骨組みを読み取ることができず，他の漢字と見間違えるような場合には，誤りと言えるでしょう。

常用漢字表には，「筆写の楷書では，いろいろな書き方があるもの」の一つとして，「長短に関する例」が挙がっています。「冒」の上部と下部の幅について，この「長短に関する例」の一つとして考えた場合，例えば，次の左から二つ目に示すように，上下の幅の差が小さい又は同じくらいになる場合には他の漢字と見間違えることは少ないと考えられます。しかし，左から三つ目の場合は，「冒」という字の骨組みを読み取ることは難しく，「昌」（人名用漢字）などと間違えられるおそれがあります。

冒　冒　昌

このように，上部よりも下部の幅がはっきりと大きいように書かれた例については，「冒」という漢字の字体の枠組みを外れてしまい，この文字としては認めがたいものとみなされるでしょう。ここでは，構成要素における幅の長短について例示しましたが，ほかの漢字に関しても，構成要素の位置関係やバランスが大きく変わっている場合，誤った字であるとみなされることがありますから注意が必要です。（→Q15）

⇒参照　第2章4（1）ウ〔P.40〕

Q60　横画の方向

「比」や「化」の右側の横画は，左から右にとめるように書いても，右から左にはらうように書いてもいいのですか。

A　どちらで書くこともあります。かつては使い分ける習慣もありましたが，現在はどちらの書き方をしても誤りとは言えません。

かつては，「比」や「北」では左から右に書いてとめる，「化」や「花」では右から左にはらう，という習慣がありましたが，．明朝体では，いずれの字もはらうようにデザインされることが多く，現在は手書きする際にも，それぞれどちらの書き方もあるというのが常用漢字

表の考え方です。

比 比 北 北 化 化 花 花

　また，それぞれの漢字の終筆についても，手書きの楷書では「比」，「北」などはとめる書き方，「化」，「花」などははねる書き方をするという習慣がありましたが，現在は，それぞれどちらの書き方をしても誤りではありません。

　なお，「字体についての解説」には，左から右にとめるように書くことも，右から左下方向にはらうように書くこともある部分を持った漢字として，「風」，「仰」も例示されています。そのほか，「橋」，「系」，「考」，「属」なども，同じように考えられるでしょう。

　ただし，「干」と「千」，「天」と「夭(よう)」のように，その違いによって別の字になってしまう場合には注意が必要です。

⇒参照　第2章4(2)イ[P.43]

Q61　点や短い画における方向の違いや接触の有無

　「しめすへん」(「ネ」)や「主」などの1画目は，垂直になっているもの，斜めになっているもの，また，それぞれ下にある横画に接しているもの，接していないものを見ることがあります。ほかにも，四つの点が同じ方向を向いている「れんが」(「灬」)などもよく見掛けます。それらについては，どのように考えればいいのでしょうか。

A　手書きの楷書では，点や短い画を書く際に，方向や接触の仕方が異なっている場合があります。その漢字としての骨組みを読み取ることができれば，誤りではありません。

　「字体についての解説」には，「筆写の楷書では，いろいろな書き方があるもの」の「方向に関する例」に次のような例が挙げられています。

ネ - ネ ネ　ネ - ネ ネ
主 - 主 主　年 - 年 年 年

　このように，手書きの楷書で点や短い画を書く際には，方向や接触の仕方にいろいろな形が生じます。これらは，どちらの書き方をしても誤りではありません。このほか，手書きの楷書で点や短い画の方向についていろいろな書き方があるものとしては，次のような例が挙げられます。

学 学　集 集　広 広　交 交
魚 魚　鳥 鳥　既 既　直 直

　また，点の方向と接触の仕方の組合せに，決まったものがあるわけではありません。例えば，次のように，上に示した例とは異なる書き方をしても，誤りではありません。

学 学　集 集　広 広　交 交

⇒参照　第2章4(2)[P.41](3)ア[P.45]

Q62 つけるか，はなすか①

「字体についての解説」の「つけるか，はなすかに関する例」に，横画が右の縦画から離れている「月」が例示されていますが，1画ずつをしっかり書く楷書でも，そういう書き方が許されるのでしょうか。

A 手書きの楷書では，そのような書き方をすることがあります。「月」に限らず，このような点画の接触の有無は，漢字の正誤に関わりません。

漢字辞典によっては，横画が右の縦画から離れている「月」を旧字体とする例がありますが，そのような書き方をしても誤りではありません。「字体についての解説」にも，つけるか，はなすかについて，「月」の3，4画目の横画が右の縦画から離れている形が次のように例示されています。

月 － 月 月

その漢字としての骨組みを読み取ることができないほどに離れている場合を除いて，手書きの楷書にはよく見られる書き方です。これは「月」のほか，「日」，「目」，「田」，「ヨ」などの構成要素を持つ漢字について，同様に考えることができます。

ただし，「日」を「日」のように書くと，表外漢字の「曰」（えつ・いわく）と似た形になります。「曰」は，横幅を広くして表される（「曰」）ことが多いですが，どちらの字であるかを文脈から読み取ることが必要な場合があるかもしれません。

⇒ 参照 第2章4（3）イ[P.46]

Q63 つけるか，はなすか②

「字体についての解説」の「つけるか，はなすかに関する例」には挙がっていないものに，「口」や「月」などの1画目と2画目が離れているような書き方があります。1画ずつをしっかり書く楷書でも，そういう書き方が許されるのでしょうか。

A 手書きの楷書では，そのような書き方をすることがあります。「口」や「月」に限らず，このような点画の接触の有無は，漢字の正誤に関わりません。

その漢字としての骨組みを読み取ることができないほどに離れていなければ，そのような書き方をしても誤りではありません。

これは「口」や「月」のほか，「日」，「目」，「田」，「用」，「国」などの構成要素を持つ漢字をはじめ，多くの漢字について，同様に考えることができます。

Q64　方向，つけるか，はなすか

「言」の1画目と2画目は，例えば，「文」や「応」の1，2画目と同じように書いてはいけないのでしょうか。また，「言」の1画目を左上から2画目に接するような形で書くのはどうでしょうか。

A　「言」の形で書かれることが多いですが，いずれの書き方をしても誤りとは言えません。「文」や「応」を「亠」のように書くこともあります。

「言」は現代の慣用として「言」の形で書かれることが多いですが，1，2画目を「なべぶた」（「亠」），「まだれ」（「广」），「うかんむり」（「宀」）などを手書きする際によく使われる形（亠）と同じように書いても，あるいは，明朝体のように書いても，誤りではありません。これらの書き方は「字体についての解説」にも次のように例示されています。

言 － 言 言 言

また，1画目が左上から斜めの画で書かれている場合に，2画目と接していたとしても，さらには，「ノ」のように右上から斜めの画で書かれていたとしても，別の字とみなされるようなことはありませんから，誤っているとまでは言えないでしょう。「なべぶた」，「まだれ」，「うかんむり」の1画目とその下の横画を「亠」のように書くこともあります。

なお，「字体についての解説」には，上に示した「言」と並んで「主」が示されていますが，1画目が短い横画になった手書きの形は示されていません。

主 － 主 主

「主」をはじめ，「なべぶた」，「まだれ」，「うかんむり」などの1画目を，上に示した「言」の手書き文字「言」と同じような短い横画で書く習慣はほとんどありません。字体を見誤ることはないので，誤りであるとまでは言えませんが，別に考えるべきでしょう。

⇒参照　第2章4(3)ア〔P.45〕

Q65　接触の位置

「白」や「自」という漢字の1画目の「ノ」が「日」や「目」と接触する位置は，決まっているのでしょうか。例えば，左の縦画の先端に接触するように書いたら誤りですか。

A　厳密に決まっているものではありません。「白」や「自」に限らず，このような点画の接触の位置は，漢字の正誤に関わりません。

例えば，接触の位置について，以下に挙げるような例は，いずれも誤りではないものです。

白　白　白　自　自　自

同様に，接触の位置が正誤の判断基準にならないものとしては，次のような例があります。

丘　丘　救　救　春　春　訳　訳

このような点画の接触の位置については，その漢字としての骨組みを読み取ることができないほどである場合はともかく，漢字の判別に関わらないような違いをもって，誤りであると考えるのは行き過ぎでしょう。
⇒参照　第2章4(6)ウ〔P.57〕

> **Q66　接触の仕方（「口」と「日」の最終画）**
> 　手書きの楷書では，「口」の右下の部分と，「日」の右下の部分では，画の接し方が違うと聞きました。書き分けなくてはいけないのでしょうか。

A　そのような書き分けが意識されることはありますが，書き分けるかどうかは，文字の正誤に関わりません。

　下に示したように，四方を囲むような形を書くときの習慣として，「口」や「中」のように，2画目のすぐ後に下部の横画を書く場合には，縦棒の下に付いて，少し外に出るように最後の横画を書き，「日」や「田」など，2画目の後に，別の画を書いてから下部の横画を書く場合には，2画目の終筆より少し上のところに付くように最後の横画を書くという習慣があります。このように書くことは，文字を書く動作（手や筆記具の動き）の合理性に由来するものと考えられています。

口　中　日　田

　このような書き方は，文字を手書きする上での慣用であり，長年行われてきた文字を書く動作の合理性という点では意味がありますが，正誤の判断には関わりません。

> **Q67　接触の仕方（「就」，「蹴」など）**
> 　「就」という字の右側は「尤」のように書かないといけないのでしょうか。

A　一旦横に書いてから下ろす書き方が正しいというのは誤解です。むしろ，本来は「尤」のように書くものです。

　近年，「尤」のように，極端に表現すれば「乙」のような形に書かないと誤りであるという誤解が広がっています。
　これは主として，手書きの楷書を基に作られた印刷文字などにおける始筆の筆押さえが横画であると捉えられてしまうことによって生じている誤解です。本来は，次に示す「就」に見られるとおり，「尤」あるいは「尤」のように，軽く接する程度の形で書くものであり，正誤の判断を行う際には，注意が必要です。

就　就

　なお，筆押さえが大きくなってしまっている「尤」のような字形についても，漢字の判別に影響しないという意味で，誤りであるとまで考えるのは行き過ぎでしょう。
　同様に考えられる漢字として「概」，「既」，「蹴」，「沈」，「枕」などが挙げられます。
⇒参照　第2章4(6)ウ〔P.57〕

Q68 はらうか，とめるか

「木」や「林」，「数」や「枚」などの最後の画などは，はらって書くのが普通だと思いますが，押さえてとめるような書き方を見ることがあります。右にはらって書く余裕がある場合にも，そのような書き方をしてもいいのでしょうか。

A 右側に空間が十分にある場合にははらう書き方をすることが多いですが，とめて書いても誤りではありません。特に，文字を縦書きするような場合にはよく現れる書き方です。

上記のような漢字の最終画などを書く際に，右側に空間が十分にある場合には，はらう書き方をする方が多いと考えられますが，次のようにとめるような書き方をしても誤りではありません。また，このようにとめて書く場合，その画の始筆を離して書くこともよくあります。

林　数

縦書きで，最後の画が書かれた後に，筆記用具が次の漢字の始筆に向かうような場合，大きく右に払うのではなく，最終画の終筆をとめて書くことで，次の文字の始筆に入りやすくなるようなこともあります。横書きや単独で書かれる場合にそのような形になったとしても，誤りではありません。

⇒参照　第2章4(4)ア〔P.50〕

Q69 はらうか，とめるか（狭いところ）

「因」という字の「大」の3画目や「困」という字の「木」の4画目をはらうように書く人ととめるように書く人がいます。どちらでもいいのですか。

A どちらで書いても誤りではありませんが，筆を運ぶ方向が広く空いている場合には，はらって書くのが一般的なものでも，狭いところではとめて書く習慣があります。

「大」や「木」は，単独の場合には最後の画をはらって書くのが一般的ですが，そのような形が，狭い部分にあるような場合には，終筆をとめて書く習慣があります。このようにとめて書く場合，始筆を離して書くこともよくあります。

恩　恩　困　困

「因」や「困」のほかに，次のような漢字も例として挙げられます。

医　医　季　季　返　返

こうした手書きの字形間の違いと同様のものは，次に示す「医」のように，明朝体におけるデザイン差としても見られることがあります。また，「因」のように，各社の教科書を比較すると，漢字によっては，狭いところではらうかとめるかが，異なっている場合もあります。

医　医　因　因

どちらの書き方をしても，正誤を左右するような字体の違いには当たらないので，狭いところにあるのにはらうように書いたら誤りだということではありません。また，はらう方向

が広く空いている場合にも，とめるような書き方をすることがあります。(→Q68)
⇒参照　第2章4(4)ア〔P.50〕

> **Q70　はらうか，とめるか（横画・縦画）**
> 「耳」の5画目は右上方向にはらうような字と，とめるように書く字を見ることがあります。また，「角」の3画目の縦画は，活字でははらっていますが，とめるように書かれているものを見ることがあります。どちらで書いてもいいのでしょうか。

A　どちらの書き方も，手書きの楷書によく見られるものです。どちらで書いても誤りではありません。

「耳」の5画目は，明朝体では右上方向にはらうように表現されるのが一般的ですが，手で書く場合にはとめるように書かれることがあります。

耳　耳

次のような漢字も，同様の例として挙げられます。

域　域　式　式

また，「角」の3画目は，明朝体では左方向にはらうように表現されるのが一般的ですが，手で書く場合には，まっすぐとめるように書かれることがあります。「字体についての解説」にも次のように例示されています。

角 − 角　角

次のような漢字も，同様の例として挙げられます。

骨　骨　周　周

手書きの楷書においては，いずれの書き方をしても誤りではありません。
⇒参照　第2章4(4)イ〔P.51〕，ウ〔P.52〕

> **Q71　とめるか，ぬくか（最終の縦画）**
> 「十」の2画目をぬくように書いた字を見ることがありますが，本来はとめるべきではないでしょうか。

A　どちらの書き方も，手書きの楷書によく見られるものです。明朝体ではとめるように表されていますが，手書きの場合，最終の縦画をぬくように書くのも適切な書き方です。

次に示す形は，どちらも正しい書き方です。

十　十

明朝体では，縦画の終筆は原則としてとめるように表され，ぬけるような形ではありません。ふだん見慣れている印刷文字がとめた表し方になっているために，ぬいてはいけないと感じる人もいるようですが，最終画となる縦画においては，どちらも適切な書き方です。ほ

3章　Q72

かに，次のような漢字も例として挙げられます。

許　許　布　布　都　都

また，漢字の最終画だけでなく，漢字の構成要素の最後に書かれる縦画でも同様のことが言える場合があります。次のような漢字が例として挙げられます。

戒　戒　連　連

⇒参照　第2章4(4)エ[P.53]

> **Q72　はねるか，とめるか（「てへん」など）**
> 「字体についての解説」には「うしへん」（「牛」）の縦画をとめた形で書いてもはねた形で書いてもよいことが例示されていますが，「てへん」（「扌」）をはねないで書くのは誤りでしょうか。

A　「てへん」は，筆の運びからするとはねる方が自然ですし，はねる書き方が慣用として定着しています。しかし，とめる書き方をしても，誤りであるとまでは言えません。

　「てへん」の縦画の終筆をはねないで書いても，字体を見誤ることはないので，誤った字であるとまでは言えないでしょう。
　「干」という漢字をはねて書くと「于」という別字になります。これは，とめているかはねているかによって，別の漢字として判別される例です。しかし，次に示す「折」は，どちらで書いても，他の漢字として読み間違えられることはありません。漢字の判別に関わらないような違いをもって，正誤を決めるべきではないというのが常用漢字表の考え方です。

折　折

　ただし，「てへん」に関しては，文字を書く手や筆記用具の動きからすればはねる方が自然です。また，戦後の教科書を見ても，「うしへん」には，はねているものとはねていないものが両方見られるのに対し，「てへん」では，はねていない例がないなど，はねた形で書く方が慣用として定着しているという見方もできます。そういった点を踏まえると，はねた「てへん」の方が整った書き方として受け入れられやすいとも考えられます。当指針では，こうした点に配慮し，第2章と「字形比較表」には，とめた形の「てへん」は例示していません。
　しかし，はねの有無などの細かい差異が漢字の字体の違いにまで及ばないような場合には，それを正誤の判断基準にしないというのが常用漢字表の考え方です。特に，不特定多数の人を対象とした入学試験や採用試験，検定試験等においては，漢字の字体の違いにまで及ぶ場合を除いて，はねの有無を正誤の判断基準にはしないという考え方に基づいた評価がなされることが望まれます。はねていない「てへん」の字であっても，誤りであると断じることはできません。（→Q38）
　次のような例についても同様であり，「干」と「于」など例外を除けば，いずれの漢字についても，はねるか，とめるかは，字体の違いに及ぶとまでは言えません。

寸 寸　手 手　丁 丁　月 月
力 力　可 可　独 独　列 列
水 水　性 性

⇒ 参照　第2章4(5)ア〔P.54〕

Q73　はねるか，とめるか（「あなかんむり」など）
　「空」のあなかんむりの5画目は，活字のようにはねて書いてはいけないのですか。

A　手書きの楷書では，とめる書き方が一般的ですが，明朝体では，はねる形になっています。明朝体のようにはねる形で手書きしても誤りではありません。

　「字体についての解説」には，あなかんむりの書き方として，明朝体のようにはねる書き方を含む三つの例が次のように示されています。

宀 － 宀 宀 宀

　楷書の習慣としては，とめる形の方が一般的という考え方もありますが，これらはいずれも誤りではありません。このほか，同様の構成要素を持つ「陸」，「俊」なども，同じように考えることができます。
⇒ 参照　第2章4(5)イ〔P.55〕

Q74　単独の場合と構成要素になった場合との字形差（「女」）
　「女」という漢字は，単独で使うときと，「おんなへん」で使うときとで書き方に違いがあるのでしょうか。

A　印刷文字では，表し方に違いがあることが多いですが，手書きするときに，書き分ける必要はありません。また，印刷文字のように書いても誤りではありません。

　印刷文字における「おんなへん」は，下記のように，「女」の字形と違うことが多いので，全く別の書き方をしなくてはいけないと考える人もいるようです。

女　好 姉 妹 姓

　しかし，これは印刷文字のデザインの問題であり，「おんなへん」を手書きする際に，明朝体のように書く必要はありません。次に挙げるような例は，いずれも誤りではない書き方です。

好 好 好 好　　姉 姉 姉 姉

Q75　横画や縦画を点のように書いたら誤りか（「戸」,「今」,「帰」など）

「戸」という字の1画目を点で「戸」のように書いています。しかし,印刷文字では1画目が横画の「戸」の形しか出てきません。これは,別の漢字なのでしょうか。

A　両者は同じ漢字です。明朝体では横画で「戸」の形が一般的ですが,手書きでは,点で書くことがあります。「帰」のように,縦画を点で書くことのある漢字もあります。

「字体についての解説」には,手書きの字形として三つの例が次のように示されています。

戸 ― 戸 戸 戸

明朝体では横画になっているのが一般的ですが,手書きでは,1画目を点で書くことも,横画の長短が変わることもあります。点にする書き方は手書きの習慣特有のもので,現代の一般的な印刷文字の形とは一致しませんが,両者は同じものとして考えられます。同様に手書きの際に,画（線）で書いたり,点で書いたりされる部分を持つ漢字としては,次のようなものが挙げられます。

違 違　今 今　武 武

また,印刷文字においても,点で表されたり,画で表されたりする部分がある漢字があることが,「字体についての解説」に次のように例示されています。これらの漢字は,手書きの楷書でも,両方の字形で書かれることがあり,いずれも誤りではありません。

帰 帰　班 班　均 均

なお,平成22年の改定まで常用漢字であった「勺」のように,辞書によっては,点を横画にしたものが旧字体とされる漢字もあります。

⇒ 参照　第2章2-1(3)〔P.27〕, 2-2(3)〔P.31〕, 4(2)エ〔P.44〕

Q76　簡易慣用字体が通用字体となった漢字の扱い（「曽」など）

平成22年に常用漢字表に追加された「曽」を「曾」と書いてはいけないのでしょうか。

A　固有名詞等を除き,手書き文字でも印刷文字でも「曽」を用いるのが常用漢字表の考え方です。「曾」はいわゆる康熙字典体として丸括弧の中に示されています。

平成22年の常用漢字表の改定では,追加字種のうち「曽」,「痩」,「麺」の3文字については,「表外漢字字体表」（平成12年　国語審議会答申）の「印刷標準字体」（「曾」,「瘦」,「麵」）ではなく,「簡易慣用字体」が通用字体として採用されました。したがって,現在は,印刷文字においても,また,一般の社会生活における漢字使用や学校教育においても,原則として「曽」,「痩」,「麺」の字体が用いられます。常用漢字表における「曾」,「瘦」,「麵」の字体は,「いわゆる康熙字典体」として扱われ,括弧内に入れて示されました。

したがって,一般の言葉を表す際には,印刷文字においても,「曽祖父」,「未曽有」などの

ように,「曽」を用いるというのが常用漢字表の考え方です。「曽」,「痩」,「麺」の3文字については,人名などに用いる場合を除いて,今後,印刷においても,手書きにおいても,この字体を目安として,社会で広く用いていくことが望ましいと考えられます。

ただし,当面,不特定多数の人を対象とする入学試験や採用試験については,事前に採点の基準を示していない場合,「曽」に対する「曾」,「痩」に対する「瘦」のような康熙字典体を用いて解答された際にも,誤りとはしない配慮が必要でしょう。

⇒ 参照 第2章5〔P.59〕

Q77 康熙字典体で追加された字種の手書き

「字体についての解説」には「喩」などのいわゆる康熙字典体の漢字を明朝体の形のまま手書きしたものが挙げられていますが,歴史的にはそのような書き方は余り見られないのではないでしょうか。

A 常用漢字表の通用字体は,一義的には印刷文字の字体です。手書きする際には,楷書の習慣に沿った書き方があります。しかし,印刷文字のまま書いても誤りではありません。

平成22年の常用漢字表の改定で追加された字種については,原則として「表外漢字字体表」(平成12年 国語審議会答申)の「印刷標準字体」が通用字体として採用されました。その中には,いわゆる康熙字典体が多くあります。

康熙字典体には,手書きの楷書で用いられてきた字体と異なるものが少なくありません。例えば,「比喩」の「喩」の右の部分(つくり)は,手書きする際には,「輪」や「愉」と同じように書かれるのが一般的でした。

「字体についての解説」では,次のように明朝体とともに手書きの楷書の習慣に倣った字形と括弧に入れた明朝体どおりの手書き文字を示した上で,手書きする際には「どちらの字形で書いても差しつかえない」と説明しています。

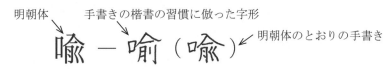

一方,康熙字典体のとおりに手書きするのは,望ましくないという考え方もあります。当指針でも,康熙字典体の場合に限らず,明朝体に代表される印刷文字の字形と手書きの楷書の字形との間には,習慣の違いがあるということを繰り返し述べてきました。手で書く際には,手書きの楷書の習慣に基づいた書き方があるという認識を広めていくことも大切でしょう。

しかし,手で書く場合にも,印刷文字どおりの書き方が用いられることがなかったわけではありません。例えば,「便箋」の「箋」は,手書きの習慣では「箋」のように書かれますが,それと共に,印刷文字どおりの手書きの仕方(「箋」)も用いられてきました。康熙字典体のとおりに書いたとしても,それを誤りであるとするのは行き過ぎでしょう。

⇒ 参照 第2章5〔P.59〕

Q78　片仮名やアルファベットとの関係

「才」という字は「才」と書くこともあると言いますが，そうすると片仮名の「オ」と見分けられないのではないでしょうか。

A 片仮名などを含め，他の文字と混同されないように書くという意味で，細部に注意することが必要な場合もあります。ただし，文脈から判断していることも少なくありません。

「才」という漢字を手書きする場合に，最終画を縦画と交わらないように書くと，片仮名の「オ」と同じように見えます。同様に，「又」という字の最終画をとめて書くと，片仮名の「ヌ」と同じように，また，「丁」の縦画をはねずに書くと，アルファベットの「T」と同じように，見える場合があります。

才　オ　　又　ヌ　　丁　T

これらは，それぞれの文字の骨組みに関わる違いではないので，どちらの書き方をしても誤りとは言えませんが，読む側に配慮した書き方が必要な場合もあるでしょう。

ただし，例えば次に挙げるように，「工事」の「工」と片仮名の「エ」，「学力」の「力」と片仮名の「カ」は，手書きの楷書ではほとんど同じように見えることがあります。

エ　　カ

このような場合には，文脈からどちらであるかを判断していることが多いと考えられますから，他の文字と混同されるおそれがあるというだけで，その文字を誤りであると断じるのは行き過ぎでしょう。

字 形 比 較 表

学林出版社

字形比較表

表の各欄について

番号
　常用漢字表の掲出順に番号を付した。このうち，平成22年の常用漢字表の改定に当たって追加された196字種については，いわゆる康熙字典体が採用されたものなど，字体・字形の上で注意すべきものが多いことに配慮し，番号に下線を付して示した。

常用漢字表
　常用漢字表が各字種の通用字体として掲げる明朝体の一種を示した。

代表音訓
　常用漢字表に掲げられた各字種の音訓のうち，最初に挙げられたものを，音は片仮名で，訓は平仮名で示した。

配当学年
　小学校学習指導要領（平成20年文部科学省告示）の学年別漢字配当表（1,006字）による配当学年（小学校）を示した。今後，学年別配当表の改訂等があれば，その都度修正する予定。

印刷文字の字形の例
　各字種に四つの印刷文字字形の例を示した。左から明朝体の例（できる限り，常用漢字表の掲げる明朝体との間にデザイン上の差異が認められるものを取り上げた。），ゴシック体の例，ユニバーサルデザインフォントの例，教科書体の例である。

手書き文字の字形の例
　それぞれの字種について，手書き文字の字形を2又は3例，順序性なく示した。ここに例として掲げた手書き文字の字形は，飽くまでもその漢字において実現し得る字形のごく一部であり，標準の字形として示すものではない。特に，例として掲げた手書き文字の字形が印刷文字の字形に影響を及ぼすことは，当指針の趣旨と反するところである。また，例示された字形は固定的なものではなく，複数例示された字形それぞれの部分を組み合わせた字形等も用いることができる。例えば，次に示すように考えられる。

　　　　例示した字形　　　　そのほか例示した字形の部分を組み合わせた字形等
　　　　　　　　　　　　　　　　（ここに示すものが全てではない。）

　　　　　株　株　⇒　株　株　株　株　株　株

第2章関連項目
　それぞれの字種について，「第2章　明朝体と手書き（筆写）の楷書との関係」の各項目との関連のうち，主なものを示した。

Q＆A関連項目
　それぞれの字種について，「第3章　字体・字形に関するQ＆A」との関連のうち，主なものを示した。

番号	常用漢字表	代表音訓	配当学年	印刷文字の字形の例	手書き文字の字形の例	第2章関連項目	第3章Q&A関連項目
1	亜	ア		亜亜亜亜	亜亜 など	4-(1)	Q58
2	哀	アイ		哀哀哀哀	哀哀 など	3-(1),4-(2)(3)(4)	Q54,61,68,69
3	挨	アイ		挨挨挨挨	挨挨 など	3-(1),4-(4)	Q54,68,72
4	愛	アイ	4	愛愛愛愛	愛愛 など	3-(5),4-(2)(4)	Q56,60,68
5	曖	アイ		曖曖曖曖	曖曖 など	3-(5),4-(2)(4)	Q56,60,62,68
6	悪	アク	3	悪悪悪悪	悪悪悪 など	3-(5),4-(1)	Q56,58
7	握	アク		握握握握	握握 など	3-(1),4-(1)	Q54,58,72
8	圧	アツ	5	圧圧圧圧	圧圧 など		
9	扱	あつかう		扱扱扱扱	扱扱 など	3-(1),4-(4)	Q54,68,72
10	宛	あてる		宛宛宛宛	宛宛 など	4-(2)(3)(5)	Q45,61
11	嵐	あらし		嵐嵐嵐嵐	嵐嵐 など	4-(1)(2)	Q59,60
12	安	アン	3	安安安安	安安 など	3-(1),4-(1)(2)(3)(6)	Q43,54,61,74
13	案	アン	4	案案案案	案案案 など	3-(1),4-(1)(2)(3)(4)(5)(6)	Q17,41,43,54,58,61
14	暗	アン	3	暗暗暗	暗暗 など	4-(2)(3)	Q40,61,62
15	以	イ	4	以以以	以以以以 など	4-(4)	Q70
16	衣	イ	4	衣衣衣衣	衣衣 など	3-(1),4-(2)(3)(4)(6)	Q54,61,68
17	位	イ	4	位位位	位位位 など	4-(2)(3)	Q40,61
18	囲	イ	4	囲囲囲	囲囲囲 など	4-(4)	Q70,71
19	医	イ	3	医医医医	医医 など	3-(1),4-(4)	Q54,68,69
20	依	イ		依依依依	依依 など	3-(1),4-(2)(3)(4)(6)	Q54,61,68
21	委	イ	3	委委委委	委委 など	4-(1)(4)(5)(6)	Q38,43,58,68
22	威	イ		威威威威	威威 など	4-(3)(4)(6)	Q40,43,70,74
23	為	イ		為為為為	為為 など	4-(2)	Q61
24	畏	イ		畏畏畏畏	畏畏 など	3-(1),4-(3)(4)	Q54,62,68
25	胃	イ	4	胃胃胃胃	胃胃 など	4-(3)(4)	Q62,70
26	尉	イ		尉尉尉尉	尉尉 など	4-(4)(5)	Q38,68
27	異	イ	6	異異異異	異異 など	4-(3)(4)	Q40,62,68
28	移	イ	5	移移移移	移移 など	4-(5)(6)	Q38,65

番号	常用漢字表	代表音訓	配当学年	印刷文字の字形の例	手書き文字の字形の例	第2章関連項目	第3章Q&A関連項目
29	萎	イ		萎萎萎萎	萎萎 など	4-(1)(4)(5)(6)	Q38,43,58,68
30	偉	イ		偉偉偉偉	偉偉偉 など	4-(2)(4)	Q61,71,75
31	椅	イ		椅椅椅椅	椅椅 など	4-(4)(5)	Q38,68,69
32	彙	イ		彙彙彙彙	彙彙彙 など	4-(3)(4)(5), 5-(3)	Q38,41,68,77
33	意	イ	3	意意意意	意意 など	3-(5),4-(2)(3)	Q40,56,61,62
34	違	イ		違違違違	違違違 など	3-(5),4-(2)	Q57,61,75
35	維	イ		維維維維	維維維 など	3-(1),4-(2)(3)(4)(5)	Q38,39,54,61
36	慰	イ		慰慰慰慰	慰慰 など	3-(5),4-(4)(5)	Q38,56,68
37	遺	イ	6	遺遺遺遺	遺遺 など	3-(5),4-(3)	Q40,57,62
38	緯	イ		緯緯緯緯	緯緯緯 など	3-(1),4-(2)(4)(5)	Q38,39,54,61,75
39	域	イキ	6	域域域域	域域 など	4-(4)	Q70
40	育	イク	3	育育育育	育育 など	3-(1),4-(2)(3)(4)	Q54,61,62,70
41	一	イチ	1	一一一一	一一 など		
42	壱	イチ		壱壱壱壱	壱壱 など	4-(1)(2)(5)	Q44,45,60
43	逸	イツ		逸逸逸逸	逸逸 など	3-(5),4-(5)	Q45,57
44	茨	いばら		茨茨茨茨	茨茨 など	3-(2),4-(4),5-(1)	Q18,68
45	芋	いも		芋芋芋芋	芋芋 など	4-(6)	
46	引	イン	2	引引引引	引引 など	3-(1),4-(4)	Q54,71
47	印	イン	4	印印印印	印印 など	4-(2)(4)	Q60,70,71
48	因	イン	5	因因因因	因因 など	4-(4)	Q69
49	咽	イン		咽咽咽咽	咽咽 など	4-(4)	Q69
50	姻	イン		姻姻姻姻	姻姻 など	4-(4)(6)	Q69,70,74
51	員	イン	3	員員員員	員員 など	4-(1)(3)	Q40,59,62
52	院	イン	3	院院院院	院院 など	4-(2)(3)	Q61,72
53	淫	イン		淫淫淫淫	淫淫 など	4-(1),5-(1)	Q58,77
54	陰	イン		陰陰陰陰	陰陰 など	3-(1),4-(2)(4)	Q54,75
55	飲	イン	3	飲飲飲飲	飲飲 など	3-(1)(2),4-(2)(3)(4)	Q54,56,61,62,68
56	隠	イン		隠隠隠隠	隠隠 など	3-(5),4-(3)	Q56,62

番号	常用漢字表	代表音訓	配当学年	印刷文字の字形の例	手書き文字の字形の例	第2章関連項目	第3章Q&A関連項目
57	韻	イン		韻 韻 韻 韻	韻 韻 など	4-(1)(2)(3)	Q40,61,62
58	右	ウ	1	右 右 右 右	右 右 など	4-(1)(3)	Q40,58
59	宇	ウ	6	宇 宇 宇 宇	宇 宇 など	4-(2)(3)(6)	Q61
60	羽	ウ	2	羽 羽 羽 羽	羽 羽 羽 など	4-(2)	Q61
61	雨	ウ	1	雨 雨 雨 雨	雨 雨 など	4-(1)(2)	Q58,61
62	唄	うた		唄 唄 唄 唄	唄 唄 など	4-(3)	Q40,62
63	鬱	ウツ		鬱 鬱 鬱 鬱	鬱 鬱 など	4-(2)(4)(5)	Q38,45,60
64	畝	うね		畝 畝 畝 畝	畝 畝 など	4-(2)(3)(4)	Q61,62,68
65	浦	うら		浦 浦 浦 浦	浦 浦 など	4-(1)(3)(4)	Q58,62,70
66	運	ウン	3	運 運 運 運	運 運 など	3-(5),4-(1)(3)(4)	Q57,58,62,71
67	雲	ウン	2	雲 雲 雲 雲	雲 雲 など	3-(1),4-(1)(2)	Q54,58,61
68	永	エイ	5	永 永 永 永	永 永 など	3-(2),4-(2)(4)(6)	Q1,61,68,72
69	泳	エイ	3	泳 泳 泳 泳	泳 泳 など	3-(2),4-(2)(4)(6)	Q61,68,72
70	英	エイ	4	英 英 英 英	英 英 など	4-(4)	Q68
71	映	エイ	6	映 映 映 映	映 映 など	4-(3)(4)	Q62,68
72	栄	エイ	4	栄 栄 栄 栄	栄 栄 栄 など	4-(3)(4)(5)	Q21,38,41,68
73	営	エイ	5	営 営 営 営	営 営 など	4-(6)	Q21,65
74	詠	エイ		詠 詠 詠 詠	詠 詠 など	3-(2),4-(2)(3)(4)	Q61,64,68,72
75	影	エイ		影 影 影 影	影 影 など	4-(2)(3)(4)(5)	Q38,61,62
76	鋭	エイ		鋭 鋭 鋭 鋭	鋭 鋭 など	4-(3)(4)	Q40,70
77	衛	エイ	5	衛 衛 衛 衛	衛 衛 など	4-(4)	Q61,75
78	易	エキ	5	易 易 易 易	易 易 など	4-(3)	Q62
79	疫	エキ		疫 疫 疫 疫	疫 疫 など	4-(2)(3)(4)(5)	Q40,45,61,68
80	益	エキ	5	益 益 益 益	益 益 など	4-(3)(4)	Q40,68
81	液	エキ	5	液 液 液 液	液 液 など	4-(2)(3)(4)	Q40,61,68
82	駅	エキ	3	駅 駅 駅 駅	駅 駅 駅 など	4-(2)(4)(6)	Q61,65,68
83	悦	エツ		悦 悦 悦 悦	悦 悦 など	4-(3)	Q40,72
84	越	エツ		越 越 越 越	越 越 など	3-(1)	Q54

番号	常用漢字表	代表音訓	配当学年	印刷文字の字形の例	手書き文字の字形の例	第2章関連項目	第3章Q&A関連項目
85	謁	エツ		謁 謁 謁 謁	謁 謁 など	4-(2)(3)(5)	Q45,60,62,64
86	閲	エツ		閲 閲 閲 閲	閲 閲 など	4-(3)(5)	Q40,62,72
87	円	エン	1	円 円 円 円	円 円 など	4-(3)	Q62,72
88	延	エン	6	延 延 延 延	延 延 など	3-(3)	Q55
89	沿	エン	6	沿 沿 沿 沿	沿 沿 など	3-(3),4-(4)	Q55,68
90	炎	エン		炎 炎 炎 炎	炎 炎 炎 など	3-(2),4-(2)(4)	Q56,61,68,69
91	怨	エン		怨 怨 怨 怨	怨 怨 など	3-(5),4-(5)	Q45,56
92	宴	エン		宴 宴 宴 宴	宴 宴 など	4-(2)(3)(6)	Q43,61,62
93	媛	エン		媛 媛 媛 媛	媛 媛 など	4-(2)(3)(4)(5)(6)	Q40,60,68,70,74
94	援	エン		援 援 援 援	援 援 など	4-(2)(3)(4)	Q40,60,68,72
95	園	エン	2	園 園 園 園	園 園 など	4-(1)(4)(5)	Q44,47,69
96	煙	エン		煙 煙 煙 煙	煙 煙 など	4-(2)	Q61
97	猿	エン		猿 猿 猿 猿	猿 猿 など	3-(1),4-(1)(4)(5)	Q44,47,54,68,72
98	遠	エン	2	遠 遠 遠 遠	遠 遠 など	3-(5),4-(1)(4)(5)	Q44,47,57,68
99	鉛	エン		鉛 鉛 鉛 鉛	鉛 鉛 など	4-(4)	Q68,70
100	塩	エン	4	塩 塩 塩 塩	塩 塩 など	4-(4)	Q70
101	演	エン	5	演 演 演 演	演 演 など	4-(1)(2)(3)	Q40,58,61,62
102	縁	エン		縁 縁 縁 縁	縁 縁 縁 など	3-(1)(2),4-(2)(4)(5)	Q38,39,54,56,68
103	艶	エン		艶 艶 艶 艶	艶 艶 など	4-(3)(4)	Q62,70
104	汚	オ		汚 汚 汚 汚	汚 汚 など	3-(1),4-(1)	Q54,58
105	王	オウ	1	王 王 王 王	王 王 王 など	4-(1)	Q58
106	凹	オウ		凹 凹 凹 凹	凹 凹 など	3-(1)	Q54
107	央	オウ	3	央 央 央 央	央 央 など	4-(4)	Q68
108	応	オウ	5	応 応 応 応	応 応 など	3-(5),4-(2)(3)	Q56,61
109	往	オウ	5	往 往 往 往	往 往 など	4-(1)(2)(3)	Q58,61
110	押	オウ		押 押 押 押	押 押 など	4-(3)(4)	Q62,71,72
111	旺	オウ		旺 旺 旺 旺	旺 旺 など	4-(1)(3)	Q58,62
112	欧	オウ		欧 欧 欧 欧	欧 欧 など	3-(1)(3),4-(4)	Q54,56,68

番号	常用漢字表	代表音訓	配当学年	印刷文字の字形の例	手書き文字の字形の例	第2章関連項目	第3章Q&A関連項目
113	殴	オウ		殴殴殴殴	殴殴 など	3-(1),4-(4)(5)	Q40,45,54,68
114	桜	オウ	5	桜桜桜桜	桜桜 など	3-(1),4-(5)(6)	Q21,38,43,54
115	翁	オウ		翁翁翁翁	翁翁翁 など	3-(1),4-(2)(4)	Q54,61,68
116	奥	オウ		奥奥奥奥	奥奥奥 など	4-(3)(4)(5)	Q30,38,68
117	横	オウ	3	横横横横	横横 など	4-(3)(5)	Q38,62
118	岡	おか		岡岡岡岡	岡岡 など	3-(1)	Q54
119	屋	オク	3	屋屋屋屋	屋屋 など	3-(1),4-(1)	Q54,58
120	億	オク	4	億億億億	億億 など	3-(5),4-(2)(3)	Q40,56,61,62
121	憶	オク		憶憶憶憶	憶憶 など	3-(5),4-(2)(3)	Q40,56,61,62
122	臆	オク		臆臆臆臆	臆臆 など	3-(5),4-(2)(3)	Q40,56,61,62
123	虞	おそれ		虞虞虞虞	虞虞 など	4-(5)	Q45
124	乙	オツ		乙乙乙乙	乙乙 など		Q72
125	俺	おれ		俺俺俺俺	俺俺 など	4-(3)(4)(5)	Q45,62,68
126	卸	おろす		卸卸卸卸	卸卸 など	4-(4)	Q70,71
127	音	オン	1	音音音音	音音 など	4-(2)(3)	Q40,61,62
128	恩	オン	5	恩恩恩恩	恩恩 など	3-(5),4-(4)	Q56,69
129	温	オン	3	温温温温	温温 など	4-(3)	Q62
130	穏	オン		穏穏穏穏	穏穏 など	3-(5),4-(5)	Q38,56
131	下	カ	1	下下下下	下下下 など	4-(3)	Q40
132	化	カ	3	化化化化	化化化 など	4-(2)(5)(6)	Q43,45,60
133	火	カ	1	火火火火	火火火 など	3-(2),4-(2)(4)	Q56,61,68
134	加	カ	4	加加加	加加 など		Q72
135	可	カ	5	可可可	可可 など		Q72
136	仮	カ	5	仮仮仮	仮仮 など	4-(3)(4)	Q40,68
137	何	カ	2	何何何	何何 など		Q72
138	花	カ	1	花花花花	花花花 など	4-(2)(5)(6)	Q34,43,45,60
139	佳	カ		佳佳佳	佳佳 など	4-(1)(3)	Q40,44
140	価	カ	5	価価価	価価 など	4-(1)	Q58

番号	常用漢字表	代表音訓	配当学年	印刷文字の字形の例	手書き文字の字形の例	第2章関連項目	第3章Q&A関連項目
141	果	カ	4	果 果 果 果	果 果 果 など	4-(3)(4)(5)	Q38,41,62,68
142	河	カ	5	河 河 河	河 河 など		Q72
143	苛	カ		苛 苛 苛 苛	苛 苛 など		Q72
144	科	カ	2	科 科 科 科	科 科 など	4-(4)(5)	Q38,71
145	架	カ		架 架 架 架	架 架 架 など	4-(3)(4)(5)	Q38,41,68
146	夏	カ	2	夏 夏 夏 夏	夏 夏 など	4-(3)(4)	Q40,62,68
147	家	カ	2	家 家 家 家	家 家 など	3-(2),4-(2)(3)(4)	Q56,61,68
148	荷	カ	3	荷 荷 荷 荷	荷 荷 など		Q72
149	華	カ		華 華 華 華	華 華 華 など	4-(1)(3)(4)	Q40,58,71
150	菓	カ		菓 菓 菓 菓	菓 菓 菓 など	4-(3)(4)(5)	Q38,41,62,68
151	貨	カ	4	貨 貨 貨 貨	貨 貨 など	4-(2)(3)(5)(6)	Q40,43,45,60,62
152	渦	カ		渦 渦 渦	渦 渦 など		Q72
153	過	カ	5	過 過 過 過	過 過 など	3-(5)	Q57,72
154	嫁	カ		嫁 嫁 嫁 嫁	嫁 嫁 など	3-(2),4-(2)(3)(4)(6)	Q56,61,68,70,74
155	暇	カ		暇 暇 暇 暇	暇 暇 など	4-(3)(4)	Q40,62,68
156	禍	カ		禍 禍 禍 禍	禍 禍 など	4-(2)(3)	Q61,72
157	靴	カ		靴 靴 靴 靴	靴 靴 など	4-(2)(5)(6)	Q43,45,60
158	寡	カ		寡 寡 寡 寡	寡 寡 など	4-(2)(3)(4)	Q61,62,68
159	歌	カ	2	歌 歌 歌 歌	歌 歌 など	3-(2),4-(3)(4)	Q40,56,68
160	箇	カ		箇 箇 箇 箇	箇 箇 など	3-(5)	Q56
161	稼	カ		稼 稼 稼 稼	稼 稼 など	3-(2),4-(2)(3)(4)(5)	Q38,56,61,68
162	課	カ	4	課 課 課 課	課 課 課 など	4-(2)(3)(4)(5)	Q38,41,64,68
163	蚊	か		蚊 蚊 蚊 蚊	蚊 蚊 など	4-(2)(3)(4)	Q40,61,68,70
164	牙	ガ		牙 牙 牙 牙	牙 牙 牙 など	4-(2),5-(3)	Q18,34,51,61,75
165	瓦	ガ		瓦 瓦 瓦 瓦	瓦 瓦 瓦 など	4-(4)	Q70
166	我	ガ	6	我 我 我 我	我 我 など	4-(4)	Q70
167	画	ガ	2	画 画 画 画	画 画 など	3-(1),4-(1)(3)	Q54,58,62
168	芽	ガ	4	芽 芽 芽 芽	芽 芽 芽 など	4-(1)(2)	Q34,51,58,61,75

番号	常用漢字表	代表音訓	配当学年	印刷文字の字形の例	手書き文字の字形の例	第2章関連項目	第3章Q&A関連項目
169	賀	ガ	5	賀賀賀賀	賀賀 など	4-(3)	Q40,62
170	雅	ガ		雅雅雅雅	雅雅雅 など	4-(2)(3)	Q51,61,75
171	餓	ガ		餓餓餓餓	餓餓 など	3-(1),4-(2)(3)(4)	Q54,61,62,70
172	介	カイ		介介介介	介介 など	4-(4)(5)	Q38,70
173	回	カイ	2	回回回回	回回 など		
174	灰	カイ	6	灰灰灰灰	灰灰 など	3-(2),4-(2)(4)	Q56,61,68
175	会	カイ	2	会会会会	会会 など	3-(1),4-(4)	Q54,68
176	快	カイ	5	快快快快	快快 など	4-(2)(4)	Q61,68
177	戒	カイ		戒戒戒戒	戒戒 など	4-(4)	Q71
178	改	カイ	4	改改改改	改改改 など	4-(3)(4)(5)	Q21,40,45,68,70
179	怪	カイ		怪怪怪怪	怪怪 など	4-(2)(3)(4)	Q40,61,68
180	拐	カイ		拐拐拐拐	拐拐 など	4-(1)	Q72
181	悔	カイ		悔悔悔悔	悔悔 など	3-(1)	Q54,61
182	海	カイ	2	海海海海	海海 など	3-(1)	Q54
183	界	カイ	3	界界界界	界界界 など	4-(3)(4)(5)(6)	Q38,40,62,70,71
184	皆	カイ		皆皆皆皆	皆皆 など	3-(1),4-(2)(3)(4)(5)(6)	Q45,54,60,62,65,70
185	械	カイ	4	械械械械	械械 など	4-(4)(5)	Q38,71
186	絵	カイ	2	絵絵絵絵	絵絵絵 など	3-(1),4-(2)(4)(5)	Q38,39,54,
187	開	カイ	3	開開開開	開開 など	4-(3)(4)(5)	Q62,70,71,72
188	階	カイ	3	階階階階	階階 など	3-(1),4-(2)(3)(4)(5)(6)	Q45,54,60,62,65,70
189	塊	カイ		塊塊塊塊	塊塊 など	4-(3)(4)(6)	Q62,65,70
190	楷	カイ		楷楷楷楷	楷楷 など	3-(1),4-(2)(3)(4)(5)(6)	Q38,45,54,60,62,65,70
191	解	カイ	5	解解解解	解解 など	4-(3)(4)	Q62,70,71
192	潰	カイ		潰潰潰潰	潰潰 など	4-(3)	Q40,62
193	壊	カイ		壊壊壊壊	壊壊 など	3-(1),4-(2)(3)(4)	Q54,61,68,70
194	懐	カイ		懐懐懐懐	懐懐 など	3-(1),4-(2)(3)(4)	Q54,61,68
195	諧	カイ		諧諧諧諧	諧諧 など	3-(1),4-(2)(3)(4)(5)(6)	Q45,54,60,62,64,65,70
196	貝	かい	1	貝貝貝貝	貝貝 など	4-(3)	Q40,62

番号	常用漢字表	代表音訓	配当学年	印刷文字の字形の例	手書き文字の字形の例	第2章関連項目	第3章Q&A関連項目
197	外	ガイ	2	外 外 外 外	外 外 外 など	4-(4)(6)	Q43,68
198	劾	ガイ		劾 劾 劾 劾	劾 劾 など	3-(1),4-(2)(3)	Q54,61
199	害	ガイ	4	害 害 害 害	害 害 など	4-(1)(2)(3)	Q58,61
200	崖	ガイ		崖 崖 崖 崖	崖 崖 など	4-(1)(3)	Q40,44,58
201	涯	ガイ		涯 涯 涯 涯	涯 涯 など	4-(1)(3)	Q40,44,58
202	街	ガイ	4	街 街 街 街	街 街 など	4-(1)(3)(4)	Q40,44,58,70
203	慨	ガイ		慨 慨 慨 慨	慨 慨 など	3-(1),4-(2)(3)	Q54,61,62,67,75
204	蓋	ガイ		蓋 蓋 蓋 蓋	蓋 蓋 など	3-(1),4-(1)	Q54,58,75
205	該	ガイ		該 該 該 該	該 該 など	3-(1),4-(2)(3)	Q54,61,64
206	概	ガイ		概 概 概 概	概 概 など	3-(1),4-(3)(5)	Q54,61,62,67,75
207	骸	ガイ		骸 骸 骸 骸	骸 骸 など	3-(1),4-(2)(3)	Q54,61,62,70
208	垣	かき		垣 垣 垣 垣	垣 垣 など	4-(1)(3)(4)	Q58,62,70
209	柿	かき		柿 柿 柿 柿	柿 柿 など	4-(2)(3)(4)(5)	Q38,53,61,71
210	各	カク	4	各 各 各 各	各 各 など	4-(3)(4)	Q40,68
211	角	カク	2	角 角 角 角	角 角 など	4-(3)(4)	Q62,70
212	拡	カク	6	拡 拡 拡 拡	拡 拡 など	3-(1),4-(2)(3)	Q54,61,72
213	革	カク	6	革 革 革 革	革 革 など	4-(4)	Q71
214	格	カク	5	格 格 格 格	格 格 など	4-(3)(4)(5)	Q38,40,68
215	核	カク		核 核 核 核	核 核 など	3-(1),4-(2)(3)(5)	Q38,54,61
216	殻	カク		殻 殻 殻 殻	殻 殻 殻 など	4-(1)(3)(4)(5)	Q40,44,45,68
217	郭	カク		郭 郭 郭 郭	郭 郭 など	3-(4),4-(2)(3)(4)	Q56,61,70,71
218	覚	カク	4	覚 覚 覚 覚	覚 覚 など	4-(3)	Q21,40,62
219	較	カク		較 較 較 較	較 較 など	4-(1)(2)(3)(4)	Q61,62,68
220	隔	カク		隔 隔 隔 隔	隔 隔 など	4-(4)(5)	Q45,71
221	閣	カク	6	閣 閣 閣 閣	閣 閣 など	4-(3)(4)(5)	Q40,62,69,72
222	確	カク	5	確 確 確 確	確 確 など	4-(2)(3)(6)	Q40,61
223	獲	カク		獲 獲 獲 獲	獲 獲 など	4-(2)(3)(4)	Q40,61,72
224	嚇	カク		嚇 嚇 嚇 嚇	嚇 嚇 など	4-(1)(4)	Q44,70

番号	常用漢字表	代表音訓	配当学年	印刷文字の字形の例	手書き文字の字形の例	第2章関連項目	第3章Q&A関連項目
225	穫	カク		穫 穫 穫	穫 穫 など	4-(2)(3)(4)(5)	Q38,40,61,68
226	学	ガク	1	学 学 学	学 学 など	3-(4)	Q21,56
227	岳	ガク		岳 岳 岳	岳 岳 など	3-(1),4-(3)(6)	Q40,54,65
228	楽	ガク	2	楽 楽 楽	楽 楽 楽 など	4-(3)(4)(5)(6)	Q38,41,62,65,68
229	額	ガク	5	額 額 額	額 額 など	4-(1)(2)(3)	Q40,61,62
230	顎	ガク		顎 顎 顎	顎 顎 など	3-(1),4-(1)(3)	Q40,54,58,62
231	掛	かける		掛 掛 掛	掛 掛 など	4-(1)(3)(4)(6)	Q40,43,44,58,70,72
232	潟	かた		潟 潟 潟	潟 潟 など	4-(2)	Q61
233	括	カツ		括 括 括	括 括 など		Q72
234	活	カツ	2	活 活 活	活 活 など		
235	喝	カツ		喝 喝 喝	喝 喝 など	4-(2)(3)(5)	Q45,60,62
236	渇	カツ		渇 渇 渇	渇 渇 など	4-(2)(3)(5)	Q45,60,62
237	割	カツ	6	割 割 割	割 割 など	4-(1)(2)(3)	Q58,61,72
238	葛	カツ		葛 葛 葛	葛 葛 葛 など	4-(2)(3)(5),5-(2)	Q28,45,60,62
239	滑	カツ		滑 滑 滑	滑 滑 など	4-(3)(4)	Q62,70
240	褐	カツ		褐 褐 褐	褐 褐 など	4-(2)(3)(5)	Q45,60,61,62
241	轄	カツ		轄 轄 轄	轄 轄 など	4-(1)(2)(3)	Q58,61,62
242	且	かつ		且 且 且	且 且 など	4-(3)	Q62
243	株	かぶ	6	株 株 株	株 株 など	4-(3)(4)(5)	Q38,68
244	釜	かま		釜 釜 釜	釜 釜 など	4-(1)(4)	Q58,68
245	鎌	かま		鎌 鎌 鎌	鎌 鎌 鎌 など	4-(1)(3)(4)(5)	Q41,58,68,70
246	刈	かる		刈 刈 刈	刈 刈 など		Q72
247	干	カン	6	干 干 干	干 干 など	4-(4)	Q21,71
248	刊	カン	5	刊 刊 刊	刊 刊 など	4-(4)	Q71,72
249	甘	カン		甘 甘 甘	甘 甘 など	4-(3)	Q62
250	汗	カン		汗 汗 汗	汗 汗 など	4-(4)	Q71
251	缶	カン		缶 缶 缶	缶 缶 など	3-(1)	Q54
252	完	カン	4	完 完 完	完 完 など	4-(2)(3)	Q61,72

番号	常用漢字表	代表音訓	配当学年	印刷文字の字形の例	手書き文字の字形の例	第2章関連項目	第3章Q&A関連項目
253	肝	カン		肝肝肝肝	肝肝 など	4-(3)(4)	Q62,71
254	官	カン	4	官官官官	官官 など	4-(2)(3)	Q61
255	冠	カン		冠冠冠冠	冠冠 など		Q72
256	巻	カン	6	巻巻巻巻	巻巻 など	4-(4)(5)	Q45,68
257	看	カン	6	看看看看	看看 など	4-(1)(3)	Q40,58,62
258	陥	カン		陥陥陥陥	陥陥 など	4-(3)	Q40,62
259	乾	カン		乾乾乾乾	乾乾 など	4-(1)(3)	Q58,62
260	勘	カン		勘勘勘勘	勘勘 など	3-(1),4-(3)(5)	Q45,54,62
261	患	カン		患患患患	患患 など	3-(5),4-(1)(4)	Q56,59,71
262	貫	カン		貫貫貫貫	貫貫 など	4-(3)	Q40,43,62
263	寒	カン	3	寒寒寒寒	寒寒 など	4-(1)(2)(3)(4)	Q58,61,68
264	喚	カン		喚喚喚喚	喚喚 など	4-(4)(5)	Q40,45,68
265	堪	カン		堪堪堪堪	堪堪 など	3-(1),4-(3)(5)	Q45,62,70
266	換	カン		換換換換	換換 など	4-(4)(5)	Q40,45,68,72
267	敢	カン		敢敢敢敢	敢敢 など	4-(3)(4)(6)	Q40,43,62,70
268	棺	カン		棺棺棺棺	棺棺 など	4-(2)(3)(5)	Q38,61
269	款	カン		款款款款	款款 など	3-(2),4-(1)(3)(5)	Q38,44,56,68
270	間	カン	2	間間間間	間間 など	4-(3)(5)	Q62,72
271	閑	カン		閑閑閑閑	閑閑閑 など	4-(3)(4)(5)	Q38,41,62,68,69,72
272	勧	カン		勧勧勧勧	勧勧 など	4-(2)(3)	Q61
273	寛	カン		寛寛寛寛	寛寛 など	4-(1)(2)(3)	Q59,61,62,72
274	幹	カン	5	幹幹幹幹	幹幹 など	4-(1)(3)(4)	Q58,62,68,71
275	感	カン	3	感感感感	感感 など	3-(5)	Q56
276	漢	カン	3	漢漢漢漢	漢漢 など	4-(4)	Q15,68
277	慣	カン	5	慣慣慣慣	慣慣 など	4-(2)(3)	Q43,61,62
278	管	カン	4	管管管管	管管 など	3-(5),4-(2)(3)	Q56,61
279	関	カン	4	関関関関	関関 など	4-(1)(3)(4)(5)	Q58,62,68,69,72
280	歓	カン		歓歓歓歓	歓歓 など	3-(2),4-(2)(3)(4)	Q56,61,68

番号	常用漢字表	代表音訓	配当学年	印刷文字の字形の例	手書き文字の字形の例	第2章関連項目	第3章Q&A関連項目
281	監	カン		監 監 監 監	監 監 など	4-(2)	Q75
282	緩	カン		緩 緩 緩 緩	緩 緩 緩 など	3-(1),4-(2)(3)(4)(5)	Q38,39,40,54,60
283	憾	カン		憾 憾 憾 憾	憾 憾 など	3-(5),4-(2)	Q56,61
284	還	カン		還 還 還 還	還 還 など	3-(5),4-(5)	Q47,57
285	館	カン	3	館 館 館 館	館 館 など	3-(1),4-(2)(3)	Q54,61,62
286	環	カン		環 環 環 環	環 環 など	4-(1)(4)(5)	Q47,58,70
287	簡	カン	6	簡 簡 簡 簡	簡 簡 など	3-(5),4-(3)(5)	Q56,62,72
288	観	カン	4	観 観 観 観	観 観 など	4-(2)(3)	Q61,62
289	韓	カン		韓 韓 韓 韓	韓 韓 韓 など	4-(1)(2)(3)(4)	Q18,58,61,62,71,75
290	艦	カン		艦 艦 艦 艦	艦 艦 など	4-(2)(4)	Q61,70,75
291	鑑	カン		鑑 鑑 鑑 鑑	鑑 鑑 など	4-(2)(4)	Q70,75
292	丸	ガン	2	丸 丸 丸 丸	丸 丸 など		
293	含	ガン		含 含 含 含	含 含 など	4-(2)(3)(4)	Q40,68,75
294	岸	ガン	3	岸 岸 岸 岸	岸 岸 など	3-(1),4-(1)(4)	Q54,59,71
295	岩	ガン	2	岩 岩 岩 岩	岩 岩 など	3-(1),4-(1)(3)	Q40,54,59
296	玩	ガン		玩 玩 玩 玩	玩 玩 など	4-(1)(4)	Q58,70,72
297	眼	ガン	5	眼 眼 眼 眼	眼 眼 など	3-(1),4-(3)(4)	Q54,62,68
298	頑	ガン		頑 頑 頑 頑	頑 頑 頑 など	3-(1),4-(1)(3)(5)	Q40,45,54,62
299	顔	ガン	2	顔 顔 顔 顔	顔 顔 など	4-(1)(2)(3)	Q40,61,62
300	願	ガン	4	願 願 願 願	願 願 願 など	4-(1)(3)(4)(5)(6)	Q38,61,62,65,72
301	企	キ		企 企 企 企	企 企 など	4-(4)	Q68
302	伎	キ		伎 伎 伎 伎	伎 伎 など	3-(3),4-(3)(4)	Q40,55,68
303	危	キ	6	危 危 危 危	危 危 など	4-(5)	Q45
304	机	キ	6	机 机 机 机	机 机 など	4-(5)	Q38,45
305	気	キ	1	気 気 気 気	気 気 など		
306	岐	キ		岐 岐 岐 岐	岐 岐 など	3-(1),4-(4)	Q40,54,68
307	希	キ	4	希 希 希 希	希 希 など	4-(3)(4)	Q40,71
308	忌	キ		忌 忌 忌 忌	忌 忌 など	3-(5),4-(5)	Q45,56

番号	常用漢字表	代表音訓	配当学年	印刷文字の字形の例	手書き文字の字形の例	第2章関連項目	第3章Q&A関連項目
309	汽	キ	2	汽汽汽汽	汽汽 など		
310	奇	キ		奇奇奇奇	奇奇 など	4-(4)	Q68,69,72
311	祈	キ		祈祈祈祈	祈祈 など	4-(2)(3)(4)	Q61,71
312	季	キ	4	季季季季	季季 など	3-(4),4-(1)(4)(5)	Q38,56,58,68
313	紀	キ	4	紀紀紀紀	紀紀 など	3-(1),4-(2)(4)(5)	Q38,39,54,72
314	軌	キ		軌軌軌軌	軌軌 など	4-(1)(3)	Q58,62,72
315	既	キ		既既既既	既既 など	3-(1),4-(2)(3)	Q54,61,62,67,75
316	記	キ	2	記記記記	記記 など	4-(2)(3)	Q64,72
317	起	キ	3	起起起起	起起 など	4-(5)	Q45
318	飢	キ		飢飢飢飢	飢飢 など	3-(1),4-(2)(3)(5)	Q45,54,61,62
319	鬼	キ		鬼鬼鬼鬼	鬼鬼 など	4-(3)(6)	Q62,65
320	帰	キ	2	帰帰帰帰	帰帰帰 など	4-(1)(2)(3)(4)	Q58,71,75
321	基	キ	5	基基基基	基基 など	4-(3)(4)	Q62,68
322	寄	キ	5	寄寄寄寄	寄寄 など	4-(2)(3)(4)	Q61,68,69
323	規	キ	5	規規規規	規規 など	4-(3)	Q62,72
324	亀	キ		亀亀亀亀	亀亀 など	4-(3)	Q62
325	喜	キ	4	喜喜喜喜	喜喜喜 など	4-(1)	Q44
326	幾	キ		幾幾幾幾	幾幾 など	3-(1)	Q54
327	揮	キ	6	揮揮揮揮	揮揮 など	4-(1)(3)(4)(5)	Q58,62,71,72
328	期	キ	3	期期期期	期期 など	4-(3)	Q40,62
329	棋	キ		棋棋棋棋	棋棋 など	4-(3)(5)	Q38,40,62
330	貴	キ	6	貴貴貴貴	貴貴 など	4-(3)	Q40,62
331	棄	キ		棄棄棄棄	棄棄棄 など	4-(1)(2)(3)(4)(5)	Q38,41,58,61,68
332	毀	キ		毀毀毀毀	毀毀 など	4-(3)(4)(5)	Q40,45,70
333	旗	キ	4	旗旗旗旗	旗旗 など	4-(2)(3)	Q40,61,62
334	器	キ	4	器器器器	器器 など	4-(4)	Q40,68
335	畿	キ		畿畿畿畿	畿畿 など	3-(1),4-(3)	Q54,62
336	輝	キ		輝輝輝輝	輝輝 など	3-(1),4-(1)(3)(4)	Q54,58,62,71

番号	常用漢字表	代表音訓	配当学年	印刷文字の字形の例	手書き文字の字形の例	第2章関連項目	第3章 Q&A 関連項目
337	機	キ	4	機機機機	機機 など	3-(1),4-(5)	Q38,54
338	騎	キ		騎騎騎騎	騎騎 など	4-(2)(3)(4)	Q61,68,69
339	技	ギ	5	技技技技	技技 など	4-(3)(4)	Q40,68,72
340	宜	ギ		宜宜宜宜	宜宜 など	4-(2)(3)	Q61,62
341	偽	ギ		偽偽偽偽	偽偽 など	4-(2)	Q61
342	欺	ギ		欺欺欺欺	欺欺 など	3-(2),4-(3)(4)	Q40,56,62,68
343	義	ギ	5	義義義義	義義 など	4-(1)(4)	Q58,70
344	疑	ギ	6	疑疑疑疑	疑疑 など	4-(2)(5)	Q45,60
345	儀	ギ		儀儀儀儀	儀儀 など	4-(1)(4)	Q58,70
346	戯	ギ		戯戯戯戯	戯戯 など	4-(4)(5)	Q45,70
347	擬	ギ		擬擬擬擬	擬擬 など	4-(2)(5)	Q45,60,72
348	犠	ギ		犠犠犠犠	犠犠 など	4-(1)(4)(5)	Q38,58,70
349	議	ギ	4	議議議議	議議 など	4-(1)(2)(3)(4)	Q58,64,70
350	菊	キク		菊菊菊菊	菊菊菊 など	4-(3)(4)(5)	Q38,41,69
351	吉	キチ		吉吉吉吉	吉吉吉 など	4-(1)	Q44
352	喫	キツ		喫喫喫喫	喫喫 など	4-(1)(3)(4)	Q58,68,70
353	詰	キツ		詰詰詰詰	詰詰詰 など	4-(1)(2)(3)	Q44,64
354	却	キャク		却却却却	却却 など	3-(1),4-(4)	Q54,71
355	客	キャク	3	客客客客	客客 など	4-(2)(3)(4)	Q40,61,68
356	脚	キャク		脚脚脚脚	脚脚 など	3-(1),4-(3)(4)	Q54,62,71
357	逆	ギャク	5	逆逆逆逆	逆逆 など	3-(1)(5)	Q54,57,70
358	虐	ギャク		虐虐虐虐	虐虐 など	3-(1),4-(5)	Q45,54
359	九	キュウ	1	九九九九	九九 など		Q72
360	久	キュウ	5	久久久久	久久 など	3-(2),4-(4)	Q34,68
361	及	キュウ		及及及及	及及 など	3-(1),4-(4)	Q54,68
362	弓	キュウ	2	弓弓弓弓	弓弓 など	3-(1)	Q54
363	丘	キュウ		丘丘丘丘	丘丘 など	4-(6)	Q40,65
364	旧	キュウ	5	旧旧旧旧	旧旧 など	4-(3)	Q62

番号	常用漢字表	代表音訓	配当学年	印刷文字の字形の例	手書き文字の字形の例	第2章関連項目	第3章 Q&A 関連項目
365	休	キュウ	1	休休休休	休休 など	4-(4)(5)	Q38,68
366	吸	キュウ	6	吸吸吸吸	吸吸 など	3-(1),4-(4)	Q54,68
367	朽	キュウ		朽朽朽朽	朽朽 など	3-(1),4-(5)	Q38,54
368	臼	キュウ		臼臼臼臼	臼臼 など	4-(6)	Q65
369	求	キュウ	4	求求求求	求求 など	3-(2),4-(4)(6)	Q56,68
370	究	キュウ	3	究究究究	究究 など	4-(2)(3)(5)	Q40,45,61,72,73
371	泣	キュウ	4	泣泣泣泣	泣泣 など	4-(2)(3)	Q40,61
372	急	キュウ	3	急急急急	急急 など	3-(5),4-(1)(3)	Q40,56,58,62
373	級	キュウ	3	級級級級	級級級 など	3-(1),4-(2)(4)(5)	Q38,39,54,68
374	糾	キュウ		糾糾糾糾	糾糾糾 など	3-(1),4-(2)(4)(5)	Q38,39,54,71
375	宮	キュウ	3	宮宮宮宮	宮宮 など	4-(2)(3)(6)	Q61,65
376	救	キュウ	4	救救救救	救救 など	3-(2),4-(3)(4)(6)	Q40,56,68
377	球	キュウ	3	球球球球	球球 など	3-(2),4-(1)(2)(3)(4)(6)	Q56,58,68,70
378	給	キュウ	4	給給給給	給給給 など	3-(1),4-(2)(4)(5)	Q38,39,54,68
379	嗅	キュウ		嗅嗅嗅嗅	嗅嗅 など	4-(3)(4)(6),5-(2)	Q49,62,65,68
380	窮	キュウ		窮窮窮窮	窮窮 など	3-(1),4-(2)(3)(5)(6)	Q40,43,45,54,61
381	牛	ギュウ	2	牛牛牛牛	牛牛 など	4-(4)	Q71
382	去	キョ	3	去去去去	去去 など	3-(1)	Q54
383	巨	キョ		巨巨巨巨	巨巨 など		
384	居	キョ	5	居居居居	居居 など		Q40
385	拒	キョ		拒拒拒拒	拒拒 など		Q72
386	拠	キョ		拠拠拠拠	拠拠 など	4-(5)	Q40,45,72
387	挙	キョ	4	挙挙挙挙	挙挙 など	3-(4),4-(4)	Q21,56,68
388	虚	キョ		虚虚虚虚	虚虚 など	4-(3)(5)	Q40,45
389	許	キョ	5	許許許許	許許 など	4-(2)(3)(4)	Q64,71
390	距	キョ		距距距距	距距 など	4-(4)	Q70
391	魚	ギョ	2	魚魚魚魚	魚魚 など	4-(2)(3)	Q61,62
392	御	ギョ		御御御御	御御 など	4-(4)	Q70,71

番号	常用漢字表	代表音訓	配当学年	印刷文字の字形の例	手書き文字の字形の例	第2章関連項目	第3章Q&A関連項目
393	漁	ギョ	4	漁 漁 漁	漁 漁 など	4-(2)(3)	Q61,62
394	凶	キョウ		凶 凶 凶	凶 凶 など	3-(1)	Q54
395	共	キョウ	4	共 共 共	共 共 など	4-(3)(4)	Q40,68
396	叫	キョウ		叫 叫 叫	叫 叫 など	4-(4)	Q71
397	狂	キョウ		狂 狂 狂	狂 狂 など	4-(1)	Q58,72
398	京	キョウ	2	京 京 京	京 京 など	4-(2)(3)(4)(5)	Q38,61,68
399	享	キョウ		享 享 享	享 享 など	3-(4),4-(2)(3)	Q56,61
400	供	キョウ	6	供 供 供	供 供 など	4-(3)(4)	Q40,68
401	協	キョウ	4	協 協 協	協 協 など		Q72
402	況	キョウ		況 況 況	況 況 など	4-(3)	Q40,72
403	峡	キョウ		峡 峡 峡	峡 峡 など	3-(1),4-(1)(4)	Q54,58,68
404	挟	キョウ		挟 挟 挟	挟 挟 など	4-(1)(4)	Q58,68,72
405	狭	キョウ		狭 狭 狭	狭 狭 など	4-(1)(4)	Q58,68,72
406	恐	キョウ		恐 恐 恐	恐 恐 など	3-(5),4-(5)	Q45,56,70
407	恭	キョウ		恭 恭 恭	恭 恭 など	4-(4)	Q68,72
408	胸	キョウ	6	胸 胸 胸	胸 胸 など	3-(1),4-(3)	Q54,62
409	脅	キョウ		脅 脅 脅	脅 脅 など	4-(3)(4)	Q62,70
410	強	キョウ	2	強 強 強	強 強 など	3-(1),4-(4)	Q54,70
411	教	キョウ	2	教 教 教	教 教 など	3-(4),4-(3)(4)	Q40,56,68,70
412	郷	キョウ	6	郷 郷 郷	郷 郷 など	3-(1),4-(3)(4)	Q54,62,71
413	境	キョウ	5	境 境 境	境 境 など	4-(2)(3)(4)	Q40,61,62,70,72
414	橋	キョウ	3	橋 橋 橋	橋 橋 など	4-(2)(3)(4)(5)	Q38,40,60,68
415	矯	キョウ		矯 矯 矯	矯 矯 など	4-(2)(3)(4)	Q40,60,68
416	鏡	キョウ	4	鏡 鏡 鏡	鏡 鏡 など	4-(2)(3)(4)	Q40,61,62,70,72
417	競	キョウ	4	競 競 競	競 競 など	3-(1),4-(2)(3)	Q40,54,61
418	響	キョウ		響 響 響	響 響 など	3-(1),4-(2)(3)(4)	Q40,54,61,62,71
419	驚	キョウ		驚 驚 驚	驚 驚 など	4-(2)(3)(4)	Q40,61,68
420	仰	ギョウ		仰 仰 仰	仰 仰 など	3-(1),4-(2)(4)	Q54,60,71

番号	常用漢字表	代表音訓	配当学年	印刷文字の字形の例	手書き文字の字形の例	第2章関連項目	第3章Q&A関連項目
421	暁	ギョウ		暁 暁 暁 暁	暁 暁 など	4-(1)(3)	Q40,58,62
422	業	ギョウ	3	業 業 業 業	業 業 業 など	4-(1)(3)(4)(5)	Q38,41,58,68
423	凝	ギョウ		凝 凝 凝 凝	凝 凝 など	4-(2)(5)	Q45,60
424	曲	キョク	3	曲 曲 曲 曲	曲 曲 など	4-(3)	Q62
425	局	キョク	3	局 局 局 局	局 局 など		
426	極	キョク	4	極 極 極 極	極 極 など	3-(4),4-(3)(5)	Q38,40,56
427	玉	ギョク	1	玉 玉 玉 玉	玉 玉 など	4-(1)	Q58
428	巾	キン		巾 巾 巾 巾	巾 巾 など	4-(4)	Q71
429	斤	キン		斤 斤 斤 斤	斤 斤 など	4-(4)	Q71
430	均	キン	5	均 均 均 均	均 均 など	4-(2)(4)	Q61,70,75
431	近	キン	2	近 近 近 近	近 近 など	3-(5),4-(4)	Q57,71
432	金	キン	1	金 金 金 金	金 金 金 など	4-(1)	Q58
433	菌	キン		菌 菌 菌 菌	菌 菌 菌 など	4-(4)(5)	Q38,69
434	勤	キン	6	勤 勤 勤 勤	勤 勤 など	4-(1)(4)	Q58,70
435	琴	キン		琴 琴 琴 琴	琴 琴 など	4-(2)(4)	Q68,70,75
436	筋	キン	6	筋 筋 筋 筋	筋 筋 など	3-(5),4-(3)	Q56,62
437	僅	キン		僅 僅 僅 僅	僅 僅 など	4-(1),5-(2)	Q28,58,77
438	禁	キン	5	禁 禁 禁 禁	禁 禁 など	4-(4)(5)	Q38,68,69
439	緊	キン		緊 緊 緊 緊	緊 緊 など	4-(2)(3)(4)(5)	Q38,40,54,75
440	錦	キン		錦 錦 錦 錦	錦 錦 など	4-(2)(3)(4)(6)	Q62,65,70,71
441	謹	キン		謹 謹 謹 謹	謹 謹 など	4-(1)(2)(3)	Q58,64
442	襟	キン		襟 襟 襟 襟	襟 襟 など	4-(2)(3)(5)	Q38,61,68
443	吟	ギン		吟 吟 吟 吟	吟 吟 など	4-(2)(4)	Q68,75
444	銀	ギン	3	銀 銀 銀 銀	銀 銀 など	3-(1),4-(3)(4)	Q54,62,68,70
445	区	ク	3	区 区 区 区	区 区 など	3-(1)	Q54
446	句	ク	5	句 句 句 句	句 句 など		
447	苦	ク	3	苦 苦 苦 苦	苦 苦 など	4-(1)	Q58
448	駆	ク		駆 駆 駆 駆	駆 駆 など	3-(1),4-(2)	Q54,61

番号	常用漢字表	代表音訓	配当学年	印刷文字の字形の例	手書き文字の字形の例	第2章関連項目	第3章Q&A関連項目
449	具	グ	3	具 具 具 具	具 具 など	4-(3)	Q40,62
450	惧	グ		惧 惧 惧 惧	惧 惧 惧 など	4-(2)(3),5-(3)	Q40,61,62,77
451	愚	グ		愚 愚 愚 愚	愚 愚 など	3-(5),4-(3)	Q56,62
452	空	クウ	1	空 空 空 空	空 空 空 など	4-(2)(3)(5)	Q15,40,45,61,73
453	偶	グウ		偶 偶 偶 偶	偶 偶 など	4-(3)(4)	Q62,70
454	遇	グウ		遇 遇 遇 遇	遇 遇 など	3-(5),4-(3)(4)	Q57,62,70
455	隅	グウ		隅 隅 隅 隅	隅 隅 など	4-(3)(4)	Q62,70
456	串	くし		串 串 串 串	串 串 など	4-(1)(4)	Q59,71
457	屈	クツ		屈 屈 屈 屈	屈 屈 など	3-(1),4-(1)	Q54,59
458	掘	クツ		掘 掘 掘 掘	掘 掘 など	3-(1),4-(1)	Q54,59,72
459	窟	クツ		窟 窟 窟 窟	窟 窟 窟 など	3-(1),4-(1)(2)(3)(5)	Q54,59,61,73
460	熊	くま		熊 熊 熊 熊	熊 熊 など	3-(1),4-(2)(3)(5)	Q54,60,61,62
461	繰	くる		繰 繰 繰 繰	繰 繰 繰 など	3-(1),4-(2)(3)(4)(5)	Q38,39,41,54
462	君	クン	3	君 君 君 君	君 君 など	4-(3)	Q40
463	訓	クン	4	訓 訓 訓 訓	訓 訓 など	4-(1)(2)(3)(4)	Q64,71
464	勲	クン		勲 勲 勲 勲	勲 勲 など	4-(1)(2)(3)(4)	Q58,61,62,70
465	薫	クン		薫 薫 薫 薫	薫 薫 など	4-(1)(2)(3)	Q58,61,62
466	軍	グン	4	軍 軍 軍 軍	軍 軍 など	4-(1)(3)(4)	Q58,62,71
467	郡	グン	4	郡 郡 郡 郡	郡 郡 など	4-(3)(4)	Q40,71
468	群	グン	5	群 群 群 群	群 群 など	4-(1)(3)(4)	Q40,58,71
469	兄	ケイ	2	兄 兄 兄 兄	兄 兄 など	4-(3)	Q40,72
470	刑	ケイ		刑 刑 刑 刑	刑 刑 など	4-(1)(4)	Q58,70,71,72
471	形	ケイ	2	形 形 形 形	形 形 など	4-(1)(4)	Q58,70
472	系	ケイ	6	系 系 系 系	系 系 など	3-(1),4-(2)(4)(5)	Q38,54,60,68
473	径	ケイ	4	径 径 径 径	径 径 など	4-(3)(4)	Q40,68
474	茎	ケイ		茎 茎 茎 茎	茎 茎 など	4-(3)(4)	Q40,68
475	係	ケイ	3	係 係 係 係	係 係 など	3-(1),4-(2)(4)(5)	Q38,54,60,68
476	型	ケイ	4	型 型 型 型	型 型 など	4-(1)(4)	Q58,70

番号	常用漢字表	代表音訓	配当学年	印刷文字の字形の例	手書き文字の字形の例	第2章関連項目	第3章 Q&A 関連項目
477	契	ケイ		契契契契	契契 など	4-(1)(4)	Q58,68,70
478	計	ケイ	2	計計計計	計計 など	4-(3)(4)	Q64,71
479	恵	ケイ		恵恵恵恵	恵恵 など	3-(5),4-(1)(3)	Q56,58,62
480	啓	ケイ		啓啓啓啓	啓啓 など	4-(3)(4)	Q40,68,75
481	掲	ケイ		掲掲掲掲	掲掲 など	4-(2)(3)(5)	Q45,60,62,72
482	渓	ケイ		渓渓渓渓	渓渓 など	4-(1)(4)	Q58,68
483	経	ケイ	5	経経経経	経経経 など	3-(1),4-(2)(3)(4)(5)	Q38,39,40,54,
484	蛍	ケイ		蛍蛍蛍蛍	蛍蛍 など	4-(4)	Q21,70
485	敬	ケイ	6	敬敬敬敬	敬敬 など	4-(3)(4)	Q40,68
486	景	ケイ	4	景景景景	景景 など	4-(2)(3)(4)(5)	Q38,61,62,68
487	軽	ケイ	3	軽軽軽軽	軽軽 など	4-(1)(3)(4)	Q40,58,62,68
488	傾	ケイ		傾傾傾傾	傾傾傾 など	4-(1)(3)(4)(5)	Q40,45,60,62
489	携	ケイ		携携携携	携携 など	4-(2)(3)	Q61,72
490	継	ケイ		継継継継	継継継 など	3-(1),4-(2)(4)(5)	Q38,39,41,54,68,69
491	詣	ケイ		詣詣詣詣	詣詣 など	4-(2)(3)(5)	Q45,60,62,64
492	慶	ケイ		慶慶慶慶	慶慶 など	3-(5),4-(2)(3)(4)	Q40,56,61,68
493	憬	ケイ		憬憬憬憬	憬憬 など	4-(2)(3)(4)(5)	Q38,61,62
494	稽	ケイ		稽稽稽稽	稽稽稽 など	4-(2)(3)(5),5-(3)	Q38,45,60,62,77
495	憩	ケイ		憩憩憩憩	憩憩 など	3-(5),4-(3)(6)	Q56,62,65
496	警	ケイ	6	警警警警	警警 など	4-(2)(3)(4)	Q40,64
497	鶏	ケイ		鶏鶏鶏鶏	鶏鶏 など	4-(2)(3)(6)	Q61,62,65
498	芸	ゲイ	4	芸芸芸芸	芸芸 など	3-(1),4-(1)	Q53,54,58
499	迎	ゲイ		迎迎迎迎	迎迎 など	3-(1)(5),4-(2)(4)	Q54,57,60,71
500	鯨	ゲイ		鯨鯨鯨鯨	鯨鯨 など	4-(2)(3)(4)(5)	Q38,61,62,68
501	隙	ゲキ		隙隙隙隙	隙隙隙 など	4-(2)(3)(4)(5),5-(1)	Q38,62,68,77
502	劇	ゲキ	6	劇劇劇劇	劇劇 など	4-(5)	Q45,72
503	撃	ゲキ		撃撃撃撃	撃撃 など	3-(4),4-(1)(3)(4)(5)	Q40,45,56,58,62,68
504	激	ゲキ	6	激激激激	激激 など	4-(2)(3)(4)(6)	Q40,61,62,65,68

番号	常用漢字表	代表音訓	配当学年	印刷文字の字形の例	手書き文字の字形の例	第2章関連項目	第3章 Q&A 関連項目
505	桁	けた		桁 桁 桁 桁	桁 桁 など	4-(5)	Q38
506	欠	ケツ	4	欠 欠 欠 欠	欠 欠 欠 など	3-(2),4-(4)	Q56,68
507	穴	ケツ	6	穴 穴 穴 穴	穴 穴 など	3-(3),4-(2)(3)(4)	Q55,61,68
508	血	ケツ	3	血 血 血 血	血 血 など	4-(6)	Q65
509	決	ケツ	3	決 決 決 決	決 決 など	4-(4)	Q68
510	結	ケツ	4	結 結 結 結	結 結 結 など	3-(1),4-(1)(2)(4)(5)	Q38,39,44,54
511	傑	ケツ		傑 傑 傑 傑	傑 傑 傑 など	4-(2)(3)(4)(5)	Q38,41,61,68,75
512	潔	ケツ	5	潔 潔 潔 潔	潔 潔 など	3-(1),4-(1)(4)(5)	Q38,39,54,58,68,70
513	月	ゲツ	1	月 月 月 月	月 月 など	4-(3)	Q62,72
514	犬	ケン	1	犬 犬 犬 犬	犬 犬 など	4-(4)	Q68
515	件	ケン	5	件 件 件 件	件 件 など	4-(4)	Q71
516	見	ケン	1	見 見 見 見	見 見 など	4-(3)	Q62,72
517	券	ケン	5	券 券 券 券	券 券 券 など	4-(4)	Q68
518	肩	ケン		肩 肩 肩 肩	肩 肩 など	4-(1)(2)(3)(4)	Q40,58,62,70,75
519	建	ケン	4	建 建 建 建	建 建 など	3-(3),4-(1)(4)	Q55,58,71
520	研	ケン	3	研 研 研 研	研 研 など	4-(1)(3)(4)	Q40,58,70,71
521	県	ケン	3	県 県 県 県	県 県 など	3-(1),4-(3)(4)(5)	Q38,54,62,68
522	倹	ケン		倹 倹 倹 倹	倹 倹 など	4-(4)	Q68
523	兼	ケン		兼 兼 兼 兼	兼 兼 兼 など	4-(3)(4)(5)	Q38,41,68
524	剣	ケン		剣 剣 剣 剣	剣 剣 など		Q72
525	拳	ケン		拳 拳 拳 拳	拳 拳 など	3-(4),4-(4)	Q56,68
526	軒	ケン		軒 軒 軒 軒	軒 軒 など	4-(1)(3)(4)	Q58,62,71
527	健	ケン	4	健 健 健 健	健 健 など	3-(3),4-(1)(4)	Q55,58,71
528	険	ケン	5	険 険 険 険	険 険 など	4-(4)	Q68
529	圏	ケン		圏 圏 圏 圏	圏 圏 など	4-(4)(5)	Q45,69
530	堅	ケン		堅 堅 堅 堅	堅 堅 など	4-(2)(3)(4)	Q40,61,68,75
531	検	ケン	5	検 検 検 検	検 検 など	4-(4)(5)	Q38,68
532	嫌	ケン		嫌 嫌 嫌 嫌	嫌 嫌 嫌 など	4-(3)(4)(5)(6)	Q38,41,68,74

番号	常用漢字表	代表音訓	配当学年	印刷文字の字形の例	手書き文字の字形の例	第2章関連項目	第3章Q&A関連項目
533	献	ケン		献 献 献 献	献 献 など	4-(1)(4)	Q58,68
534	絹	ケン	6	絹 絹 絹 絹	絹 絹 絹 など	3-(1),4-(2)(3)(4)(5)	Q38,39,54,62,70
535	遣	ケン		遣 遣 遣 遣	遣 遣 など	3-(5),4(1)	Q57,59
536	権	ケン	6	権 権 権 権	権 権 など	4-(2)(3)(5)	Q38,61
537	憲	ケン	6	憲 憲 憲 憲	憲 憲 など	3-(5),4-(1)(2)(3)	Q56,58,61
538	賢	ケン		賢 賢 賢 賢	賢 賢 など	4-(2)(3)(4)	Q40,62,75
539	謙	ケン		謙 謙 謙 謙	謙 謙 謙 など	4-(2)(3)(4)(5)	Q38,41,64,68
540	鍵	ケン		鍵 鍵 鍵 鍵	鍵 鍵 など	3-(3),4-(1)(4)	Q55,58,70,71
541	繭	ケン		繭 繭 繭 繭	繭 繭 繭 など	3-(1),4-(2)(5)	Q38,39,54,70
542	顕	ケン		顕 顕 顕 顕	顕 顕 など	4-(1)(3)(4)	Q40,62,70
543	験	ケン	4	験 験 験 験	験 験 など	4-(2)(4)	Q61,68
544	懸	ケン		懸 懸 懸 懸	懸 懸 など	3-(1)(5),4-(2)(3)(4)(5)	Q38,54,56,60,62,68
545	元	ゲン	2	元 元 元 元	元 元 など		Q72
546	幻	ゲン		幻 幻 幻 幻	幻 幻 など	3-(1)	Q54
547	玄	ゲン		玄 玄 玄 玄	玄 玄 など	3-(1),4-(2)(3)	Q54,61
548	言	ゲン	2	言 言 言 言	言 言 言 など	4-(2)(3)	Q34,64
549	弦	ゲン		弦 弦 弦 弦	弦 弦 など	3-(1),4-(2)(3)	Q54,61
550	限	ゲン	5	限 限 限 限	限 限 など	3-(1),4-(3)(4)	Q54,62,68
551	原	ゲン	2	原 原 原 原	原 原 原 など	4-(3)(4)(5)(6)	Q38,62,65,68
552	現	ゲン	5	現 現 現 現	現 現 など	4-(1)(3)(4)	Q58,62,70,72
553	舷	ゲン		舷 舷 舷 舷	舷 舷 など	3-(1),4-(2)(3)(4)	Q54,61,65,70
554	減	ゲン	5	減 減 減 減	減 減 など		
555	源	ゲン	6	源 源 源 源	源 源 源 など	4-(3)(4)(5)(6)	Q38,62,65,68
556	厳	ゲン	6	厳 厳 厳 厳	厳 厳 など	4-(3)(4)(6)	Q40,43,62,68,70
557	己	コ	6	己 己 己 己	己 己 など		Q72
558	戸	コ	2	戸 戸 戸 戸	戸 戸 戸 など	4-(1)(2)	Q58,75
559	古	コ	2	古 古 古 古	古 古 など		
560	呼	コ	6	呼 呼 呼 呼	呼 呼 呼 など	3-(4)	Q56

番号	常用漢字表	代表音訓	配当学年	印刷文字の字形の例	手書き文字の字形の例	第2章関連項目	第3章Q&A関連項目
561	固	コ	4	固固固固	固 固 など		
562	股	コ		股股股股	股 股 など	4-(3)(4)(5)	Q40,45,62,68
563	虎	コ		虎虎虎虎	虎 虎 など	4-(5)	Q45
564	孤	コ		孤孤孤孤	孤 孤 など	3-(4),4-(4)	Q56,68,70
565	弧	コ		弧弧弧弧	弧 弧 など	3-(1),4-(4)	Q54,68,70
566	故	コ	5	故故故故	故 故 など	4-(3)(4)	Q40,68
567	枯	コ		枯枯枯枯	枯 枯 など	4-(5)	Q38
568	個	コ	5	個個個個	個 個 など		
569	庫	コ	3	庫庫庫庫	庫 庫 など	4-(1)(2)(3)(4)	Q58,61,62,71
570	湖	コ	3	湖湖湖湖	湖 湖 など	4-(3)	Q62
571	雇	コ		雇雇雇雇	雇 雇 など	4-(1)(2)(3)	Q61,75
572	誇	コ		誇誇誇誇	誇 誇 など	3-(1),4-(2)(3)(4)	Q54,64,68
573	鼓	コ		鼓鼓鼓鼓	鼓 鼓 など	4-(1)(3)(4)	Q40,44,68,70
574	錮	コ		錮錮錮錮	錮 錮 など	4-(4)	Q70
575	顧	コ		顧顧顧顧	顧 顧 など	4-(1)(2)(3)	Q61,62,75
576	五	ゴ	1	五五五五	五 五 など	4-(1)	Q58
577	互	ゴ		互互互互	互 互 など	3-(1),4-(1)	Q54,58
578	午	ゴ	2	午午午午	午 午 など	4-(4)	Q71
579	呉	ゴ		呉呉呉呉	呉 呉 など	3-(1),4(3)	Q40,54
580	後	ゴ	2	後後後後	後 後 など	3-(1),4-(4)	Q40,54,68
581	娯	ゴ		娯娯娯娯	娯 娯 など	3-(1),4-(3)(4)(6)	Q40,54,70,74
582	悟	ゴ		悟悟悟悟	悟 悟 など	4-(1)(2)	Q58,61
583	碁	ゴ		碁碁碁碁	碁 碁 など	4-(3)(4)	Q40,62,68
584	語	ゴ	2	語語語語	語 語 など	4-(1)(2)(3)	Q58,64
585	誤	ゴ	6	誤誤誤誤	誤 誤 など	3-(1),4-(2)(3)	Q40,54,64
586	護	ゴ	5	護護護護	護 護 護 など	4-(2)(3)(4)	Q40,61,64,68
587	口	コウ	1	口口口口	口 口 など		Q29,66
588	工	コウ	2	工工工工	工 工 など	4-(1)	Q58,78

番号	常用漢字表	代表音訓	配当学年	印刷文字の字形の例	手書き文字の字形の例		第2章関連項目	第3章Q&A関連項目
589	公	コウ	2	公 公 公 公	公 公	など	3-(1)(3),4-(4)	Q21,54,55,68
590	勾	コウ		勾 勾 勾 勾	勾 勾	など	3-(1)	Q54
591	孔	コウ		孔 孔 孔 孔	孔 孔	など	3-(4),4-(4)	Q56,70
592	功	コウ	4	功 功 功 功	功 功	など	4-(4)	Q70
593	巧	コウ		巧 巧 巧 巧	巧 巧	など	3-(1),4-(4)	Q54,70
594	広	コウ	2	広 広 広 広	広 広	など	3-(1),4-(2)(3)	Q54,61
595	甲	コウ		甲 甲 甲 甲	甲 甲	など	4-(3)(4)	Q62,71
596	交	コウ	2	交 交 交 交	交 交	など	3-(3),4-(2)(3)(4)	Q55,61,68
597	光	コウ	2	光 光 光 光	光 光	など		Q72
598	向	コウ	3	向 向 向 向	向 向	など	4-(6)	Q65
599	后	コウ	6	后 后 后 后	后 后	など		
600	好	コウ	4	好 好 好 好	好 好	など	3-(1)(4),4-(4)(6)	Q54,56,70,74
601	江	コウ		江 江 江 江	江 江	など	4-(1)	Q58
602	考	コウ	2	考 考 考 考	考 考	など	3-(1),4-(2)	Q54,60
603	行	コウ	2	行 行 行 行	行 行	など		Q72
604	坑	コウ		坑 坑 坑 坑	坑 坑	など	4-(2)(3)(4)(5)	Q45,61,70
605	孝	コウ	6	孝 孝 孝 孝	孝 孝	など	3-(4),4-(6)	Q43,56
606	抗	コウ		抗 抗 抗 抗	抗 抗	など	4-(2)(3)(5)	Q45,61,72
607	攻	コウ		攻 攻 攻 攻	攻 攻	など	4-(3)(4)	Q40,68,70
608	更	コウ		更 更 更 更	更 更	など	4-(1)(3)(4)	Q55,58,62,68
609	効	コウ	5	効 効 効 効	効 効	など	4-(2)(3)	Q61
610	幸	コウ	3	幸 幸 幸 幸	幸 幸 幸	など	4-(1)(4)	Q34,58,71
611	拘	コウ		拘 拘 拘 拘	拘 拘	など		Q72
612	肯	コウ		肯 肯 肯 肯	肯 肯	など	4-(3)(4)	Q62,70
613	侯	コウ		侯 侯 侯 侯	侯 侯	など	4-(4)	Q68
614	厚	コウ	5	厚 厚 厚 厚	厚 厚	など	3-(4),4-(3)	Q56,62
615	恒	コウ		恒 恒 恒 恒	恒 恒	など	4-(1)(2)(3)	Q58,61,62
616	洪	コウ		洪 洪 洪 洪	洪 洪	など	4-(3)(4)	Q40,68

番号	常用漢字表	代表音訓	配当学年	印刷文字の字形の例	手書き文字の字形の例		第2章関連項目	第3章Q&A関連項目
617	皇	コウ	6	皇皇皇皇	皇皇	など	4-(1)(3)(6)	Q58,62,65
618	紅	コウ	6	紅紅紅紅	紅紅紅	など	3-(1),4-(1)(2)(4)(5)	Q38,39,54,58
619	荒	コウ		荒荒荒荒	荒荒	など	4-(2)(3)(4)(5)	Q45,61,70
620	郊	コウ		郊郊郊郊	郊郊	など	4-(2)(3)(4)	Q61,71
621	香	コウ		香香香香	香香	など	4-(3)(4)(5)	Q38,62,68
622	候	コウ	4	候候候候	候候	など	4-(4)	Q68
623	校	コウ	1	校校校校	校校	など	4-(2)(3)(4)(5)	Q38,61,68
624	耕	コウ	5	耕耕耕耕	耕耕	など	4-(1)(4)(5)	Q38,58,71
625	航	コウ	4	航航航航	航航	など	4-(2)(3)(4)(5)(6)	Q45,61,65,70
626	貢	コウ		貢貢貢貢	貢貢	など	4-(1)(3)	Q40,58,62
627	降	コウ	6	降降降降	降降	など	4-(2)(4)	Q61,68,75
628	高	コウ	2	高高高高	高高	など	4-(2)(3)	Q61
629	康	コウ	4	康康康康	康康	など	3-(2),4-(2)(3)(4)(6)	Q61,68,72
630	控	コウ		控控控控	控控	など	4-(2)(3)(5)	Q45,61,72,73
<u>631</u>	梗	コウ		梗梗梗梗	梗梗	など	4-(1)(3)(4)(5)	Q38,58,62,68
632	黄	コウ	2	黄黄黄黄	黄黄	など	4-(3)	Q40,62
<u>633</u>	喉	コウ		喉喉喉喉	喉喉	など	4-(4)	Q68
634	慌	コウ		慌慌慌慌	慌慌	など	4-(2)(3)(4)(5)	Q45,61,70
635	港	コウ	3	港港港港	港港	など	4-(4)(5)	Q45,68
636	硬	コウ		硬硬硬硬	硬硬	など	4-(1)(3)(4)	Q40,58,62,68
637	絞	コウ		絞絞絞絞	絞絞絞	など	3-(1),4-(2)(3)(4)(5)	Q38,39,54,61,68
638	項	コウ		項項項項	項項	など	4-(1)(3)(4)	Q62,70
639	溝	コウ		溝溝溝溝	溝溝	など	4-(1)(3)	Q58,62
640	鉱	コウ	5	鉱鉱鉱鉱	鉱鉱	など	3-(1),4-(2)(3)(4)	Q54,61,70
641	構	コウ	5	構構構構	構構	など	4-(1)(3)(5)	Q38,58,62
642	綱	コウ		綱綱綱綱	綱綱綱	など	3-(1),4-(2)(4)(5)	Q38,39,54
643	酵	コウ		酵酵酵酵	酵酵	など	3-(4),4-(3)(5)	Q45,56,62
644	稿	コウ		稿稿稿稿	稿稿	など	4-(2)(3)(5)	Q38,61

番号	常用漢字表	代表音訓	配当学年	印刷文字の字形の例	手書き文字の字形の例	第2章関連項目	第3章 Q&A 関連項目
645	興	コウ	5	興 興 興 興	興 興 など	4-(2)(3)	Q40,60
646	衡	コウ		衡 衡 衡 衡	衡 衡 など	4-(3)(4)	Q62,69
647	鋼	コウ	6	鋼 鋼 鋼 鋼	鋼 鋼 など	3-(1),4-(4)	Q54,70
648	講	コウ	5	講 講 講 講	講 講 など	4-(1)(2)(3)	Q58,62,64
649	購	コウ		購 購 購 購	購 購 など	4-(1)(3)	Q40,58,62
650	乞	こう		乞 乞 乞 乞	乞 乞 など		
651	号	ゴウ	3	号 号 号 号	号 号 など	3-(1)	Q54
652	合	ゴウ	2	合 合 合 合	合 合 など	4-(4)	Q68
653	拷	ゴウ		拷 拷 拷 拷	拷 拷 など	3-(1),4-(2)	Q54,60,72
654	剛	ゴウ		剛 剛 剛 剛	剛 剛 など	3-(1)	Q54,72
655	傲	ゴウ		傲 傲 傲 傲	傲 傲 など	4-(1)(2)(3)(4)	Q40,58,61,68
656	豪	ゴウ		豪 豪 豪 豪	豪 豪 など	3-(2),4-(2)(3)(4)	Q56,61,68
657	克	コク		克 克 克 克	克 克 など		
658	告	コク	4	告 告 告 告	告 告 など		
659	谷	コク	2	谷 谷 谷 谷	谷 谷 など	4-(3)(4)	Q40,68
660	刻	コク	6	刻 刻 刻 刻	刻 刻 など	3-(1),4-(2)(3)	Q54,61,72
661	国	コク	2	国 国 国 国	国 国 など	4-(1)	Q58
662	黒	コク	2	黒 黒 黒 黒	黒 黒 など	4-(1)(2)(3)	Q58,61,62
663	穀	コク	6	穀 穀 穀 穀	穀 穀 など	4-(1)(3)(4)(5)	Q38,40,44,45,68
664	酷	コク		酷 酷 酷 酷	酷 酷 など	4-(3)(5)	Q45,62
665	獄	ゴク		獄 獄 獄 獄	獄 獄 など	4-(2)(3)(4)	Q64,68,72
666	骨	コツ	6	骨 骨 骨 骨	骨 骨 など	4-(3)(4)	Q62,70
667	駒	こま		駒 駒 駒 駒	駒 駒 など	4-(2)	Q61
668	込	こむ		込 込 込 込	込 込 など	3-(3)(5),4-(4)	Q55,57,68
669	頃	ころ		頃 頃 頃 頃	頃 頃 頃 など	4-(1)(2)(3)(5)	Q40,45,60,62
670	今	コン	2	今 今 今 今	今 今 など	4-(2)(4)	Q68,75
671	困	コン	6	困 困 困 困	困 困 困 など	4-(3)(4)(5)	Q38,40,41,69
672	昆	コン		昆 昆 昆 昆	昆 昆 昆 など	3-(1),4-(2)(3)(4)(5)	Q45,54,60,62,70

番号	常用漢字表	代表音訓	配当学年	印刷文字の字形の例	手書き文字の字形の例	第2章関連項目	第3章 Q&A 関連項目
673	恨	コン		恨恨恨恨	恨恨 など	3-(1),4-(2)(3)(4)	Q54,61,62,68
674	根	コン	3	根根根根	根根 など	3-(1),4-(3)(4)(5)	Q38,54,62,68
675	婚	コン		婚婚婚婚	婚婚 など	3-(1),4-(3)(4)(6)	Q54,62,70,74
676	混	コン	5	混混混混	混混混 など	3-(1),4-(2)(3)(4)(5)	Q45,54,60,62,70
677	痕	コン		痕痕痕痕	痕痕 など	3-(1),4-(2)(3)(4)	Q40,54,61,62,68
678	紺	コン		紺紺紺紺	紺紺紺 など	3-(1),4-(2)(3)(4)(5)	Q38,39,54,62
679	魂	コン		魂魂魂魂	魂魂 など	3-(1),4-(3)(6)	Q54,62,65
680	墾	コン		墾墾墾墾	墾墾 など	3-(1),4-(3)(4)	Q54,61,62,68
681	懇	コン		懇懇懇懇	懇懇 など	3-(1)(5),4-(3)(4)	Q54,56,61,62,68
682	左	サ	1	左左左左	左左 など	4-(3)	Q40
683	佐	サ		佐佐佐佐	佐佐 など	4-(3)	Q40
684	沙	サ		沙沙沙沙	沙沙 など	4-(3)(4)(5)	Q38,40,68
685	査	サ	5	査査査査	査査 など	4-(3)(4)(5)	Q38,62,68
686	砂	サ	6	砂砂砂砂	砂砂 など	4-(3)(4)(5)(6)	Q38,40,65,68
687	唆	サ		唆唆唆唆	唆唆 など	4-(3)(4)(5)	Q40,45,54,73
688	差	サ	4	差差差差	差差 など	4-(1)(3)	Q40,58
689	詐	サ		詐詐詐詐	詐詐 など	4-(1)(2)(3)	Q58,64
690	鎖	サ		鎖鎖鎖鎖	鎖鎖 など	4-(3)(4)	Q40,62,70
691	座	ザ	6	座座座座	座座 など	4-(1)(2)(3)	Q58,61
692	挫	ザ		挫挫挫挫	挫挫 など	4-(1)	Q58,72
693	才	サイ	2	才才才才	才才才 など	4-(5)(6)	Q38,43,78
694	再	サイ	5	再再再再	再再 など	4-(1)(3)	Q58,62
695	災	サイ	5	災災災災	災災 など	3-(1)(2),4-(2)(4)	Q54,56,61,68
696	妻	サイ	5	妻妻妻妻	妻妻 など	3-(1),4-(1)(6)	Q43,54,58
697	采	サイ		采采采采	采采采 など	4-(3)(4)(5)	Q38,41,68
698	砕	サイ		砕砕砕砕	砕砕 など	4-(3)(4)(5)(6)	Q40,45,65,71
699	宰	サイ		宰宰宰宰	宰宰 など	4-(1)(2)(3)(4)	Q58,61,71
700	栽	サイ		栽栽栽栽	栽栽 など	4-(3)(5)	Q38,41

番号	常用漢字表	代表音訓	配当学年	印刷文字の字形の例	手書き文字の字形の例	第2章関連項目	第3章Q&A関連項目
701	彩	サイ		彩彩彩彩	彩彩 など	4-(3)(5)	Q38,41
702	採	サイ	5	採採採採	採採採 など	4-(3)(4)(5)	Q38,41,68,72
703	済	サイ	6	済済済済	済済済 など	4-(2)(3)(4)(5)	Q38,40,61,62,68,70,71
704	祭	サイ	3	祭祭祭祭	祭祭 など	4-(3)(4)(5)(6)	Q38,40,43,68
705	斎	サイ		斎斎斎斎	斎斎斎 など	4-(2)(3)(4)(5)	Q38,40,61,68,70,71
706	細	サイ	2	細細細細	細細細 など	3-(1),4-(2)(3)(4)(5)	Q38,39,54,62
707	菜	サイ	4	菜菜菜菜	菜菜菜 など	4-(3)(4)(5)	Q38,41,68
708	最	サイ	4	最最最最	最最 など	4-(3)(4)(6)	Q40,43,62,70
709	裁	サイ	6	裁裁裁裁	裁裁 など	3-(1),4-(2)(3)	Q54,61
710	債	サイ		債債債債	債債 など	4-(1)(3)	Q40,58,62
711	催	サイ		催催催催	催催 など	4-(2)(3)	Q61
712	塞	サイ		塞塞塞塞	塞塞 など	4-(1)(2)(3)(4)	Q58,61,68
713	歳	サイ		歳歳歳歳	歳歳 など	4-(1)(4)(5)	Q38,59,68
714	載	サイ		載載載載	載載 など	4-(1)(3)	Q58,62
715	際	サイ	5	際際際際	際際 など	4-(3)(4)(5)(6)	Q38,40,43,68
716	埼	さい		埼埼埼埼	埼埼 など	4-(4)	Q68,69,70
717	在	ザイ	5	在在在在	在在 など	4-(6)	Q43
718	材	ザイ	4	材材材材	材材材 など	4-(5)(6)	Q38,43
719	剤	ザイ		剤剤剤剤	剤剤 など	4-(2)(3)(4)(5)	Q38,40,61,62,70,72
720	財	ザイ	5	財財財財	財財 など	4-(3)(5)(6)	Q40,43,62
721	罪	ザイ	5	罪罪罪罪	罪罪 など	4-(1)(4)(6)	Q43,59,70
722	崎	さき		崎崎崎崎	崎崎 など	3-(1),4-(4)	Q54,68,69
723	作	サク	2	作作作作	作作 など	4-(1)	Q58
724	削	サク		削削削削	削削 など	4-(3)(4)	Q62,70,72
725	昨	サク	4	昨昨昨昨	昨昨 など	4-(1)(3)	Q58,62
726	柵	サク		柵柵柵柵	柵柵 など	4-(4)(5)	Q38,70
727	索	サク		索索索索	索索 など	3-(1),4-(4)(5)	Q38,54,68
728	策	サク	6	策策策策	策策 など	3-(5),4-(1)(4)(5)	Q38,56,58,68

番号	常用漢字表	代表音訓	配当学年	印刷文字の字形の例	手書き文字の字形の例	第2章関連項目	第3章Q&A関連項目
729	酢	サク		酢 酢 酢 酢	酢 酢 酢 など	4-(1)(3)(4)(5)	Q40,45,58,62
730	搾	サク		搾 搾 搾 搾	搾 搾 など	4-(2)(3)(5)	Q45,61,72,73
731	錯	サク		錯 錯 錯 錯	錯 錯 など	4-(3)(4)	Q62,70
732	咲	さく		咲 咲 咲 咲	咲 咲 など	4-(1)(4)	Q58,68
733	冊	サツ	6	冊 冊 冊 冊	冊 冊 など	4-(4)	Q70
734	札	サツ	4	札 札 札 札	札 札 など	4-(5)	Q38,72
735	刷	サツ	4	刷 刷 刷 刷	刷 刷 など	4-(3)	Q40,72
736	刹	サツ		刹 刹 刹 刹	刹 刹 など	4-(3)(4)(5)	Q38,41,72
737	拶	サツ		拶 拶 拶 拶	拶 拶 など	3-(1)	Q54,72
738	殺	サツ	4	殺 殺 殺 殺	殺 殺 など	4-(3)(4)(5)	Q38,40,45
739	察	サツ	4	察 察 察 察	察 察 など	4-(2)(3)(4)(5)(6)	Q38,40,43,61,68
740	撮	サツ		撮 撮 撮 撮	撮 撮 など	4-(3)(4)(6)	Q40,43,62,70,72
741	擦	サツ		擦 擦 擦 擦	擦 擦 など	4-(2)(3)(4)(5)(6)	Q38,40,43,61,68,72
742	雑	ザツ	5	雑 雑 雑 雑	雑 雑 など	4-(2)(3)(5)	Q38,41,45,61
743	皿	さら	3	皿 皿 皿 皿	皿 皿 など		Q75
744	三	サン	1	三 三 三 三	三 三 三 など	4-(1)	Q58
745	山	サン	1	山 山 山 山	山 山 山 など	3-(1)	Q54
746	参	サン	4	参 参 参 参	参 参 など	3-(1),4-(4)(6)	Q54,65,68
747	桟	サン		桟 桟 桟 桟	桟 桟 など	4-(1)(5)	Q38,58
748	蚕	サン	6	蚕 蚕 蚕 蚕	蚕 蚕 など	4-(1)(4)(6)	Q58,68,70
749	惨	サン		惨 惨 惨 惨	惨 惨 など	3-(1),4-(2)(4)(6)	Q54,61,65,68
750	産	サン	4	産 産 産 産	産 産 など	4-(1)(2)(3)	Q40,58,61
751	傘	サン		傘 傘 傘 傘	傘 傘 など	4-(4)	Q68,71
752	散	サン	4	散 散 散 散	散 散 など	4-(3)(4)	Q40,62,68,70
753	算	サン	2	算 算 算 算	算 算 など	3-(5),4-(3)(4)	Q56,62,70,71
754	酸	サン	5	酸 酸 酸 酸	酸 酸 など	3-(1),4-(1)(3)(4)(5)	Q40,45,54,58,62,73
755	賛	サン	5	賛 賛 賛 賛	賛 賛 など	4-(3)(4)	Q40,62,68
756	残	ザン	4	残 残 残 残	残 残 など	4-(1)	Q58

番号	常用漢字表	代表音訓	配当学年	印刷文字の字形の例	手書き文字の字形の例		第2章関連項目	第3章Q&A関連項目
757	斬	ザン		斬 斬 斬 斬	斬 斬	など	4-(1)(3)(4)	Q58,62,71
758	暫	ザン		暫 暫 暫 暫	暫 暫	など	4-(1)(3)(4)	Q58,62,71
759	士	シ	4	士 士 士 士	士 士	など		Q21,44
760	子	シ	1	子 子 子 子	子 子 子	など	3-(4)	Q56
761	支	シ	5	支 支 支 支	支 支	など	3-(3),4-(3)(4)	Q40,55,68
762	止	シ	2	止 止 止 止	止 止	など		
763	氏	シ	4	氏 氏 氏 氏	氏 氏	など	3-(1)	Q54
764	仕	シ	3	仕 仕 仕 仕	仕 仕	など	4-(1)	Q44,58
765	史	シ	4	史 史 史 史	史 史	など	3-(3)(4)	Q55,68
766	司	シ	4	司 司 司 司	司 司	など	4-(1)	Q58
767	四	シ	1	四 四 四 四	四 四 四	など	4-(3)(5)	Q31,40,45
768	市	シ	2	市 市 市 市	市 市	など	4-(1)(2)(3)(4)	Q58,61,71
769	矢	シ	2	矢 矢 矢 矢	矢 矢	など	4-(1)(4)	Q58,68
770	旨	シ		旨 旨 旨 旨	旨 旨	など	4-(2)(3)(5)	Q45,60,62
771	死	シ	3	死 死 死 死	死 死 死	など	4-(2)(3)(5)(6)	Q40,43,45,60
772	糸	シ	1	糸 糸 糸 糸	糸 糸	など	3-(1),4-(4)(5)	Q1,38,39,54,68
773	至	シ	6	至 至 至 至	至 至	など	3-(1),4-(1)	Q54,58
774	伺	シ		伺 伺 伺 伺	伺 伺	など	4-(1)	Q58
775	志	シ	5	志 志 志 志	志 志 志	など	3-(5),4-(1)	Q44,56,58
776	私	シ	6	私 私 私 私	私 私	など	3-(1),4-(5)	Q38,54
777	使	シ	3	使 使 使 使	使 使	など	3-(3),4-(1)(4)	Q55,58,68
778	刺	シ		刺 刺 刺 刺	刺 刺	など	4-(1)(5)	Q38,58,72
779	始	シ	3	始 始 始 始	始 始	など	3-(1),4-(4)(6)	Q54,70,74
780	姉	シ	2	姉 姉 姉 姉	姉 姉	など	4-(1)(2)(3)(4)(6)	Q58,61,70,71,74
781	枝	シ	5	枝 枝 枝 枝	枝 枝	など	3-(3),4-(3)(4)(5)	Q38,40,55,68
782	祉	シ		祉 祉 祉 祉	祉 祉	など	4-(2)(3)	Q61
783	肢	シ		肢 肢 肢 肢	肢 肢	など	3-(3),4-(3)(4)	Q40,55,62,68
784	姿	シ	6	姿 姿 姿 姿	姿 姿	など	3-(1),4-(4)(6)	Q40,43,54,68,69

番号	常用漢字表	代表音訓	配当学年	印刷文字の字形の例	手書き文字の字形の例	第2章関連項目	第3章Q&A関連項目
785	思	シ	2	思 思 思 思	思 思 など	3-(5),4-(3)	Q56,62
786	指	シ	3	指 指 指 指	指 指 など	4-(2)(3)(5)	Q45,60,62,72
787	施	シ		施 施 施 施	施 施 など	4-(2)(3)	Q61
788	師	シ	5	師 師 師 師	師 師 など	4-(1)(4)(6)	Q58,65,71
<u>789</u>	恣	シ		恣 恣 恣 恣	恣 恣 など	3-(5),4-(4),5-(1)	Q18,19,56,68
790	紙	シ	2	紙 紙 紙 紙	紙 紙 紙 など	3-(1),4-(2)(4)(5)	Q38,39,54
791	脂	シ		脂 脂 脂 脂	脂 脂 など	4-(2)(3)(5)	Q45,60,62
792	視	シ	6	視 視 視 視	視 視 など	4-(2)(3)	Q61,62,72
793	紫	シ		紫 紫 紫 紫	紫 紫 など	3-(1),4-(4)(5)	Q38,39,45,54,60,68,70
794	詞	シ	6	詞 詞 詞 詞	詞 詞 など	4-(2)(3)	Q64
795	歯	シ	3	歯 歯 歯 歯	歯 歯 など	3-(1),4-(3)(4)(5)	Q38,41,54,69
796	嗣	シ		嗣 嗣 嗣 嗣	嗣 嗣 など	4-(1)(3)	Q58,62
797	試	シ	4	試 試 試 試	試 試 など	4-(2)(3)(4)	Q64,70
798	詩	シ	3	詩 詩 詩 詩	詩 詩 など	4-(1)(2)(3)	Q44,58,64
799	資	シ	5	資 資 資 資	資 資 など	4-(3)(4)	Q40,62,68
800	飼	シ	5	飼 飼 飼 飼	飼 飼 など	3-(1),4-(2)(3)	Q54,61,62
801	誌	シ	6	誌 誌 誌 誌	誌 誌 など	3-(5),4-(1)(2)(3)	Q44,56,64
802	雌	シ		雌 雌 雌 雌	雌 雌 雌 など	3-(1),4-(2)(3)(4)(5)	Q45,60,61
<u>803</u>	摯	シ		摯 摯 摯 摯	摯 摯 など	3-(4),4-(1)	Q56,58
804	賜	シ		賜 賜 賜 賜	賜 賜 など	4-(3)	Q62
805	諮	シ		諮 諮 諮 諮	諮 諮 など	3-(2),4-(2)(3)(4)	Q56,64,68
806	示	ジ	5	示 示 示 示	示 示 など	4-(4)(5)	Q38,68
807	字	ジ	1	字 字 字 字	字 字 など	3-(4),4-(2)(3)	Q56,61
808	寺	ジ	2	寺 寺 寺 寺	寺 寺 など	4-(1)	Q44,58
809	次	ジ	3	次 次 次 次	次 次 次 など	3-(2),4-(4)	Q56,68
810	耳	ジ	1	耳 耳 耳 耳	耳 耳 耳 など	4-(3)(4)(6)	Q43,62,70,71
811	自	ジ	2	自 自 自 自	自 自 自 など	4-(3)(6)	Q62,65
812	似	ジ	5	似 似 似 似	似 似 など	4-(4)	Q70

番号	常用漢字表	代表音訓	配当学年	印刷文字の字形の例	手書き文字の字形の例	第2章関連項目	第3章Q&A関連項目
813	児	ジ	4	児児児児	児児児 など	4-(3)	Q40,62
814	事	ジ	3	事事事事	事事 など	4-(1)	Q58,72
815	侍	ジ		侍侍侍侍	侍侍 など	4-(1)	Q44,58
816	治	ジ	4	治治治治	治治 など	3-(1)	Q54
817	持	ジ	3	持持持持	持持 など	4-(1)	Q44,58,72
818	時	ジ	2	時時時時	時時 など	4-(1)(3)	Q44,58,62
819	滋	ジ		滋滋滋滋	滋滋 など	3-(1)	Q54
820	慈	ジ		慈慈慈慈	慈慈 など	3-(1)(5)	Q54,56
821	辞	ジ	4	辞辞辞辞	辞辞 など	4-(1)(2)(3)(4)	Q54,61,71
822	磁	ジ	6	磁磁磁磁	磁磁 など	3-(1),4-(6)	Q40,54,65
823	餌	ジ		餌餌餌餌	餌餌餌 など	4-(2)(3)(4)(6),5-(2)	Q10,19,61,62,70,71,75,77
824	璽	ジ		璽璽璽璽	璽璽 など	4-(1)(2)	Q58,61
825	鹿	しか		鹿鹿鹿鹿	鹿鹿鹿 など	3-(1),4-(2)(3)(4)(5)	Q45,54,60,61
826	式	シキ	3	式式式式	式式 など	4-(4)	Q70
827	識	シキ	5	識識識識	識識 など	4-(2)(3)	Q40,61,62,64
828	軸	ジク		軸軸軸軸	軸軸 など	4-(1)(3)	Q58,62
829	七	シチ	1	七七七七	七七七 など	4-(5)	Q45
830	叱	シツ		叱叱叱叱	叱叱叱 など	4-(5)(6)	Q18,45
831	失	シツ	4	失失失失	失失 など	4-(4)	Q68
832	室	シツ	2	室室室室	室室 など	3-(1),4-(1)(2)(3)	Q54,58,61
833	疾	シツ		疾疾疾疾	疾疾 など	4-(2)(3)(4)	Q40,61,68
834	執	シツ		執執執執	執執執 など	4-(1)	Q58
835	湿	シツ		湿湿湿湿	湿湿 など	4-(3)	Q40,62
836	嫉	シツ		嫉嫉嫉嫉	嫉嫉 など	4-(2)(3)(4)	Q40,61,68,74
837	漆	シツ		漆漆漆漆	漆漆 など	4-(4)(5)	Q38,68,69
838	質	シツ	5	質質質質	質質 など	4-(3)	Q40,62
839	実	ジツ	3	実実実実	実実 など	4-(1)(2)(3)(4)	Q58,61,68
840	芝	しば		芝芝芝芝	芝芝 など	3-(3),4-(2)(3)	Q55,61

番号	常用漢字表	代表音訓	配当学年	印刷文字の字形の例	手書き文字の字形の例	第2章関連項目	第3章Q&A関連項目
841	写	シャ	3	写 写 写 写	写 写 など	3-(1)	Q54
842	社	シャ	2	社 社 社 社	社 社 など	4-(2)(3)	Q61
843	車	シャ	1	車 車 車 車	車 車 など	4-(1)(3)(4)	Q58,62,71
844	舎	シャ	5	舎 舎 舎 舎	舎 舎 など	4-(4)	Q68
845	者	シャ	3	者 者 者 者	者 者 者 など	4-(3)	Q62
846	射	シャ	6	射 射 射 射	射 射 など	4-(3)(6)	Q43,62
847	捨	シャ	6	捨 捨 捨 捨	捨 捨 など	4-(1)(4)	Q44,68,72
848	赦	シャ		赦 赦 赦 赦	赦 赦 など	4-(3)(4)	Q40,68,70
849	斜	シャ		斜 斜 斜 斜	斜 斜 など	4-(1)(4)	Q58,71
850	煮	シャ		煮 煮 煮 煮	煮 煮 など	4-(2)(3)	Q61,62
851	遮	シャ		遮 遮 遮 遮	遮 遮 など	3-(5),4-(2)(3)	Q57,61
852	謝	シャ	5	謝 謝 謝 謝	謝 謝 など	4-(2)(3)(6)	Q43,62,64
853	邪	ジャ		邪 邪 邪 邪	邪 邪 邪 など	4-(2)(4)	Q51,71,75
854	蛇	ジャ		蛇 蛇 蛇 蛇	蛇 蛇 など	4-(2)(3)(4)(5)	Q45,60,61,70
855	尺	シャク	6	尺 尺 尺 尺	尺 尺 尺 など	4-(4)(6)	Q65,68
856	借	シャク	4	借 借 借 借	借 借 など	4-(1)(3)	Q58,62
857	酌	シャク		酌 酌 酌 酌	酌 酌 など	4-(3)(5)	Q40,45,62
858	釈	シャク		釈 釈 釈 釈	釈 釈 など	4-(4)(5)(6)	Q38,65,68
859	爵	シャク		爵 爵 爵 爵	爵 爵 など	3-(1),4-(3)	Q54,62
860	若	ジャク	6	若 若 若 若	若 若 など	4-(1)(3)	Q40,58
861	弱	ジャク	2	弱 弱 弱 弱	弱 弱 弱 など	3-(1),4-(2)	Q54,61
862	寂	ジャク		寂 寂 寂 寂	寂 寂 など	4-(2)(3)(4)(5)	Q38,40,61,68
863	手	シュ	1	手 手 手 手	手 手 手 など	3-(4),4-(1)	Q56,58
864	主	シュ	3	主 主 主 主	主 主 主 など	4-(1)(2)(3)	Q58,61
865	守	シュ	3	守 守 守 守	守 守 など	4-(2)(3)	Q61,72
866	朱	シュ		朱 朱 朱 朱	朱 朱 など	4-(4)(5)	Q38,68
867	取	シュ	3	取 取 取 取	取 取 取 など	4-(3)(4)(6)	Q40,43,62,68,70
868	狩	シュ		狩 狩 狩 狩	狩 狩 など	4-(2)(3)	Q61,72

番号	常用漢字表	代表音訓	配当学年	印刷文字の字形の例	手書き文字の字形の例		第2章関連項目	第3章Q&A関連項目
869	首	シュ	2	首首首首	首首	など	4-(1)(3)	Q58,62
870	殊	シュ		殊殊殊殊	殊殊	など	4-(4)(5)	Q38,68
871	珠	シュ		珠珠珠珠	珠珠	など	4-(4)(5)	Q38,68,70
872	酒	シュ	3	酒酒酒酒	酒酒酒	など	4-(1)(3)(5)	Q40,45,58,62
873	腫	シュ		腫腫腫腫	腫腫	など	4-(1)(3)	Q58,62
874	種	シュ	4	種種種種	種種	など	4-(1)(3)(5)	Q38,58,62
875	趣	シュ		趣趣趣趣	趣趣	など	4-(3)(4)(6)	Q40,43,62,68,69,70
876	寿	ジュ		寿寿寿寿	寿寿	など	4-(1)	Q58
877	受	ジュ	3	受受受受	受受	など	4-(2)(3)(4)	Q40,60,68
878	呪	ジュ		呪呪呪呪	呪呪	など	4-(3)	Q40,72
879	授	ジュ	5	授授授授	授授	など	4-(2)(3)(4)	Q40,60,68,72
880	需	ジュ		需需需需	需需	など	4-(1)(2)(4)	Q54,61,71
881	儒	ジュ		儒儒儒儒	儒儒	など	4-(1)(2)(4)	Q54,61,71
882	樹	ジュ	6	樹樹樹樹	樹樹	など	4-(1)(3)(4)(5)	Q38,40,44,70
883	収	シュウ	6	収収収収	収収	など	3-(1),4-(3)(4)(6)	Q40,43,54,68
884	囚	シュウ		囚囚囚囚	囚囚	など	3-(2),4-(4)	Q56,69
885	州	シュウ	3	州州州州	州州州	など	4-(1)(2)(4)	Q61,70,71
886	舟	シュウ		舟舟舟舟	舟舟	など	4-(2)(6)	Q61,65
887	秀	シュウ		秀秀秀秀	秀秀	など	4-(3)(4)(5)	Q38,40,68
888	周	シュウ	4	周周周周	周周	など	4-(1)(4)	Q44,70
889	宗	シュウ	6	宗宗宗宗	宗宗	など	4-(2)(3)(5)	Q38,61
890	拾	シュウ	3	拾拾拾拾	拾拾	など	4-(4)	Q68,72
891	秋	シュウ	2	秋秋秋秋	秋秋	など	3-(2),4-(2)(4)(5)	Q38,61,68
892	臭	シュウ		臭臭臭臭	臭臭	など	4-(3)(4)(6)	Q62,65,68
893	修	シュウ	5	修修修修	修修	など	4-(3)(4)	Q40,68
894	袖	シュウ		袖袖袖袖	袖袖	など	4-(2)(3)	Q61,62
895	終	シュウ	3	終終終終	終終終	など	3-(1),4-(2)(4)(5)	Q38,39,54,68
896	羞	シュウ		羞羞羞羞	羞羞	など	4-(1)(3)	Q40,58

番号	常用漢字表	代表音訓	配当学年	印刷文字の字形の例	手書き文字の字形の例	第2章関連項目	第3章Q&A関連項目
897	習	シュウ	3	習 習 習 習	習 習 習 など	4-(2)(3)	Q61,62,65
898	週	シュウ	2	週 週 週 週	週 週 など	3-(5),4-(1)(4)	Q44,57,70
899	就	シュウ	6	就 就 就 就	就 就 など	4-(2)(3)(4)(5)(6)	Q38,61,67,68
900	衆	シュウ	6	衆 衆 衆 衆	衆 衆 衆 など	4-(4)(5)(6)	Q38,65,68
901	集	シュウ	3	集 集 集 集	集 集 集 など	4-(2)(3)(4)(5)	Q38,41,61,68
902	愁	シュウ		愁 愁 愁 愁	愁 愁 など	3-(5),4-(2)(4)(5)	Q38,56,61,68
903	酬	シュウ		酬 酬 酬 酬	酬 酬 など	4-(1)(2)(3)(4)(5)	Q40,45,58,61,62,70,71
904	醜	シュウ		醜 醜 醜 醜	醜 醜 など	4-(3)(5)(6)	Q40,45,61,62,65
905	蹴	シュウ		蹴 蹴 蹴 蹴	蹴 蹴 など	4-(2)(3)(4)(5)(6)	Q38,61,67,70
906	襲	シュウ		襲 襲 襲 襲	襲 襲 襲 など	3-(1),4-(2)(3)(4)	Q34,54,61,68,70
907	十	ジュウ	1	十 十 十 十	十 十 など	4-(4)	Q71
908	汁	ジュウ		汁 汁 汁 汁	汁 汁 など	4-(4)	Q71
909	充	ジュウ		充 充 充 充	充 充 など	3-(1),4-(2)(3)	Q40,54,61
910	住	ジュウ	3	住 住 住 住	住 住 など	4-(1)(2)(3)	Q58,61
911	柔	ジュウ		柔 柔 柔 柔	柔 柔 柔 など	4-(3)(4)(5)	Q38,41,68
912	重	ジュウ	3	重 重 重 重	重 重 など	4-(1)(3)	Q58,62
913	従	ジュウ	6	従 従 従 従	従 従 など	4-(3)	Q40
914	渋	ジュウ		渋 渋 渋 渋	渋 渋 など		
915	銃	ジュウ		銃 銃 銃 銃	銃 銃 など	3-(1),4-(2)(3)(4)	Q40,54,61,70
916	獣	ジュウ		獣 獣 獣 獣	獣 獣 など	4-(3)(4)	Q21,62,68
917	縦	ジュウ	6	縦 縦 縦 縦	縦 縦 縦 など	3-(1),4-(2)(3)(4)(5)	Q38,39,40,54
918	叔	シュク		叔 叔 叔 叔	叔 叔 など	4-(3)(4)(5)	Q38,40,68
919	祝	シュク	4	祝 祝 祝 祝	祝 祝 など	4-(2)(3)	Q40,61,72
920	宿	シュク	3	宿 宿 宿 宿	宿 宿 など	4-(1)(2)(3)	Q58,61,62
921	淑	シュク		淑 淑 淑 淑	淑 淑 など	4-(3)(4)(5)	Q38,40,68
922	粛	シュク		粛 粛 粛 粛	粛 粛 など	4-(3)(4)(5)	Q38,41,70
923	縮	シュク	6	縮 縮 縮 縮	縮 縮 縮 など	3-(1),4-(2)(3)(4)(5)	Q38,39,54,61,62
924	塾	ジュク		塾 塾 塾 塾	塾 塾 など	3-(4),4-(2)(3)(4)	Q56,61,70

番号	常用漢字表	代表音訓	配当学年	印刷文字の字形の例	手書き文字の字形の例	第2章関連項目	第3章Q&A関連項目
925	熟	ジュク	6	熟熟熟熟	熟熟 など	3-(4),4-(2)(3)(4)	Q56,61,70
926	出	シュツ	1	出出出出	出出出 など	3-(1),4-(1)	Q54,58,59
927	述	ジュツ	5	述述述述	述述 など	3-(5),4-(4)(5)	Q38,57,68,69
928	術	ジュツ	5	術術術術	術術 など	4-(4)(5)	Q38,68,69
929	俊	シュン		俊俊俊俊	俊俊俊 など	3-(1),4-(3)(4)(5)	Q40,45,54,73
930	春	シュン	2	春春春春	春春春 など	4-(1)(3)(4)(6)	Q40,58,62,65,68
931	瞬	シュン		瞬瞬瞬瞬	瞬瞬 など	4-(2)(3)(4)	Q61,62,71,75
932	旬	ジュン		旬旬旬旬	旬旬 など	4-(3)	Q62
933	巡	ジュン		巡巡巡巡	巡巡 など	3-(1)(5)	Q54,57
934	盾	ジュン		盾盾盾盾	盾盾 など	4-(2)(3)	Q61,62
935	准	ジュン		准准准准	准准 など	4-(2)(3)	Q61
936	殉	ジュン		殉殉殉殉	殉殉 など	4-(3)	Q62
937	純	ジュン	6	純純純純	純純純 など	3-(1),4-(2)(4)(5)	Q38,39,54,60
938	循	ジュン		循循循循	循循 など	4-(2)(3)	Q61,62
939	順	ジュン	4	順順順順	順順 など	4-(1)(3)(4)	Q40,62,70
940	準	ジュン	5	準準準準	準準 など	4-(2)(3)(4)	Q61,71
941	潤	ジュン		潤潤潤潤	潤潤 など	4-(1)(3)(5)	Q58,62,72
942	遵	ジュン		遵遵遵遵	遵遵 など	3-(5),4-(1)(3)(5)	Q40,45,57,58,62
943	処	ショ	6	処処処処	処処 など	4-(5)	Q45
944	初	ショ	4	初初初初	初初 など	4-(2)(3)	Q61
945	所	ショ	3	所所所所	所所 など	4-(1)(2)(4)	Q58,71,75
946	書	ショ	2	書書書書	書書 など	4-(1)(3)	Q58,62
947	庶	ショ		庶庶庶庶	庶庶 など	4-(2)(3)	Q61
948	暑	ショ	3	暑暑暑暑	暑暑 など	4-(1)(3)	Q59,63
949	署	ショ	6	署署署署	署署 など	4-(1)(3)	Q59,63
950	緒	ショ		緒緒緒緒	緒緒緒 など	3-(1),4-(2)(3)(4)(5)	Q38,39,54,62
951	諸	ショ	6	諸諸諸諸	諸諸 など	4-(2)(3)	Q62,64
952	女	ジョ	1	女女女女	女女 など	3-(1),4-(6)	Q43,54,74

番号	常用漢字表	代表音訓	配当学年	印刷文字の字形の例	手書き文字の字形の例	第2章関連項目	第3章Q&A関連項目
953	如	ジョ		如 如 如	如 如 など	4-(4)(6)	Q70,74
954	助	ジョ	3	助 助 助	助 助 など	4-(3)(4)	Q62,70
955	序	ジョ	5	序 序 序	序 序 など	4-(2)(3)(6)	Q61
956	叙	ジョ		叙 叙 叙	叙 叙 など	4-(3)(4)(5)	Q38,40,68
957	徐	ジョ		徐 徐 徐	徐 徐 など	4-(4)(5)	Q38,68
958	除	ジョ	6	除 除 除	除 除 など	4-(4)(5)	Q38,68
959	小	ショウ	1	小 小 小	小 小 など	4-(4)(5)	Q38,68
960	升	ショウ		升 升 升	升 升 など	4-(4)	Q70,71
961	少	ショウ	2	少 少 少	少 少 など	4-(3)(4)(5)	Q38,40,68
962	召	ショウ		召 召 召	召 召 など		Q72
963	匠	ショウ		匠 匠 匠	匠 匠 など		Q71
964	床	ショウ		床 床 床	床 床 など	4-(2)(3)(4)(5)	Q38,41,61,68,69
965	抄	ショウ		抄 抄 抄	抄 抄 など	4-(3)(4)(5)	Q38,40,68,72
966	肖	ショウ		肖 肖 肖	肖 肖 など	4-(3)(4)	Q21,62,70
967	尚	ショウ		尚 尚 尚	尚 尚 など	4-(3)	Q21,40
968	招	ショウ	5	招 招 招	招 招 など		Q72
969	承	ショウ	5	承 承 承	承 承 など	3-(2)(4),4-(1)(4)(6)	Q56,58,65,68
970	昇	ショウ		昇 昇 昇	昇 昇 など	4-(3)(4)	Q62,70,71
971	松	ショウ	4	松 松 松	松 松 など	3-(1)(3),4-(4)(5)	Q34,38,54,55,68
972	沼	ショウ		沼 沼 沼	沼 沼 など		Q72
973	昭	ショウ	3	昭 昭 昭	昭 昭 など	4-(3)	Q62,72
974	宵	ショウ		宵 宵 宵	宵 宵 など	4-(2)(3)(4)	Q21,61,62,70
975	将	ショウ	6	将 将 将	将 将 など	4-(5)	Q38,72
976	消	ショウ	3	消 消 消	消 消 など	4-(3)(4)	Q21,62,70
977	症	ショウ		症 症 症	症 症 など	4-(2)(3)	Q40,61
978	祥	ショウ		祥 祥 祥	祥 祥 など	4-(1)(2)(3)(4)	Q58,61,70
979	称	ショウ		称 称 称	称 称 など	4-(4)(5)	Q38,68
980	笑	ショウ	4	笑 笑 笑	笑 笑 など	3-(5),4-(4)	Q56,60,68

番号	常用漢字表	代表音訓	配当学年	印刷文字の字形の例	手書き文字の字形の例		第2章関連項目	第3章Q&A関連項目
981	唱	ショウ	4	唱唱唱唱	唱唱	など	4-(1)(3)	Q59,62
982	商	ショウ	3	商商商商	商商	など	4-(1)(2)(3)(5)	Q45,58,61
983	渉	ショウ		渉渉渉渉	渉渉	など	4-(3)(4)(5)	Q38,40,68
984	章	ショウ	3	章章章章	章章	など	4-(1)(2)(3)(4)	Q40,58,61,62,71
985	紹	ショウ		紹紹紹紹	紹紹紹	など	3-(1),4-(2)(4)(5)	Q38,39,54
986	訟	ショウ		訟訟訟訟	訟訟	など	3-(1)(3),4-(2)(3)(4)	Q54,55,64,68
987	勝	ショウ	3	勝勝勝勝	勝勝勝	など	4-(3)(4)	Q62,68
988	掌	ショウ		掌掌掌掌	掌掌	など	3-(4)	Q21,56
989	晶	ショウ		晶晶晶晶	晶晶	など	4-(1)(3)	Q59,62
990	焼	ショウ	4	焼焼焼焼	焼焼	など	4-(2)(3)	Q40,61
991	焦	ショウ		焦焦焦焦	焦焦	など	4-(2)(3)	Q61
992	硝	ショウ		硝硝硝硝	硝硝	など	4-(3)(4)	Q21,40,62,70
993	粧	ショウ		粧粧粧粧	粧粧	など	4-(2)(3)(5)	Q38,61
994	詔	ショウ		詔詔詔詔	詔詔	など	4-(2)(3)	Q64
995	証	ショウ	5	証証証証	証証	など	4-(2)(3)	Q64
996	象	ショウ	4	象象象象	象象	など	3-(2),4-(4)	Q56,68
997	傷	ショウ	6	傷傷傷傷	傷傷	など	4-(3)	Q62
998	奨	ショウ		奨奨奨奨	奨奨	など	4-(3)(4)(5)	Q38,68,72
999	照	ショウ	4	照照照照	照照	など	4-(2)(3)	Q61,62
1000	詳	ショウ		詳詳詳詳	詳詳	など	4-(1)(2)(3)(4)	Q58,64,71
1001	彰	ショウ		彰彰彰彰	彰彰	など	4-(2)(3)(4)	Q40,61,62
1002	障	ショウ	6	障障障障	障障	など	4-(2)(3)(4)	Q40,61,62,71
1003	憧	ショウ		憧憧憧憧	憧憧	など	4-(2)(3)	Q40,61,62
1004	衝	ショウ		衝衝衝衝	衝衝	など	4-(3)(4)	Q62,70
1005	賞	ショウ	4	賞賞賞賞	賞賞	など	4-(3)	Q21,40,62
1006	償	ショウ		償償償償	償償	など	4-(3)	Q21,40,62
1007	礁	ショウ		礁礁礁礁	礁礁	など	4-(2)(3)	Q40,61
1008	鐘	ショウ		鐘鐘鐘鐘	鐘鐘	など	4-(2)(3)(4)	Q40,61,62,70

番号	常用漢字表	代表音訓	配当学年	印刷文字の字形の例	手書き文字の字形の例	第2章関連項目	第3章 Q&A 関連項目
1009	上	ジョウ	1	上 上 上 上	上 上 上 など		Q40
1010	丈	ジョウ		丈 丈 丈 丈	丈 丈 など	3-(3),4-(4)	Q55,68
1011	冗	ジョウ		冗 冗 冗 冗	冗 冗 など	4-(5)	Q45
1012	条	ジョウ	5	条 条 条 条	条 条 条 など	4-(3)(4)(5)	Q38,40,41,68
1013	状	ジョウ	5	状 状 状 状	状 状 など	4-(4)(5)	Q38,68
1014	乗	ジョウ	3	乗 乗 乗 乗	乗 乗 乗 など	4-(1)(3)(4)(5)	Q38,40,41,58,68
1015	城	ジョウ	6	城 城 城 城	城 城 など	4-(4)	Q70
1016	浄	ジョウ		浄 浄 浄 浄	浄 浄 など	4-(6)	
1017	剰	ジョウ		剰 剰 剰 剰	剰 剰 など	4-(1)(3)(4)(5)	Q38,40,58,72
1018	常	ジョウ	5	常 常 常 常	常 常 など	4-(4)	Q21,71
1019	情	ジョウ	5	情 情 情 情	情 情 など	4-(1)(2)(3)(4)	Q58,61,62,70
1020	場	ジョウ	2	場 場 場 場	場 場 など	4-(3)(4)	Q62,70
1021	畳	ジョウ		畳 畳 畳 畳	畳 畳 など	4-(3)	Q62
1022	蒸	ジョウ	6	蒸 蒸 蒸 蒸	蒸 蒸 など	3-(2)(4),4-(2)(4)(6)	Q56,61,65,68
1023	縄	ジョウ		縄 縄 縄 縄	縄 縄 縄 など	3-(1),4-(2)(3)(4)(5)	Q38,39,54,62
1024	壌	ジョウ		壌 壌 壌 壌	壌 壌 など	3-(1),4-(1)(2)(3)(4)	Q54,58,61,70
1025	嬢	ジョウ		嬢 嬢 嬢 嬢	嬢 嬢 など	3-(1),4-(1)(2)(3)(4)(6)	Q54,58,61,70,74
1026	錠	ジョウ		錠 錠 錠 錠	錠 錠 など	4-(2)(3)(4)	Q61,70
1027	譲	ジョウ		譲 譲 譲 譲	譲 譲 など	3-(1),4-(1)(2)(3)(4)	Q54,58,61,64
1028	醸	ジョウ		醸 醸 醸 醸	醸 醸 など	3-(1),4-(1)(2)(3)(4)(5)	Q40,45,54,58,61,62
1029	色	ショク	2	色 色 色 色	色 色 など		Q72
1030	拭	ショク		拭 拭 拭 拭	拭 拭 など	4-(4)	Q70,72
1031	食	ショク	2	食 食 食 食	食 食 食 など	3-(1),4-(2)(3)(4)	Q54,61,62,68
1032	植	ショク	3	植 植 植 植	植 植 など	3-(1),4-(1)(2)(3)(5)	Q38,54,.58,61,62
1033	殖	ショク		殖 殖 殖 殖	殖 殖 など	3-(1),4-(1)(2)(3)	Q54,58,61,62
1034	飾	ショク		飾 飾 飾 飾	飾 飾 など	3-(1),4-(2)(3)(4)	Q54,61,62,71
1035	触	ショク		触 触 触 触	触 触 など	4-(3)(4)	Q62,70
1036	嘱	ショク		嘱 嘱 嘱 嘱	嘱 嘱 など	4-(2)(4)	Q60,70

番号	常用漢字表	代表音訓	配当学年	印刷文字の字形の例	手書き文字の字形の例		第2章関連項目	第3章Q&A関連項目
1037	織	ショク	5	織織織織	織織織	など	3-(1),4-(2)(3)(4)(5)	Q38,39,40,54,61,62
1038	職	ショク	5	職職職職	職職	など	3-(1),4-(2)(3)(4)(6)	Q40,43,61,62,70
1039	辱	ジョク		辱辱辱辱	辱辱	など	3-(1),4-(4)	Q54,68,72
1040	尻	しり		尻尻尻尻	尻尻	など		Q72
1041	心	シン	2	心心心心	心心心	など	3-(5)	Q56
1042	申	シン	3	申申申申	申申	など	4-(3)(4)	Q62,71
1043	伸	シン		伸伸伸伸	伸伸	など	4-(3)(4)	Q62,71
1044	臣	シン	4	臣臣臣臣	臣臣	など	4-(2)	Q75
1045	芯	シン		芯芯芯芯	芯芯	など	3-(5)	Q56
1046	身	シン	3	身身身身	身身	など	4-(3)(6)	Q43,62
1047	辛	シン		辛辛辛辛	辛辛辛	など	3-(1)(2)(3)(4)	Q40,58,61,71
1048	侵	シン		侵侵侵侵	侵侵	など	4-(1)(3)(4)	Q40,58,68
1049	信	シン	4	信信信信	信信信	など	4-(2)(3)	Q64
1050	津	シン		津津津津	津津	など	4-(1)(4)	Q58,71
1051	神	シン	3	神神神神	神神	など	4-(2)(3)(4)	Q61,62,71
1052	唇	シン		唇唇唇唇	唇唇	など	3-(1),4-(4)	Q54,68
1053	娠	シン		娠娠娠娠	娠娠	など	3-(1),4-(4)(6)	Q54,68,70,74
1054	振	シン		振振振振	振振	など	3-(1),4-(4)(6)	Q54,68,72
1055	浸	シン		浸浸浸浸	浸浸	など	4-(1)(3)(4)	Q40,58,68
1056	真	シン	3	真真真真	真真	など	4-(1)(2)(3)	Q34,40,58,61,62
1057	針	シン	6	針針針針	針針	など	4-(4)	Q70,71
1058	深	シン	3	深深深深	深深深	など	4-(3)(4)(5)	Q38,41,45,68,73
1059	紳	シン		紳紳紳紳	紳紳紳	など	3-(1),4-(2)(3)(4)(5)	Q38,39,54,62,71
1060	進	シン	3	進進進進	進進	など	3-(5),4-(2)(3)	Q57,61
1061	森	シン	1	森森森森	森森	など	4-(4)(5)	38,68,69
1062	診	シン		診診診診	診診	など	4-(2)(3)(4)	Q64,68
1063	寝	シン		寝寝寝寝	寝寝	など	4-(2)(3)(4)(5)	Q38,40,61,68
1064	慎	シン		慎慎慎慎	慎慎	など	4-(1)(2)(3)	Q58,61,62

番号	常用漢字表	代表音訓	配当学年	印刷文字の字形の例	手書き文字の字形の例	第2章関連項目	第3章Q&A関連項目
1065	新	シン	2	新 新 新	新 新 新 など	4-(1)(2)(3)(4)(5)	Q38,40,41,58,61,71
1066	審	シン		審 審 審	審 審 など	4-(2)(3)(4)(5)	Q38,61,62,68
1067	震	シン		震 震 震	震 震 など	3-(1),4-(1)(2)(4)	Q54,58,61,68
1068	薪	シン		薪 薪 薪	薪 薪 薪 など	4-(1)(2)(3)(4)(5)	Q38,40,41,58,61,71
1069	親	シン	2	親 親 親	親 親 親 など	4-(1)(2)(3)(5)	Q38,40,41,58,61,62
1070	人	ジン	1	人 人 人	人 人 など	3-(2)	Q56
1071	刃	ジン		刃 刃 刃	刃 刃 など		Q72
1072	仁	ジン	6	仁 仁 仁	仁 仁 など		
1073	尽	ジン		尽 尽 尽	尽 尽 など	4-(4)	Q68
1074	迅	ジン		迅 迅 迅	迅 迅 など	3-(5),4-(4)	Q57,71
1075	甚	ジン		甚 甚 甚	甚 甚 など	4-(3)(5)	Q45,62
1076	陣	ジン		陣 陣 陣	陣 陣 など	4-(1)(3)(4)	Q58,62,71
1077	尋	ジン		尋 尋 尋	尋 尋 など	4-(1)(4)	Q58,70,72
1078	腎	ジン		腎 腎 腎	腎 腎 など	4-(2)(3)(4)	Q40,62,70,75
1079	須	ス		須 須 須	須 須 など	4-(1)(3)	Q40,58,62
1080	図	ズ	2	図 図 図	図 図 など		
1081	水	スイ	1	水 水 水	水 水 など	3-(2),4-(4)(6)	Q56,65,68,72
1082	吹	スイ		吹 吹 吹	吹 吹 など	4-(3)(4)	Q40,56,68
1083	垂	スイ	6	垂 垂 垂	垂 垂 垂 など	4-(1)(3)	Q40,58
1084	炊	スイ		炊 炊 炊	炊 炊 など	4-(2)(3)(4)	Q40,61,68
1085	帥	スイ		帥 帥 帥	帥 帥 など	4-(4)(6)	Q65,71
1086	粋	スイ		粋 粋 粋	粋 粋 など	4-(4)(5)	Q38,45,71
1087	衰	スイ		衰 衰 衰	衰 衰 など	3-(1),4-(1)(2)(3)	Q54,58,61,68
1088	推	スイ	6	推 推 推	推 推 など	4-(2)(3)	Q61,72
1089	酔	スイ		酔 酔 酔	酔 酔 など	4-(1)(3)(4)(5)	Q40,45,58,62,71
1090	遂	スイ		遂 遂 遂	遂 遂 など	3-(5),4-(4)	Q57,68
1091	睡	スイ		睡 睡 睡	睡 睡 など	4-(1)(3)	Q40,58,62
1092	穂	スイ		穂 穂 穂	穂 穂 など	3-(5),4-(3)(5)	Q38,56,62

番号	常用漢字表	代表音訓	配当学年	印刷文字の字形の例	手書き文字の字形の例	第2章関連項目	第3章Q&A関連項目
1093	随	ズイ		随 随 随 随	随 随 など	3-(5),4-(3)(4)	Q40,57,62,70
1094	髄	ズイ		髄 髄 髄 髄	髄 髄 など	3-(5),4-(3)(4)	Q40,57,62,70
1095	枢	スウ		枢 枢 枢 枢	枢 枢 など	4-(5)	Q38
1096	崇	スウ		崇 崇 崇 崇	崇 崇 など	4-(1)(2)(3)(4)(5)	Q38,40,59,61,68
1097	数	スウ	2	数 数 数 数	数 数 数 など	3-(1),4-(3)(4)(5)(6)	Q38,40,41,43,54,68,70
1098	据	すえる		据 据 据 据	据 据 など	4-(3)	Q40,72
1099	杉	すぎ		杉 杉 杉 杉	杉 杉 など	4-(5)	Q38
1100	裾	すそ		裾 裾 裾 裾	裾 裾 など	4-(2)(3)	Q40,61
1101	寸	スン	6	寸 寸 寸 寸	寸 寸 など		Q72
1102	瀬	せ		瀬 瀬 瀬 瀬	瀬 瀬 など	4-(3)(5)	Q38,40,62
1103	是	ゼ		是 是 是 是	是 是 など	4-(3)	Q62
1104	井	セイ		井 井 井 井	井 井 など	4-(1)(4)	Q58,70,71
1105	世	セイ	3	世 世 世 世	世 世 世 など	3-(1),4-(1)	Q54
1106	正	セイ	1	正 正 正 正	正 正 正 など		
1107	生	セイ	1	生 生 生 生	生 生 など	4-(1)	Q58
1108	成	セイ	4	成 成 成 成	成 成 など		
1109	西	セイ	2	西 西 西 西	西 西 西 など	4-(1)(3)(5)	Q31,34,40,45,58
1110	声	セイ	2	声 声 声 声	声 声 など	4-(1)	Q44
1111	制	セイ	5	制 制 制 制	制 制 など	4-(1)(4)	Q58,71,72
1112	姓	セイ		姓 姓 姓 姓	姓 姓 など	4-(1)(4)(6)	Q58,70,74
1113	征	セイ		征 征 征 征	征 征 など		
1114	性	セイ	5	性 性 性 性	性 性 など	4-(1)(2)	Q58,61
1115	青	セイ	1	青 青 青 青	青 青 など	4-(1)(3)(4)	Q58,62,70
1116	斉	セイ		斉 斉 斉 斉	斉 斉 斉 など	4-(2)(3)(4)(5)	Q38,61,62,70,71
1117	政	セイ	5	政 政 政 政	政 政 など	4-(3)(4)	Q40,68
1118	星	セイ	2	星 星 星 星	星 星 など	4-(1)(3)	Q40,58,59,62
1119	牲	セイ		牲 牲 牲 牲	牲 牲 など	4-(1)(5)	Q38,58
1120	省	セイ	4	省 省 省 省	省 省 など	4-(3)(4)(5)	Q38,40,62,68

番号	常用漢字表	代表音訓	配当学年	印刷文字の字形の例	手書き文字の字形の例	第2章関連項目	第3章Q&A関連項目
1121	凄	セイ		凄 凄 凄	凄 凄 凄 など	4-(1)(6)	Q43,58
1122	逝	セイ		逝 逝 逝	逝 逝 など	3-(5),4-(4)	Q57,71,72
1123	清	セイ	4	清 清 清	清 清 など	4-(1)(3)(4)	Q58,62,70
1124	盛	セイ	6	盛 盛 盛	盛 盛 など		Q75
1125	婿	セイ		婿 婿 婿	婿 婿 など	4-(3)(4)(6)	Q62,70,74
1126	晴	セイ	2	晴 晴 晴	晴 晴 など	4-(1)(3)(4)	Q58,62,70
1127	勢	セイ	5	勢 勢 勢	勢 勢 など	4-(4)(5)	Q45,70
1128	聖	セイ	6	聖 聖 聖	聖 聖 など	4-(1)(3)(4)(6)	Q43,58,62,70
1129	誠	セイ	6	誠 誠 誠	誠 誠 など	4-(2)(3)	Q64
1130	精	セイ	5	精 精 精	精 精 など	4-(1)(3)(4)(5)	Q38,58,62,70
1131	製	セイ	5	製 製 製	製 製 など	3-(1),4-(2)(3)(4)	Q54,61,68
1132	誓	セイ		誓 誓 誓	誓 誓 など	4-(2)(3)	Q64,72
1133	静	セイ	4	静 静 静	静 静 など	4-(1)(3)(4)(6)	Q58,62,70
1134	請	セイ		請 請 請	請 請 など	4-(1)(2)(3)(4)	Q58,62,64,70
1135	整	セイ	3	整 整 整	整 整 など	4-(1)(3)(4)(5)	Q38,40,68
1136	醒	セイ		醒 醒 醒	醒 醒 など	4-(1)(3)(5)	Q40,45,58,62
1137	税	ゼイ	5	税 税 税	税 税 など	4-(3)(5)	Q38,40,72
1138	夕	セキ	1	夕 夕 夕	夕 夕 夕 など	4-(6)	Q65
1139	斥	セキ		斥 斥 斥	斥 斥 など	4-(5)	Q71
1140	石	セキ	1	石 石 石	石 石 など	4-(3)(6)	Q40,65
1141	赤	セキ	1	赤 赤 赤	赤 赤 など	4-(4)	Q70
1142	昔	セキ	3	昔 昔 昔	昔 昔 など	4-(3)	Q62
1143	析	セキ		析 析 析	析 析 など	4-(4)(5)	Q38,71
1144	席	セキ	4	席 席 席	席 席 など	4-(2)(3)(4)	Q61,71
1145	脊	セキ		脊 脊 脊	脊 脊 など	4-(2)(3)(4)	Q40,61,62,70
1146	隻	セキ		隻 隻 隻	隻 隻 など	4-(2)(3)(4)	Q40,61,68
1147	惜	セキ		惜 惜 惜	惜 惜 など	4-(2)(3)	Q61,62,72
1148	戚	セキ		戚 戚 戚	戚 戚 など	4-(4)(5)	Q38,68

番号	常用漢字表	代表音訓	配当学年	印刷文字の字形の例	手書き文字の字形の例	第2章関連項目	第3章Q&A関連項目
1149	責	セキ	5	責責責責	責責 など	4-(1)(3)	Q40,58,62
1150	跡	セキ		跡跡跡跡	跡跡 など	4-(2)(3)(4)	Q61,70
1151	積	セキ	4	積積積積	積積 など	4-(1)(3)(5)	Q38,40,58,62
1152	績	セキ	5	績績績績	績績績 など	3-(1),4-(1)(2)(3)(4)(5)	Q38,39,40,54,58,62
1153	籍	セキ		籍籍籍籍	籍籍 など	3-(5),4-(1)(3)(5)	Q38,56,58,62
1154	切	セツ	2	切切切切	切切切 など	4-(4)(5)	Q45,70
1155	折	セツ	4	折折折折	折折 など	4-(4)	Q71,72
1156	拙	セツ		拙拙拙拙	拙拙 など	4-(1)	Q59,72
1157	窃	セツ		窃窃窃窃	窃窃 など	4-(2)(3)(4)(5)	Q45,61,70,73
1158	接	セツ	5	接接接接	接接 など	3-(1),4-(2)(3)(6)	Q40,43,54,61,72
1159	設	セツ	5	設設設設	設設 など	4-(2)(4)(5)	Q40,45,64,68
1160	雪	セツ	2	雪雪雪雪	雪雪 など	4-(1)(2)(3)	Q58,61,62
1161	摂	セツ		摂摂摂摂	摂摂 など	4-(3)(4)	Q62,70,72
1162	節	セツ	4	節節節節	節節 など	3-(1)(5),4-(3)(4)	Q54,56,62,71
1163	説	セツ	4	説説説説	説説 など	4-(2)(3)	Q40,64,72
1164	舌	ゼツ	5	舌舌舌舌	舌舌舌 など		
1165	絶	ゼツ	5	絶絶絶絶	絶絶絶 など	3-(1),4-(2)(4)(5)	Q38,39,54
1166	千	セン	1	千千千千	千千 など	4-(4)	Q71
1167	川	セン	1	川川川川	川川川 など	4-(1)(4)	Q71
1168	仙	セン		仙仙仙仙	仙仙仙 など	3-(1)	Q54
1169	占	セン		占占占占	占占 など		
1170	先	セン	1	先先先先	先先 など		Q72
1171	宣	セン	6	宣宣宣宣	宣宣 など	4-(1)(2)(3)	Q58,61,62
1172	専	セン	6	専専専専	専専 など	4-(1)(3)	Q58,62
1173	泉	セン	6	泉泉泉泉	泉泉 など	3-(2),4-(3)(6)	Q62,65
1174	浅	セン	4	浅浅浅浅	浅浅 など	4-(1)	Q58
1175	洗	セン	6	洗洗洗洗	洗洗 など		Q72
1176	染	セン	6	染染染染	染染染 など	4-(3)(4)(5)	Q38,41,45,68

番号	常用漢字表	代表音訓	配当学年	印刷文字の字形の例	手書き文字の字形の例	第2章関連項目	第3章Q&A関連項目
1177	扇	セン		扇扇扇扇	扇扇扇 など	4-(1)(2)	Q58,61,75
1178	栓	セン		栓栓栓栓	栓栓 など	4-(1)(4)(5)	Q38,58,68
1179	旋	セン		旋旋旋旋	旋旋 など	4-(2)(3)	Q61
1180	船	セン	2	船船船船	船船 など	3-(3),4-(2)(3)(4)(6)	Q55,61,65,68,70
1181	戦	セン	4	戦戦戦戦	戦戦 など	4-(3)	Q62
1182	煎	セン		煎煎煎煎	煎煎煎 など	4-(2)(3)(4),5-(1)	Q19,61,77
1183	羨	セン		羨羨羨羨	羨羨 など	3-(2),4-(1)(4)	Q56,58,68
1184	腺	セン		腺腺腺腺	腺腺 など	3-(2),4-(3)(4)(6)	Q62,65,68
1185	詮	セン		詮詮詮詮	詮詮 など	3-(3),4-(1)(2)(3),5-(3)	Q55,58,64,77
1186	践	セン		践践践践	践践 など	4-(1)(4)	Q58,70
1187	箋	セン		箋箋箋箋	箋箋 など	4-(5),5-(2)	Q56,77
1188	銭	セン	5	銭銭銭銭	銭銭 など	4-(1)(4)	Q58,70
1189	潜	セン		潜潜潜潜	潜潜 など	4-(3)(4)	Q62,68,69
1190	線	セン	2	線線線線	線線線 など	3-(1),4-(2)(3)(4)(5)(6)	Q38,39,54,62,65
1191	遷	セン		遷遷遷遷	遷遷遷 など	3-(5),4-(4)(5)	Q45,57,68
1192	選	セン	4	選選選選	選選選 など	3-(5),4-(3)(4)(5)	Q40,45,57,68,70
1193	薦	セン		薦薦薦薦	薦薦 など	4-(2)(3)	Q61
1194	繊	セン		繊繊繊繊	繊繊繊 など	3-(1),4-(2)(4)(5)	Q38,39,54,70
1195	鮮	セン		鮮鮮鮮鮮	鮮鮮 など	4-(1)(2)(3)(4)	Q58,61,62,71
1196	全	ゼン	3	全全全全	全全 など	4-(1)(4)	Q58,68
1197	前	ゼン	2	前前前前	前前 など	4-(3)(4)	Q19,62,70
1198	善	ゼン	6	善善善善	善善 など	4-(1)	Q40,58
1199	然	ゼン	4	然然然然	然然 など	4-(2)(4)	Q61,68
1200	禅	ゼン		禅禅禅禅	禅禅 など	4-(2)(3)(4)	Q21,61,62,71
1201	漸	ゼン		漸漸漸漸	漸漸 など	4-(1)(3)(4)	Q58,62,71
1202	膳	ゼン		膳膳膳膳	膳膳 など	4-(1)(3)	Q40,58,62
1203	繕	ゼン		繕繕繕繕	繕繕繕 など	3-(1),4-(1)(2)(3)(4)(5)	Q38,39,40,54,58
1204	狙	ソ		狙狙狙狙	狙狙 など	4-(3)	Q62,72

番号	常用漢字表	代表音訓	配当学年	印刷文字の字形の例	手書き文字の字形の例	第2章関連項目	第3章Q&A関連項目
1205	阻	ソ		阻阻阻阻	阻阻 など	4-(3)	Q62
1206	祖	ソ	5	祖祖祖祖	祖祖 など	4-(2)(3)	Q61,62
1207	租	ソ		租租租租	租租 など	4-(3)(5)	Q38,62
1208	素	ソ	5	素素素素	素素 など	3-(1),4-(1)(4)(5)	Q38,54,58,68
1209	措	ソ		措措措措	措措 など	4-(3)	Q62,72
1210	粗	ソ		粗粗粗粗	粗粗 など	4-(3)(5)	Q38,62
1211	組	ソ	2	組組組組	組組組 など	3-(1),4-(2)(3)(4)(5)	Q38,39,54,62
1212	疎	ソ		疎疎疎疎	疎疎 など	4-(1)(4)(5)	Q38,58,68,70
1213	訴	ソ		訴訴訴訴	訴訴 など	4-(2)(3)(4)	Q64,71
1214	塑	ソ		塑塑塑塑	塑塑 など	4-(3)(4)	Q62,70
1215	遡	ソ		遡遡遡遡	遡遡 など	3-(5),4-(3)(4),5-(2)	Q10,57,62,70,77
1216	礎	ソ		礎礎礎礎	礎礎 など	4-(3)(4)(5)	Q38,40,68,69
1217	双	ソウ		双双双双	双双 など	4-(4)	Q40,68
1218	壮	ソウ		壮壮壮壮	壮壮 など	4-(1)(5)	Q38,44
1219	早	ソウ	1	早早早早	早早 など	4-(3)(4)	Q62,71
1220	争	ソウ	4	争争争争	争争 など	4-(6)	
1221	走	ソウ	2	走走走走	走走 など		
1222	奏	ソウ	6	奏奏奏奏	奏奏奏 など	4-(1)(2)(4)(6)	Q34,48,58,60,65,68
1223	相	ソウ	3	相相相相	相相 など	4-(3)(5)	Q38,62
1224	荘	ソウ		荘荘荘荘	荘荘 など	4-(1)(5)	Q38,44
1225	草	ソウ	1	草草草草	草草 など	4-(3)(4)	Q62,71
1226	送	ソウ	3	送送送送	送送送 など	3-(5),4-(1)(4)	Q57,58,68,69
1227	倉	ソウ	4	倉倉倉倉	倉倉 など	4-(2)(3)(4)	Q40,62,68,75
1228	捜	ソウ		捜捜捜捜	捜捜 など	4-(3)(4)	Q40,43,62,72
1229	挿	ソウ		挿挿挿挿	挿挿 など	4-(3)(4)	Q43,62,71,72
1230	桑	ソウ		桑桑桑桑	桑桑桑 など	4-(3)(4)(5)	Q38,40,41,68
1231	巣	ソウ	4	巣巣巣巣	巣巣巣 など	4-(3)(4)(5)	Q21,38,41,62,68
1232	掃	ソウ		掃掃掃掃	掃掃 など	4-(1)(3)(4)	Q58,62,71,72

番号	常用漢字表	代表音訓	配当学年	印刷文字の字形の例	手書き文字の字形の例	第2章関連項目	第3章 Q&A 関連項目
1233	曹	ソウ		曹曹曹曹	曹曹曹 など	4-(1)(3)	Q58,59,62
1234	曽	ソウ		曽曽曽曽	曽曽 など	4-(3)	Q59,62,76
1235	爽	ソウ		爽爽爽爽	爽爽 など	4-(4)	Q68
1236	窓	ソウ	6	窓窓窓窓	窓窓窓 など	3-(1)(5),4-(2)(3)(5)	Q40,45,54,56,61,73
1237	創	ソウ	6	創創創創	創創 など	4-(2)(3)(4)	Q40,62,68,72,75
1238	喪	ソウ		喪喪喪喪	喪喪 など	3-(1),4-(1)(4)(6)	Q54,58,65,68
1239	痩	ソウ		痩痩痩痩	痩痩 など	4-(2)(3)(4)	Q40,43,61,62,76
1240	葬	ソウ		葬葬葬葬	葬葬 など	4-(1)(2)(3)(4)(5)	Q40,45,58,60,70,71
1241	装	ソウ	6	装装装装	装装 など	3-(1),4-(1)(2)(3)(4)(5)	Q38,44,54,61,68
1242	僧	ソウ		僧僧僧僧	僧僧 など	4-(3)	Q62
1243	想	ソウ	3	想想想想	想想 など	3-(5),4-(3)(5)	Q38,56,62
1244	層	ソウ	6	層層層層	層層 など	4-(3)	Q62
1245	総	ソウ	5	総総総総	総総総 など	3-(1)(5),4-(2)(4)(5)	Q38,39,54,56,68
1246	遭	ソウ		遭遭遭遭	遭遭 など	3-(5),4-(1)(3)	Q57,58,59,62
1247	槽	ソウ		槽槽槽槽	槽槽 など	4-(1)(3)(5)	Q38,58,59,62
1248	踪	ソウ		踪踪踪踪	踪踪 など	4-(2)(3)(4)	Q61,68,70
1249	操	ソウ	6	操操操操	操操操 など	4-(3)(4)(5)	Q38,41,68,72
1250	燥	ソウ		燥燥燥燥	燥燥燥 など	4-(2)(3)(4)(5)	Q38,41,61,68
1251	霜	ソウ		霜霜霜霜	霜霜 など	4-(1)(2)(3)(5)	Q38,58,61,62
1252	騒	ソウ		騒騒騒騒	騒騒 など	4-(2)(3)(4)	Q40,61,68,70
1253	藻	ソウ		藻藻藻藻	藻藻藻 など	4-(3)(4)(5)	Q38,41,68
1254	造	ゾウ	5	造造造造	造造 など	3-(5)	Q57
1255	像	ゾウ	5	像像像像	像像 など	3-(2),4-(4)	Q56,68
1256	増	ゾウ	5	増増増増	増増 など	4-(3)(4)	Q62,70
1257	憎	ゾウ		憎憎憎憎	憎憎 など	4-(2)(3)	Q61,62
1258	蔵	ゾウ	6	蔵蔵蔵蔵	蔵蔵 など	4-(2)	Q75
1259	贈	ゾウ		贈贈贈贈	贈贈 など	4-(3)	Q40,62
1260	臓	ゾウ	6	臓臓臓臓	臓臓 など	4-(2)(3)	Q62,75

番号	常用漢字表	代表音訓	配当学年	印刷文字の字形の例	手書き文字の字形の例	第2章関連項目	第3章Q&A関連項目
1261	即	ソク		即即即即	即即 など	3-(1),4-(3)(4)	Q54,62,71
1262	束	ソク	4	束束束束	束束 など	4-(1)(4)(5)	Q38,58,68
1263	足	ソク	1	足足足足	足足 など		
1264	促	ソク		促促促促	促促 など		
1265	則	ソク	5	則則則則	則則 など	4-(3)	Q40,62
1266	息	ソク	3	息息息息	息息 など	3-(5),4-(3)(6)	Q56,62,65
1267	捉	ソク		捉捉捉捉	捉捉 など		Q72
1268	速	ソク	3	速速速速	速速 など	3-(5),4-(1)(4)(5)	Q38,57,58,68
1269	側	ソク	4	側側側側	側側 など	4-(3)	Q40,62
1270	測	ソク	5	測測測測	測測 など	4-(3)	Q40,62
1271	俗	ゾク		俗俗俗俗	俗俗 など	4-(3)(4)	Q40,68
1272	族	ゾク	3	族族族族	族族 など	4-(2)(3)(4)	Q61,68
1273	属	ゾク	5	属属属属	属属 など	4-(2)	Q60
1274	賊	ゾク		賊賊賊賊	賊賊 など	4-(3)(4)	Q40,62,71
1275	続	ゾク	4	続続続続	続続続 など	3-(1),4-(1)(2)(4)(5)	Q38,39,44,54
1276	卒	ソツ	4	卒卒卒卒	卒卒 など	4-(1)(2)(3)(4)	Q58,61,71
1277	率	ソツ	5	率率率率	率率 など	3-(1),4-(1)(2)(3)(4)	Q54,58,61,71
1278	存	ソン	6	存存存存	存存 など	3-(4),4-(6)	Q43,56
1279	村	ソン	1	村村村村	村村 など	4-(5)	Q38
1280	孫	ソン	4	孫孫孫孫	孫孫 など	3-(1)(4),4-(2)(4)(5)	Q38,54,56,60,68,70
1281	尊	ソン	6	尊尊尊尊	尊尊尊 など	4-(1)(3)(5)	Q40,45,58,62
1282	損	ソン	5	損損損損	損損 など	4-(1)(3)	Q40,59,62,72
1283	遜	ソン		遜遜遜遜	遜遜 など	3-(1)(4)(5),4-(2)(4)(5),5-(2)	Q10,38,54,56,57,60,70,77
1284	他	タ	3	他他他他	他他 など		
1285	多	タ	2	多多多多	多多 など	4-(6)	Q65
1286	汰	タ		汰汰汰汰	汰汰 など	4-(4)	Q40,68
1287	打	ダ	3	打打打打	打打 など		Q72
1288	妥	ダ		妥妥妥妥	妥妥 など	4-(6)	Q43

番号	常用漢字表	代表音訓	配当学年	印刷文字の字形の例	手書き文字の字形の例	第2章関連項目	第3章 Q&A 関連項目
1289	唾	ダ		唾 唾 唾	唾 唾 など	4-(1)(3)	Q40,58
1290	堕	ダ		堕 堕 堕	堕 堕 など	4-(3)(4)	Q40,62,70
1291	惰	ダ		惰 惰 惰	惰 惰 など	4-(2)(3)(4)	Q61,62,70
1292	駄	ダ		駄 駄 駄	駄 駄 など	4-(2)(3)(4)	Q40,61,68
1293	太	タイ	2	太 太 太	太 太 太 など	4-(3)	Q40,68
1294	対	タイ	3	対 対 対	対 対 など	4-(2)(3)	Q40,61
1295	体	タイ	2	体 体 体	体 体 体 など	4-(4)(5)	Q38,68
1296	耐	タイ		耐 耐 耐	耐 耐 など	4-(1)	Q58,72
1297	待	タイ	3	待 待 待	待 待 など	4-(1)	Q44,58
1298	怠	タイ		怠 怠 怠	怠 怠 など	3-(1)(5)	Q54,56
1299	胎	タイ		胎 胎 胎	胎 胎 など	3-(1),4-(3)	Q54,62
1300	退	タイ	5	退 退 退	退 退 など	3-(1)(5),4-(3)	Q54,57,62,69
1301	帯	タイ	4	帯 帯 帯	帯 帯 など	4-(4)	Q71
1302	泰	タイ		泰 泰 泰	泰 泰 泰 など	3-(2),4-(1)(4)(6)	Q58,65,68
1303	堆	タイ		堆 堆 堆	堆 堆 など	4-(2)(3)	Q61,70
1304	袋	タイ		袋 袋 袋	袋 袋 など	3-(1),4-(2)(3)(4)	Q54,61,68
1305	逮	タイ		逮 逮 逮	逮 逮 など	3-(2)(5),4-(6)	Q57,65
1306	替	タイ		替 替 替	替 替 など	4-(3)(4)	Q62,68,69
1307	貸	タイ	5	貸 貸 貸	貸 貸 など	4-(3)	Q40,62
1308	隊	タイ	4	隊 隊 隊	隊 隊 など	3-(2),4-(4)	Q56,68
1309	滞	タイ		滞 滞 滞	滞 滞 など	4-(4)	Q71
1310	態	タイ	5	態 態 態	態 態 など	3-(1)(5),4-(2)(3)(5)	Q45,54,56,60,62,70
1311	戴	タイ		戴 戴 戴	戴 戴 など	4-(3)	Q40,62
1312	大	ダイ	1	大 大 大	大 大 など		Q68
1313	代	ダイ	3	代 代 代	代 代 など		
1314	台	ダイ	2	台 台 台	台 台 など	3-(1)	Q54
1315	第	ダイ	3	第 第 第	第 第 など	3-(1)(5),4-(5)(6)	Q38,43,54,56
1316	題	ダイ	3	題 題 題	題 題 など	4-(1)(3)	Q40,62

番号	常用漢字表	代表音訓	配当学年	印刷文字の字形の例	手書き文字の字形の例	第2章関連項目	第3章Q&A関連項目
1317	滝	たき		滝滝滝	滝滝 など	4-(2)(3)	Q40,61,62
1318	宅	タク	6	宅宅宅	宅宅 など	4-(2)(3)	Q61
1319	択	タク		択択択	択択 など	4-(4)(6)	Q65,68,72
1320	沢	タク		沢沢沢	沢沢 など	4-(4)(6)	Q65,68
1321	卓	タク		卓卓卓	卓卓 など	4-(3)(4)	Q62,71
1322	拓	タク		拓拓拓	拓拓 など	4-(3)(6)	Q40,65,72
1323	託	タク		託託託	託託 など	4-(2)(3)	Q64
1324	濯	タク		濯濯濯	濯濯 など	4-(2)(3)	Q61,75
1325	諾	ダク		諾諾諾	諾諾 など	4-(2)(3)	Q40,64
1326	濁	ダク		濁濁濁	濁濁 など	4-(4)	Q70
1327	但	ただし		但但但	但但 など	4-(3)	Q58,62
1328	達	タツ	4	達達達	達達 など	3-(5),4-(1)(4)	Q57,58,71
1329	脱	ダツ		脱脱脱	脱脱 など	4-(3)	Q40,62,72
1330	奪	ダツ		奪奪奪	奪奪 など	4-(2)(3)(6)	Q61,65,68,72
1331	棚	たな		棚棚棚	棚棚 など	4-(3)(5)	Q38,62
1332	誰	だれ		誰誰誰	誰誰 など	4-(2)(3)	Q61,64
1333	丹	タン		丹丹丹	丹丹 など	4-(4)	Q70
1334	旦	タン		旦旦旦	旦旦旦 など	4-(3)	Q59,62
1335	担	タン	6	担担担	担担 など	4-(3)	Q59,62,72
1336	単	タン	4	単単単	単単 など	4-(3)(4)	Q21,62,71
1337	炭	タン	3	炭炭炭	炭炭 など	3-(1)(2),4-(1)(2)(4)	Q54,56,59,61,68
1338	胆	タン		胆胆胆	胆胆 など	4-(3)	Q59,62
1339	探	タン	6	探探探	探探 など	4-(3)(4)(5)	Q38,40,41,45,72,73
1340	淡	タン		淡淡淡	淡淡 など	4-(2)(4)	Q61,68,69
1341	短	タン	3	短短短	短短 など	4-(1)(3)	Q40,58
1342	嘆	タン		嘆嘆嘆	嘆嘆 など	4-(3)(4)	Q68
1343	端	タン		端端端	端端 など	4-(1)(2)(3)(4)	Q40,58,61,70
1344	綻	タン		綻綻綻	綻綻綻 など	3-(1),4-(2)(3)(4)(5)	Q38,39,54,61

番号	常用漢字表	代表音訓	配当学年	印刷文字の字形の例	手書き文字の字形の例	第2章関連項目	第3章Q&A関連項目
1345	誕	タン	6	誕誕誕誕	誕誕 など	3-(3),4-(2)(3)	Q55,64
1346	鍛	タン		鍛鍛鍛鍛	鍛鍛 など	4-(3)(4)(5)	Q40,45,70
1347	団	ダン	5	団団団団	団団 など		
1348	男	ダン	1	男男男男	男男 など	4-(1)(3)	Q59,62
1349	段	ダン	6	段段段段	段段 など	4-(3)(4)(5)	Q40,45,70
1350	断	ダン	5	断断断断	断断 など	3-(1),4-(3)(4)(5)	Q38,41,54,71
1351	弾	ダン		弾弾弾弾	弾弾 など	3-(1),4-(1)(3)(4)	Q21,54,62,71
1352	暖	ダン	6	暖暖暖暖	暖暖 など	4-(2)(3)(4)	Q40,60,62,68
1353	談	ダン	3	談談談談	談談 など	3-(2),4-(2)(3)(4)	Q56,61,64,68,69
1354	壇	ダン		壇壇壇壇	壇壇 など	4-(1)(2)(3)(4)	Q58,61,62,70
1355	地	チ	2	地地地地	地地 など	4-(4)	Q70
1356	池	チ	2	池池池池	池池 など		
1357	知	チ	2	知知知知	知知 など		
1358	値	チ	6	値値値値	値値 など	3-(1),4-(1)(2)(3)	Q54,58,61,62
1359	恥	チ		恥恥恥恥	恥恥 など	3-(5),4-(3)(6)	Q43,56,62
1360	致	チ		致致致致	致致 など	3-(1),4-(3)(4)	Q40,54,68,70
1361	遅	チ		遅遅遅遅	遅遅 など	3-(5),4-(1)(4)	Q57,58,71
1362	痴	チ		痴痴痴痴	痴痴 など	4-(2)(3)	Q40,61
1363	稚	チ		稚稚稚稚	稚稚 など	4-(2)(3)(5)	Q38,61
1364	置	チ	4	置置置置	置置 など	3-(1),4-(1)(2)(3)	Q54,59,61,62
1365	緻	チ		緻緻緻緻	緻緻緻 など	3-(1),4-(2)(4)(5)	Q38,39,40,54,68,70
1366	竹	チク	1	竹竹竹竹	竹竹 など		
1367	畜	チク		畜畜畜畜	畜畜 など	3-(1),4-(2)(3)	Q54,61,62
1368	逐	チク		逐逐逐逐	逐逐 など	3-(5),4-(4)	Q57,68
1369	蓄	チク		蓄蓄蓄蓄	蓄蓄 など	3-(1),4-(1)(2)(3)	Q54,58,61,62
1370	築	チク	5	築築築築	築築築 など	3-(5),4-(3)(4)(5)	Q38,41,45,56,70
1371	秩	チツ		秩秩秩秩	秩秩 など	4-(4)(5)	Q38,68
1372	窒	チツ		窒窒窒窒	窒窒窒 など	3-(1),4-(1)(2)(3)(5)	Q45,54,58,61,73

番号	常用漢字表	代表音訓	配当学年	印刷文字の字形の例	手書き文字の字形の例		第2章関連項目	第3章Q&A関連項目
1373	茶	チャ	2	茶 茶 茶	茶 茶	など	4-(4)(5)	Q38,68
1374	着	チャク	3	着 着 着	着 着	など	4-(1)(3)	Q58,62
1375	嫡	チャク		嫡 嫡 嫡	嫡 嫡	など	4-(1)(2)(3)(4)(6)	Q40,58,61,70,74
1376	中	チュウ	1	中 中 中	中 中	など	4-(4)	Q66,71
1377	仲	チュウ	4	仲 仲 仲	仲 仲	など	4-(4)	Q71
1378	虫	チュウ	1	虫 虫 虫	虫 虫	など	4-(4)	Q70
1379	沖	チュウ		沖 沖 沖	沖 沖	など	4-(4)	Q71
1380	宙	チュウ	6	宙 宙 宙	宙 宙	など	4-(2)(3)	Q43,61,62
1381	忠	チュウ	6	忠 忠 忠	忠 忠	など	3-(5),4-(4)	Q56,71
1382	抽	チュウ		抽 抽 抽	抽 抽	など	4-(3)	Q62,72
1383	注	チュウ	3	注 注 注	注 注	など	4-(1)(2)(3)	Q58,61
1384	昼	チュウ	2	昼 昼 昼	昼 昼	など	4-(3)(4)	Q40,59,62,68
1385	柱	チュウ	3	柱 柱 柱	柱 柱	など	4-(1)(2)(3)(5)	Q38,58,61
1386	衷	チュウ		衷 衷 衷	衷 衷 衷	など	3-(1),4-(4)(6)	Q52,54,68
1387	酎	チュウ		酎 酎 酎	酎 酎	など	4-(1)(3)(5)	Q40,45,58,62,72
1388	鋳	チュウ		鋳 鋳 鋳	鋳 鋳	など	4-(1)(4)	Q58,70,72
1389	駐	チュウ		駐 駐 駐	駐 駐	など	4-(1)(2)(3)	Q58,61
1390	著	チョ	6	著 著 著	著 著 著	など	4-(1)(3)	Q58,62
1391	貯	チョ	4	貯 貯 貯	貯 貯	など	4-(2)(3)(6)	Q40,61,62
1392	丁	チョウ	3	丁 丁 丁	丁 丁	など	4-(6)	Q72,78
1393	弔	チョウ		弔 弔 弔	弔 弔	など	3-(1),4-(4)	Q54,71
1394	庁	チョウ	6	庁 庁 庁	庁 庁	など	4-(2)(3)(6)	Q61
1395	兆	チョウ	4	兆 兆 兆	兆 兆	など	4-(3)	Q40
1396	町	チョウ	1	町 町 町	町 町	など	4-(3)(6)	Q40,62
1397	長	チョウ	2	長 長 長	長 長	など	3-(1),4-(6)	Q43,54
1398	挑	チョウ		挑 挑 挑	挑 挑	など	4-(3)	Q40,72
1399	帳	チョウ	3	帳 帳 帳	帳 帳	など	3-(1),4-(6)	Q43,54
1400	張	チョウ	5	張 張 張	張 張	など	3-(1),4-(6)	Q43,54

番号	常用漢字表	代表音訓	配当学年	印刷文字の字形の例	手書き文字の字形の例	第2章関連項目	第3章Q&A関連項目
1401	彫	チョウ		彫 彫 彫 彫	彫 彫 など	4-(1)(4)	Q44,70
1402	眺	チョウ		眺 眺 眺 眺	眺 眺 など	4-(3)	Q40,62
1403	釣	チョウ		釣 釣 釣 釣	釣 釣 など	4-(4)	Q70
1404	頂	チョウ	6	頂 頂 頂 頂	頂 頂 など	4-(1)(3)(6)	Q40,62
1405	鳥	チョウ	2	鳥 鳥 鳥 鳥	鳥 鳥 など	4-(2)(3)(6)	Q61,62,65
1406	朝	チョウ	2	朝 朝 朝 朝	朝 朝 など	4-(1)(3)	Q58,62
1407	貼	チョウ		貼 貼 貼 貼	貼 貼 など	4-(3)	Q62
1408	超	チョウ		超 超 超	超 超 など		Q72
1409	腸	チョウ	4	腸 腸 腸 腸	腸 腸 など	4-(3)	Q62
1410	跳	チョウ		跳 跳 跳 跳	跳 跳 跳 など	4-(3)(4)	Q40,70
1411	徴	チョウ		徴 徴 徴 徴	徴 徴 など	4-(1)(3)(4)	Q40,58,68,70
1412	嘲	チョウ		嘲 嘲 嘲 嘲	嘲 嘲 嘲 など	4-(1)(3),5-(1)	Q19,58,62,77
1413	潮	チョウ	6	潮 潮 潮 潮	潮 潮 など	4-(1)(3)	Q58,62
1414	澄	チョウ		澄 澄 澄 澄	澄 澄 など	4-(3)(4)	Q40,46,68
1415	調	チョウ	3	調 調 調 調	調 調 など	4-(1)(2)(3)(4)	Q44,64,70
1416	聴	チョウ		聴 聴 聴 聴	聴 聴 など	3-(5),4-(3)(4)(6)	Q43,56,62,70
1417	懲	チョウ		懲 懲 懲 懲	懲 懲 など	3-(5),4-(1)(3)(4)	Q40,56,58,68,70
1418	直	チョク	2	直 直 直 直	直 直 など	3-(1),4-(1)(2)(3)	Q34,54,58,61,62
1419	勅	チョク		勅 勅 勅 勅	勅 勅 など	4-(1)(5)	Q30,38,58
1420	捗	チョク		捗 捗 捗 捗	捗 捗 など	4-(3)(4)(5),5-(3)	Q38,40,68,72,77
1421	沈	チン		沈 沈 沈 沈	沈 沈 など	4-(6)	Q67
1422	珍	チン		珍 珍 珍 珍	珍 珍 など	4-(1)(4)	Q58,68,70
1423	朕	チン		朕 朕 朕 朕	朕 朕 など	4-(1)(3)(4)	Q58,62,68
1424	陳	チン		陳 陳 陳 陳	陳 陳 など	4-(1)(3)(4)(5)	Q38,58,62,68
1425	賃	チン	6	賃 賃 賃 賃	賃 賃 など	4-(1)(3)	Q40,58,62
1426	鎮	チン		鎮 鎮 鎮 鎮	鎮 鎮 など	4-(1)(2)(3)(4)	Q34,40,58,61,62,70
1427	追	ツイ	3	追 追 追 追	追 追 など	3-(5),4-(6)	Q57,65
1428	椎	ツイ		椎 椎 椎 椎	椎 椎 など	4-(2)(3)(5)	Q38,61

番号	常用漢字表	代表音訓	配当学年	印刷文字の字形の例	手書き文字の字形の例	第2章関連項目	第3章Q&A関連項目
1429	墜	ツイ		墜 墜 墜	墜 墜 など	3-(2),4-(4)	Q56,68
1430	通	ツウ	2	通 通 通	通 通 など	3-(5),4-(3)(4)	Q57,62,70
1431	痛	ツウ	6	痛 痛 痛	痛 痛 など	4-(2)(3)(4)	Q40,61,62,70
1432	塚	つか		塚 塚 塚	塚 塚 など	3-(2),4-(4)	Q56,68,70
1433	漬	つける		漬 漬 漬	漬 漬 など	4-(1)(3)	Q58,62
1434	坪	つぼ		坪 坪 坪	坪 坪 など	4-(1)(4)	Q58,70,71
1435	爪	つめ		爪 爪 爪	爪 爪 など	4-(3)(4)	Q40,68
1436	鶴	つる		鶴 鶴 鶴	鶴 鶴 など	4-(2)(3)(6)	Q61,62,65
1437	低	テイ	4	低 低 低	低 低 など	3-(1)	Q54
1438	呈	テイ		呈 呈 呈	呈 呈 など	4-(1)	Q58
1439	廷	テイ		廷 廷 廷	廷 廷 など	3-(3),4-(1)	Q55,58
1440	弟	テイ	2	弟 弟 弟	弟 弟 など	3-(1),4-(5)(6)	Q38,43,54
1441	定	テイ	3	定 定 定	定 定 など	4-(2)(3)	Q61
1442	底	テイ	4	底 底 底	底 底 など	3-(1),4-(2)(3)	Q54,61
1443	抵	テイ		抵 抵 抵	抵 抵 など	3-(1)	Q54,72
1444	邸	テイ		邸 邸 邸	邸 邸 など	3-(1),4-(4)	Q54,71
1445	亭	テイ		亭 亭 亭	亭 亭 など	4-(2)(3)	Q61,72
1446	貞	テイ		貞 貞 貞	貞 貞 など	4-(3)	Q40,62
1447	帝	テイ		帝 帝 帝	帝 帝 など	4-(2)(3)(4)	Q40,61,71
1448	訂	テイ		訂 訂 訂	訂 訂 など	4-(2)(3)	Q64,72
1449	庭	テイ	3	庭 庭 庭	庭 庭 など	3-(3),4-(1)(2)(3)	Q55,58,61
1450	逓	テイ		逓 逓 逓	逓 逓 など	3-(5),4-(4)	Q57,71
1451	停	テイ	4	停 停 停	停 停 など	4-(2)(3)	Q61
1452	偵	テイ		偵 偵 偵	偵 偵 など	4-(3)	Q40,62
1453	堤	テイ		堤 堤 堤	堤 堤 など	4-(3)(4)	Q62,70
1454	提	テイ	5	提 提 提	提 提 など	4-(3)	Q62,72
1455	程	テイ	5	程 程 程	程 程 など	4-(1)(5)	Q38,58
1456	艇	テイ		艇 艇 艇	艇 艇 など	3-(3),4-(1)(2)(4)(6)	Q55,58,61,65,70

番号	常用漢字表	代表音訓	配当学年	印刷文字の字形の例	手書き文字の字形の例	第2章関連項目	第3章Q&A関連項目
1457	締	テイ		締締締締	締締締 など	3-(1),4-(2)(3)(4)(5)	Q38,39,54,61,71
1458	諦	テイ		諦諦諦諦	諦諦 など	4-(2)(3)(4)	Q61,64,71
1459	泥	デイ		泥泥泥泥	泥泥 など	4-(2)(5)	Q45,60
1460	的	テキ	4	的的的的	的的 など	4-(3)(6)	Q62,65
1461	笛	テキ	3	笛笛笛笛	笛笛 など	3-(5),4-(3)	Q43,56,62
1462	摘	テキ		摘摘摘摘	摘摘 など	4-(1)(2)(3)	Q40,58,61,72
1463	滴	テキ		滴滴滴滴	滴滴 など	4-(1)(2)(3)	Q40,58,61
1464	適	テキ	5	適適適適	適適 など	3-(5),4-(1)(2)(3)	Q40,57,58,61
1465	敵	テキ	5	敵敵敵敵	敵敵敵 など	4-(1)(2)(3)(4)	Q40,58,61,68
1466	溺	デキ		溺溺溺溺	溺溺溺 など	4-(2),5-(1)	Q61,77
1467	迭	テツ		迭迭迭迭	迭迭迭 など	3-(5),4-(4)	Q57,68,69
1468	哲	テツ		哲哲哲哲	哲哲 など	4-(4)	Q71,72
1469	鉄	テツ	3	鉄鉄鉄鉄	鉄鉄 など	4-(1)(4)	Q58,68,70
1470	徹	テツ		徹徹徹徹	徹徹 など	3-(1),4-(2)(3)(4)	Q40,54,61,62,70
1471	撤	テツ		撤撤撤撤	撤撤 など	3-(1),4-(2)(3)(4)	Q40,54,61,62,70,72
1472	天	テン	1	天天天天	天天天 など	4-(1)(4)	Q58,68
1473	典	テン	4	典典典典	典典 など	4-(3)	Q40,62
1474	店	テン	2	店店店店	店店 など	4-(2)(3)	Q61
1475	点	テン	2	点点点点	点点点 など	4-(2)	Q61
1476	展	テン	6	展展展展	展展 など	3-(1),4-(4)(6)	Q54,65,68
1477	添	テン		添添添添	添添 など	4-(2)(3)(4)(6)	Q60,65,68
1478	転	テン	3	転転転転	転転 など	3-(1),4-(1)(3)	Q54,58,62
1479	塡	テン		塡塡塡塡	塡塡塡 など	4-(3)(4)(5),5-(2)	Q50,60,62,70,77
1480	田	デン	1	田田田田	田田 など	4-(3)	Q62,66
1481	伝	デン	4	伝伝伝伝	伝伝 など	3-(1)	Q54
1482	殿	デン		殿殿殿殿	殿殿 など	4-(3)(4)(5)	Q40,45,68
1483	電	デン	2	電電電電	電電 など	4-(1)(2)(3)(5)	Q45,58,61,62
1484	斗	ト		斗斗斗斗	斗斗 など	4-(4)	Q70,71

番号	常用漢字表	代表音訓	配当学年	印刷文字の字形の例	手書き文字の字形の例	第2章関連項目	第3章Q&A関連項目
1485	吐	ト		吐 吐 吐	吐 吐 など	4-(1)	Q58
1486	妬	ト		妬 妬 妬	妬 妬 など	4-(3)(4)(6)	Q40,65,70,74
1487	徒	ト	4	徒 徒 徒	徒 徒 など		
1488	途	ト		途 途 途	途 途 など	3-(5),4-(4)(5)	Q38,57,68
1489	都	ト	3	都 都 都	都 都 など	4-(3)(4)	Q62,71
1490	渡	ト		渡 渡 渡	渡 渡 など	4-(2)(3)(4)	Q40,61,68
1491	塗	ト		塗 塗 塗	塗 塗 など	4-(4)(5)	Q38,68
1492	賭	ト		賭 賭 賭	賭 賭 など	4-(3),5-(2)	Q49,62,77
1493	土	ド	1	土 土 土	土 土 など		Q21,44
1494	奴	ド		奴 奴 奴	奴 奴 奴 など	3-(1),4-(3)(4)(6)	Q40,54,68,70,74
1495	努	ド	4	努 努 努	努 努 など	3-(1),4-(3)(4)(6)	Q40,54,68,69,74
1496	度	ド	3	度 度 度	度 度 など	4-(2)(3)(4)	Q40,61,68
1497	怒	ド		怒 怒 怒	怒 怒 など	3-(1)(5),4-(3)(4)(6)	Q40,54,56,68,69,74
1498	刀	トウ	2	刀 刀 刀	刀 刀 刀 など		Q72
1499	冬	トウ	2	冬 冬 冬	冬 冬 など	4-(4)	Q68
1500	灯	トウ	4	灯 灯 灯	灯 灯 など	4-(2)	Q61
1501	当	トウ	2	当 当 当	当 当 など	4-(1)(3)	Q21,58,62
1502	投	トウ	3	投 投 投	投 投 など	3-(3)(4)(5)	Q40,45,68,72
1503	豆	トウ	3	豆 豆 豆	豆 豆 など	4-(1)(3)	Q40,58
1504	東	トウ	2	東 東 東	東 東 など	4-(1)(3)(4)(5)	Q38,58,62,68
1505	到	トウ		到 到 到	到 到 など	3-(1),4-(1)(4)	Q54,58,70,72
1506	逃	トウ		逃 逃 逃	逃 逃 など	3-(5),4-(3)	Q40,57
1507	倒	トウ		倒 倒 倒	倒 倒 など	3-(1),4-(1)(4)	Q54,58,70,72
1508	凍	トウ		凍 凍 凍	凍 凍 など	4-(1)(3)(4)(5)	Q38,58,62,68
1509	唐	トウ		唐 唐 唐	唐 唐 など	4-(2)(3)	Q61
1510	島	トウ	3	島 島 島	島 島 など	4-(3)(6)	Q62,65
1511	桃	トウ		桃 桃 桃	桃 桃 など	4-(3)(5)	Q38,40
1512	討	トウ	6	討 討 討	討 討 など	4-(2)(3)	Q64,72

番号	常用漢字表	代表音訓	配当学年	印刷文字の字形の例	手書き文字の字形の例	第2章関連項目	第3章 Q&A 関連項目
1513	透	トウ		透 透 透 透	透 透 など	3-(5),4-(3)(4)(5)	Q38,40,57,68
1514	党	トウ	6	党 党 党 党	党 党 など	4-(3)	Q21,40
1515	悼	トウ		悼 悼 悼 悼	悼 悼 など	4-(2)(3)(4)	Q61,62,71
1516	盗	トウ		盗 盗 盗 盗	盗 盗 など	3-(2),4-(4)	Q40,56,68
1517	陶	トウ		陶 陶 陶 陶	陶 陶 など	3-(1)	Q54
1518	塔	トウ		塔 塔 塔 塔	塔 塔 など	4-(4)	Q68,70
1519	搭	トウ		搭 搭 搭 搭	搭 搭 など	4-(4)	Q68,72
1520	棟	トウ		棟 棟 棟 棟	棟 棟 など	4-(1)(3)(4)(5)	Q38,58,62,68
1521	湯	トウ	3	湯 湯 湯 湯	湯 湯 など	4-(3)	Q62
1522	痘	トウ		痘 痘 痘 痘	痘 痘 など	4-(1)(2)(3)	Q40,61
1523	登	トウ	3	登 登 登 登	登 登 登 など	4-(3)(4)	Q40,46,68
1524	答	トウ	2	答 答 答 答	答 答 など	3-(5),4-(4)	Q56,68
1525	等	トウ	3	等 等 等 等	等 等 など	3-(5),4-(1)	Q44,56,58
1526	筒	トウ		筒 筒 筒 筒	筒 筒 など	3-(5)	Q56
1527	統	トウ	5	統 統 統 統	統 統 統 など	3-(1),4-(2)(3)(4)(5)	Q38,39,40,54,61
1528	稲	トウ		稲 稲 稲 稲	稲 稲 など	4-(3)(5)	Q21,38,62
1529	踏	トウ		踏 踏 踏 踏	踏 踏 など	3-(2),4-(3)(4)	Q62,68,70
1530	糖	トウ	6	糖 糖 糖 糖	糖 糖 など	4-(2)(3)(5)	Q38,61
1531	頭	トウ	2	頭 頭 頭 頭	頭 頭 など	4-(1)(3)(4)	Q40,58,62,70
1532	謄	トウ		謄 謄 謄 謄	謄 謄 など	4-(2)(3)(4)	Q62,64,68
1533	藤	トウ		藤 藤 藤 藤	藤 藤 など	3-(2),4-(3)(4)	Q62,68,69
1534	闘	トウ		闘 闘 闘 闘	闘 闘 など	4-(3)(4)(5)	Q62,70,72
1535	騰	トウ		騰 騰 騰 騰	騰 騰 など	4-(2)(3)(4)(6)	Q61,62,68
1536	同	ドウ	2	同 同 同 同	同 同 など		
1537	洞	ドウ		洞 洞 洞 洞	洞 洞 など		
1538	胴	ドウ		胴 胴 胴 胴	胴 胴 など	4-(3)	Q62
1539	動	ドウ	3	動 動 動 動	動 動 など	4-(1)(3)(4)	Q58,62,70
1540	堂	ドウ	4	堂 堂 堂 堂	堂 堂 など		Q21,40

番号	常用漢字表	代表音訓	配当学年	印刷文字の字形の例	手書き文字の字形の例	第2章関連項目	第3章Q&A関連項目
1541	童	ドウ	3	童童童童	童童 など	4-(2)(3)	Q40,61,62
1542	道	ドウ	2	道道道道	道道 など	3-(5),4-(1)(3)	Q57,58,62
1543	働	ドウ	4	働働働働	働働 など	4-(3)(4)	Q62,70
1544	銅	ドウ	5	銅銅銅銅	銅銅 など	4-(4)	Q70
1545	導	ドウ	5	導導導導	導導 など	3-(5),4-(1)(3)	Q57,59,62
1546	瞳	ドウ		瞳瞳瞳瞳	瞳瞳 など	4-(2)(3)	Q40,61,62
1547	峠	とうげ		峠峠峠峠	峠峠 など	3-(1),4-(3)	Q40,54
1548	匿	トク		匿匿匿匿	匿匿 など	4-(1)(3)	Q40,58
1549	特	トク	4	特特特特	特特 など	4-(1)(4)(5)	Q38,44,58,70
1550	得	トク	4	得得得得	得得得 など	4-(1)(3)	Q58,62
1551	督	トク		督督督督	督督 など	4-(3)(4)(5)	Q38,40,62,68
1552	徳	トク	5	徳徳徳徳	徳徳 など	3-(5),4-(2)	Q56,61
1553	篤	トク		篤篤篤篤	篤篤 など	3-(5),4-(2)	Q56,61
1554	毒	ドク	4	毒毒毒毒	毒毒 など	3-(1),4-(1)	Q54,58
1555	独	ドク	5	独独独独	独独 など	4-(4)	Q70,72
1556	読	ドク	2	読読読読	読読読 など	4-(1)(2)(3)	Q44,64
1557	栃	とち		栃栃栃栃	栃栃 など	4-(2)(5)	Q18,38,60
1558	凸	トツ		凸凸凸凸	凸凸 など	3-(1)	Q54
1559	突	トツ		突突突突	突突突 など	4-(2)(3)(4)(5)	Q40,45,61,68,73
1560	届	とどける	6	届届届届	届届 など	4-(3)	Q62
1561	屯	トン		屯屯屯屯	屯屯 など	4-(1)(2)(5)	Q45,58,60
1562	豚	トン		豚豚豚豚	豚豚 など	3-(2),4-(3)(4)	Q56,62,68
1563	頓	トン		頓頓頓頓	頓頓頓 など	4-(1)(2)(3)(5)	Q40,45,58,60,62
1564	貪	ドン		貪貪貪貪	貪貪貪 など	4-(2)(3)(4)	Q40,62,68,75
1565	鈍	ドン		鈍鈍鈍鈍	鈍鈍鈍 など	4-(1)(2)(4)(5)	Q45,58,60,70
1566	曇	ドン		曇曇曇曇	曇曇 など	3-(1),4-(1)(2)(3)	Q54,58,61,62
1567	丼	どんぶり		丼丼丼丼	丼丼 など	4-(1)(4)	Q58,70,71
1568	那	ナ		那那那	那那 など	4-(3)(4)	Q62,71

番号	常用漢字表	代表音訓	配当学年	印刷文字の字形の例	手書き文字の字形の例	第2章関連項目	第3章Q&A関連項目
1569	奈	ナ		奈 奈 奈	奈 奈 など	4-(4)(5)	Q38,68
1570	内	ナイ	2	内 内 内	内 内 など	4-(4)	Q69
1571	梨	なし		梨 梨 梨	梨 梨 梨 など	4-(3)(4)(5)	Q38,41,68
1572	謎	なぞ		謎 謎 謎	謎 謎 謎 など	3-(5),4-(2)(3)(5),5-(2)	Q10,38,41,57,64,69,77
1573	鍋	なべ		鍋 鍋 鍋	鍋 鍋 など	4-(4)	Q70
1574	南	ナン	2	南 南 南	南 南 南 など	4-(1)(2)(4)	Q58,61,71
1575	軟	ナン		軟 軟 軟	軟 軟 など	3-(2),4-(1)(3)(4)	Q40,56,58,62,68
1576	難	ナン	6	難 難 難	難 難 など	4-(2)(3)	Q61
1577	二	ニ	1	二 二 二	二 二 など		
1578	尼	ニ		尼 尼 尼	尼 尼 など	4-(2)(5)	Q45,60
1579	弐	ニ		弐 弐 弐	弐 弐 など	4-(2)(4)	Q61,70,75
1580	匂	におう		匂 匂 匂	匂 匂 など	4-(2)(5)	Q45,60
1581	肉	ニク	2	肉 肉 肉	肉 肉 など	4-(4)	Q69
1582	虹	にじ		虹 虹 虹	虹 虹 など	4-(1)(4)	Q58,70
1583	日	ニチ	1	日 日 日	日 日 など	4-(3)	Q62,66
1584	入	ニュウ	1	入 入 入	入 入 など	3-(3)	Q55
1585	乳	ニュウ	6	乳 乳 乳	乳 乳 など	3-(4),4-(4)	Q56,70
1586	尿	ニョウ		尿 尿 尿	尿 尿 など	4-(6)	Q65
1587	任	ニン	5	任 任 任	任 任 など	4-(1)(2)	Q58,60
1588	妊	ニン		妊 妊 妊	妊 妊 など	4-(2)(4)(6)	Q58,60,70,74
1589	忍	ニン		忍 忍 忍	忍 忍 など	3-(5)	Q56
1590	認	ニン	6	認 認 認	認 認 など	3-(5),4-(2)(3)	Q56,64
1591	寧	ネイ		寧 寧 寧	寧 寧 など	3-(5),4-(1)(2)(3)	Q56,58,61
1592	熱	ネツ	4	熱 熱 熱	熱 熱 熱 など	4-(2)(4)(5)	Q45,61,70
1593	年	ネン	1	年 年 年	年 年 年 など	4-(2)(4)	Q61,71,75
1594	念	ネン	4	念 念 念	念 念 など	3-(5),4-(2)(4)	Q56,68,75
1595	捻	ネン		捻 捻 捻	捻 捻 など	3-(5),4-(2)(4)	Q56,68,72,75
1596	粘	ネン		粘 粘 粘	粘 粘 など	4-(5)	Q38

番号	常用漢字表	代表音訓	配当学年	印刷文字の字形の例	手書き文字の字形の例	第2章関連項目	第3章Q&A関連項目
1597	燃	ネン	5	燃 燃 燃 燃	燃 燃 など	4-(2)(4)	Q61,68
1598	悩	ノウ		悩 悩 悩 悩	悩 悩 など	3-(1),4-(2)	Q21,54,61
1599	納	ノウ	6	納 納 納 納	納 納 納 など	3-(1),4-(2)(4)(5)	Q38,39,54
1600	能	ノウ	5	能 能 能 能	能 能 など	3-(1),4-(2)(3)(4)(5)	Q45,54,60,62,70
1601	脳	ノウ	6	脳 脳 脳 脳	脳 脳 など	3-(1),4-(3)	Q21,54,62
1602	農	ノウ	3	農 農 農 農	農 農 など	3-(1),4-(3)(4)(6)	Q54,62,68
1603	濃	ノウ		濃 濃 濃 濃	濃 濃 など	3-(1),4-(3)(4)(6)	Q54,62,68
1604	把	ハ		把 把 把	把 把 など		Q72
1605	波	ハ	3	波 波 波	波 波 など	4-(3)(4)	Q40,68
1606	派	ハ	6	派 派 派 派	派 派 など	3-(2),4-(4)(5)	Q38,56,68
1607	破	ハ	5	破 破 破 破	破 破 など	4-(3)(4)(6)	Q40,58,65
1608	覇	ハ		覇 覇 覇 覇	覇 覇 など	4-(1)(3)	Q59,62
1609	馬	バ	2	馬 馬 馬 馬	馬 馬 など	4-(2)	Q61
1610	婆	バ		婆 婆 婆 婆	婆 婆 など	4-(4)(6)	Q40,43,68
1611	罵	バ		罵 罵 罵 罵	罵 罵 など	4-(2)	Q61
1612	拝	ハイ	6	拝 拝 拝 拝	拝 拝 など	4-(1)(4)	Q58,71,72
1613	杯	ハイ		杯 杯 杯 杯	杯 杯 など	4-(3)(5)	Q38,40
1614	背	ハイ	6	背 背 背 背	背 背 など	3-(2),4-(3)(4)(5)	Q45,56,60,62,70
1615	肺	ハイ	6	肺 肺 肺 肺	肺 肺 など	4-(1)(2)(3)(4)	Q58,61,62,71
1616	俳	ハイ	6	俳 俳 俳 俳	俳 俳 など	4-(4)(6)	Q43,70
1617	配	ハイ	3	配 配 配 配	配 配 配 など	4-(1)(3)(5)	Q40,45,58,62
1618	排	ハイ		排 排 排 排	排 排 排 など	4-(4)(6)	Q43,70,72
1619	敗	ハイ	4	敗 敗 敗 敗	敗 敗 敗 など	4-(3)(4)	Q40,62,68
1620	廃	ハイ		廃 廃 廃 廃	廃 廃 など	4-(2)(3)(4)(5)	Q40,45,46,61,68
1621	輩	ハイ		輩 輩 輩 輩	輩 輩 など	4-(1)(3)(4)(6)	Q43,58,62,70
1622	売	バイ	2	売 売 売 売	売 売 など	4-(1)(5)	Q44,45
1623	倍	バイ	3	倍 倍 倍 倍	倍 倍 など	4-(2)(3)	Q40,61
1624	梅	バイ	4	梅 梅 梅 梅	梅 梅 など	3-(1),4-(5)	Q38,54

番号	常用漢字表	代表音訓	配当学年	印刷文字の字形の例	手書き文字の字形の例	第2章関連項目	第3章Q&A関連項目
1625	培	バイ		培 培 培 培	培 培 など	4-(2)(3)(4)	Q40,61,70
1626	陪	バイ		陪 陪 陪 陪	陪 陪 など	4-(2)(3)	Q40,61
1627	媒	バイ		媒 媒 媒 媒	媒 媒 媒 など	4-(3)(4)(5)(6)	Q38,41,62,70,74
1628	買	バイ	2	買 買 買 買	買 買 など	4-(1)(3)	Q59,62
1629	賠	バイ		賠 賠 賠 賠	賠 賠 など	4-(2)(3)	Q40,61,62
1630	白	ハク	1	白 白 白 白	白 白 白 など	4-(3)(6)	Q62,65
1631	伯	ハク		伯 伯 伯 伯	伯 伯 など	4-(3)(6)	Q62,65
1632	拍	ハク		拍 拍 拍 拍	拍 拍 など	4-(3)(6)	Q62,65,72
1633	泊	ハク		泊 泊 泊 泊	泊 泊 など	4-(3)(6)	Q62,65
1634	迫	ハク		迫 迫 迫 迫	迫 迫 など	4-(3)(6)	Q57,62,65
1635	剝	ハク		剝 剝 剝 剝	剝 剝 剝 など	4-(6),5-(3)	Q72,77
1636	舶	ハク		舶 舶 舶 舶	舶 舶 など	4-(2)(3)(4)(6)	Q61,62,65,70
1637	博	ハク	4	博 博 博 博	博 博 など	4-(1)(3)	Q58,62
1638	薄	ハク		薄 薄 薄 薄	薄 薄 など	4-(1)(3)	Q58,62
1639	麦	バク	2	麦 麦 麦 麦	麦 麦 など	4-(1)(3)(4)	Q40,58,68
1640	漠	バク		漠 漠 漠 漠	漠 漠 など	4-(3)(4)	Q62,68
1641	縛	バク		縛 縛 縛 縛	縛 縛 縛 など	3-(1),4-(1)(2)(3)(4)(5)	Q38,39,54,58,62
1642	爆	バク		爆 爆 爆 爆	爆 爆 など	4-(2)(3)(4)	Q61,62,68
1643	箱	はこ	3	箱 箱 箱 箱	箱 箱 など	3-(5),4-(3)(5)	Q38,56,62
1644	箸	はし		箸 箸 箸 箸	箸 箸 など	3-(5),4-(3),5-(2)	Q49,56,62,77
1645	畑	はた	3	畑 畑 畑	畑 畑 など	4-(2)(3)	Q61,62
1646	肌	はだ		肌 肌 肌 肌	肌 肌 など	4-(3)	Q62
1647	八	ハチ	1	八 八 八	八 八 など	3-(3),4-(4)	Q55,68
1648	鉢	ハチ		鉢 鉢 鉢 鉢	鉢 鉢 など	4-(4)(5)	Q38,68,70
1649	発	ハツ	3	発 発 発 発	発 発 など	4-(3)(4)(5)	Q45,46,68
1650	髪	ハツ		髪 髪 髪 髪	髪 髪 など	3-(1),4-(3)(4)	Q40,54,68
1651	伐	バツ		伐 伐 伐	伐 伐 など		
1652	抜	バツ		抜 抜 抜 抜	抜 抜 など	4-(3)(4)	Q40,68,72

番号	常用漢字表	代表音訓	配当学年	印刷文字の字形の例	手書き文字の字形の例		第2章関連項目	第3章 Q&A 関連項目
1653	罰	バツ		罰罰罰罰	罰 罰	など	4-(1)(2)(3)	Q59,64,72
1654	閥	バツ		閥閥閥閥	閥 閥	など	4-(3)(5)	Q62,72
1655	反	ハン	3	反反反反	反 反	など	4-(3)(4)	Q40,68
1656	半	ハン	2	半半半半	半 半	など	4-(1)(4)	Q58,71
1657	氾	ハン		氾氾氾氾	氾 氾	など	4-(5)	Q45
1658	犯	ハン	5	犯犯犯犯	犯 犯	など	4-(5)	Q45,72
1659	帆	ハン		帆帆帆帆	帆 帆	など	4-(2)	Q61
1660	汎	ハン		汎汎汎汎	汎 汎	など	4-(2)	Q61
1661	伴	ハン		伴伴伴伴	伴 伴	など	4-(1)(4)	Q58,71
1662	判	ハン	5	判判判判	判 判	など	4-(1)(4)	Q58,71,72
1663	坂	ハン	3	坂坂坂坂	坂 坂	など	4-(3)(4)	Q40,68,70
1664	阪	ハン		阪阪阪阪	阪 阪	など	4-(3)(4)	Q40,68
1665	板	ハン	3	板板板板	板 板	など	4-(3)(4)(5)	Q38,40,68
1666	版	ハン	5	版版版版	版 版	など	4-(3)(4)	Q40,68
1667	班	ハン	6	班班班班	班 班 班	など	4-(1)(2)(4)	Q58,70,75
1668	畔	ハン		畔畔畔畔	畔 畔	など	4-(1)(3)(4)	Q58,62,71
1669	般	ハン		般般般般	般 般	など	4-(2)(3)(4)(5)	Q40,45,61, 65,68,70
1670	販	ハン		販販販販	販 販	など	4-(3)(4)	Q40,62,68
1671	斑	ハン		斑斑斑斑	斑 斑 斑	など	4-(1)(2)(3)(4)	Q58,61,70
1672	飯	ハン	4	飯飯飯飯	飯 飯	など	3-(1),4-(2)(3)(4)	Q40,54,61, 62,68
1673	搬	ハン		搬搬搬搬	搬 搬	など	4-(2)(3)(4)(5)	Q40,45,61, 65,68,70,72
1674	煩	ハン		煩煩煩煩	煩 煩	など	4-(2)(3)	Q40,61,62
1675	頒	ハン		頒頒頒頒	頒 頒	など	3-(3),4-(3)	Q40,55,62
1676	範	ハン		範範範範	範 範	など	3-(5),4-(1)(3)(5)	Q45,56,58,62
1677	繁	ハン		繁繁繁繁	繁 繁	など	3-(1),4-(4)(5)	Q38,40,54,68
1678	藩	ハン		藩藩藩藩	藩 藩	など	4-(3)(4)(5)	Q38,62,68
1679	晩	バン	6	晩晩晩晩	晩 晩	など	4-(3)	Q40,62
1680	番	バン	2	番番番番	番 番	など	4-(3)(4)(5)	Q38,62,68

— 178 —

番号	常用漢字表	代表音訓	配当学年	印刷文字の字形の例	手書き文字の字形の例	第2章関連項目	第3章Q&A関連項目
1681	蛮	バン		蛮 蛮 蛮	蛮 蛮 など	4-(2)(3)(4)	Q61,70
1682	盤	バン		盤 盤 盤	盤 盤 など	4-(2)(3)(4)(5)	Q40,45,61,65,68,70
1683	比	ヒ	5	比 比 比	比 比 比 など	3-(1),4-(2)(4)(5)	Q45,54,60,70
1684	皮	ヒ	3	皮 皮 皮	皮 皮 など	4-(3)(4)	Q40,68
1685	妃	ヒ		妃 妃 妃	妃 妃 など	4-(4)(6)	Q70,72,74
1686	否	ヒ	6	否 否 否	否 否 など	4-(3)(5)	Q38,40
1687	批	ヒ	6	批 批 批	批 批 批 など	3-(1),4-(2)(4)(5)	Q45,54,60,70,72
1688	彼	ヒ		彼 彼 彼	彼 彼 など	4-(3)(4)	Q40,68
1689	披	ヒ		披 披 披	披 披 など	4-(3)(4)	Q40,68,72
1690	肥	ヒ	5	肥 肥 肥	肥 肥 など	4-(3)	Q62
1691	非	ヒ	5	非 非 非	非 非 非 など	4-(4)(6)	Q43,70
1692	卑	ヒ		卑 卑 卑	卑 卑 など	4-(3)(4)(6)	Q62,65,71
1693	飛	ヒ	4	飛 飛 飛	飛 飛 など	4-(2)(3)(5)	Q38,40,61
1694	疲	ヒ		疲 疲 疲	疲 疲 など	4-(2)(3)(4)	Q40,61,68
1695	秘	ヒ	6	秘 秘 秘	秘 秘 など	3-(5),4-(5)	Q38,56
1696	被	ヒ		被 被 被	被 被 など	4-(2)(3)(4)	Q40,61
1697	悲	ヒ	3	悲 悲 悲	悲 悲 など	3-(5),4-(4)(6)	Q43,56,70
1698	扉	ヒ		扉 扉 扉	扉 扉 など	4-(1)(2)(4)(6)	Q43,58,70,75
1699	費	ヒ	4	費 費 費	費 費 など	3-(1),4-(3)(4)	Q40,54,62,70
1700	碑	ヒ		碑 碑 碑	碑 碑 など	4-(3)(4)(6)	Q40,62,65,71
1701	罷	ヒ		罷 罷 罷	罷 罷 など	3-(1),4-(2)(3)(4)(5)	Q45,54,60,62,70
1702	避	ヒ		避 避 避	避 避 避 など	3-(5),4-(1)(2)(3)(4)	Q40,57,58,61,71
1703	尾	ビ		尾 尾 尾	尾 尾 など	4-(1)	Q58
1704	眉	ビ		眉 眉 眉	眉 眉 など	4-(3)	Q40,62
1705	美	ビ	3	美 美 美	美 美 など	4-(1)(4)	Q58,68
1706	備	ビ	5	備 備 備	備 備 など	3-(2),4-(3)(4)(6)	Q40,56,62,65,70
1707	微	ビ		微 微 微	微 微 など	3-(1),4-(3)(4)	Q40,54,68,70
1708	鼻	ビ	3	鼻 鼻 鼻	鼻 鼻 など	4-(3)(4)(6)	Q62,65,70

番号	常用漢字表	代表音訓	配当学年	印刷文字の字形の例	手書き文字の字形の例	第2章関連項目	第3章Q&A関連項目
1709	膝	ひざ		膝膝膝膝	膝膝 など	3-(2),4-(3)(4)(5)(6)	Q21,38,62,65,68,69
1710	肘	ひじ		肘肘肘肘	肘肘 など	4-(3)	Q62,72
1711	匹	ヒツ		匹匹匹匹	匹匹匹 など	4-(3)(5)	Q40,45
1712	必	ヒツ	4	必必必必	必必 など	3-(5)	Q56
1713	泌	ヒツ		泌泌泌泌	泌泌 など	3-(5)	Q56
1714	筆	ヒツ	3	筆筆筆筆	筆筆 など	3-(5),4-(1)(4)	Q56,58,71
1715	姫	ひめ		姫姫姫姫	姫姫 など	4-(2)(4)	Q61,70,74,75
1716	百	ヒャク	1	百百百百	百百百 など	4-(1)(3)(6)	Q58,62,65
1717	氷	ヒョウ	3	氷氷氷氷	氷氷氷 など	3-(2),4-(4)(6)	Q58,65
1718	表	ヒョウ	3	表表表表	表表 など	3-(1),4-(1)(4)(6)	Q54,58,65,68
1719	俵	ヒョウ	5	俵俵俵俵	俵俵 など	3-(1),4-(1)(4)(6)	Q54,58,65,68
1720	票	ヒョウ	4	票票票票	票票票 など	4-(1)(4)(5)	Q38,58,68
1721	評	ヒョウ	5	評評評評	評評 など	4-(2)(3)(4)	Q64,71
1722	漂	ヒョウ		漂漂漂漂	漂漂 など	4-(1)(4)(5)	Q38,58,68
1723	標	ヒョウ	4	標標標標	標標 など	4-(1)(4)(5)	Q38,58,68
1724	苗	ビョウ		苗苗苗苗	苗苗 など	4-(3)	Q43,62
1725	秒	ビョウ	3	秒秒秒秒	秒秒 など	4-(3)(5)	Q38,40
1726	病	ビョウ	3	病病病病	病病 など	4-(1)(2)(3)	Q40,58,61
1727	描	ビョウ		描描描描	描描 など	4-(3)	Q43,62,72
1728	猫	ビョウ		猫猫猫猫	猫猫 など	4-(3)	Q43,62,72
1729	品	ヒン	3	品品品品	品品 など		
1730	浜	ヒン		浜浜浜浜	浜浜 など	4-(3)(6)	Q40,65
1731	貧	ヒン	5	貧貧貧貧	貧貧 など	3-(3),4-(3)(4)	Q40,55,62,68
1732	賓	ヒン		賓賓賓賓	賓賓 など	4-(2)(3)(5)	Q38,40,61,62
1733	頻	ヒン		頻頻頻頻	頻頻 など	4-(3)(4)(5)	Q38,40,62
1734	敏	ビン		敏敏敏敏	敏敏 など	4-(3)(4)	Q40,68
1735	瓶	ビン		瓶瓶瓶瓶	瓶瓶 など	4-(1)(4)	Q58,70
1736	不	フ	4	不不不不	不不 など	4-(3)(5)	Q38,40

番号	常用漢字表	代表音訓	配当学年	印刷文字の字形の例	手書き文字の字形の例	第2章関連項目	第3章Q&A関連項目
1737	夫	フ	4	夫夫夫夫	夫夫 など	4-(1)(4)	Q58,68
1738	父	フ	2	父父父父	父父 など	3-(3),4-(4)	Q55,68
1739	付	フ	4	付付付付	付付 など		Q72
1740	布	フ	5	布布布布	布布 など	4-(1)(3)(4)	Q40,58,71
1741	扶	フ		扶扶扶扶	扶扶 など	4-(1)(4)	Q58,68,72
1742	府	フ	4	府府府府	府府 など	4-(2)(3)	Q61
1743	怖	フ		怖怖怖怖	怖怖 など	4-(1)(2)(3)(4)	Q40,58,61,71
1744	阜	フ		阜阜阜阜	阜阜 など	4-(4)(6)	Q65,71
1745	附	フ		附附附附	附附 など		Q72
1746	訃	フ		訃訃訃訃	訃訃訃 など	4-(2)(3)(6)	Q43,64
1747	負	フ	3	負負負負	負負 など	4-(3)	Q40,62
1748	赴	フ		赴赴赴赴	赴赴赴 など	4-(6)	Q43
1749	浮	フ		浮浮浮浮	浮浮 など	3-(4),4-(2)	Q21,56,60
1750	婦	フ	5	婦婦婦婦	婦婦 など	3-(1),4-(1)(3)(4)(6)	Q54,58,62,70,71,74
1751	符	フ		符符符符	符符 など	3-(5)	Q56
1752	富	フ	5	富富富富	富富 など	4-(1)(2)(3)	Q58,61,62
1753	普	フ		普普普普	普普 など	4-(3)	Q62
1754	腐	フ		腐腐腐腐	腐腐 など	4-(2)(3)	Q61
1755	敷	フ		敷敷敷敷	敷敷 など	4-(2)(3)(4)	Q40,61,62,68
1756	膚	フ		膚膚膚膚	膚膚 など	4-(3)(4)(5)	Q45,62,70
1757	賦	フ		賦賦賦賦	賦賦 など	4-(2)(4)	Q40,62,70,75
1758	譜	フ		譜譜譜譜	譜譜 など	4-(2)(3)	Q62,64
1759	侮	ブ		侮侮侮侮	侮侮 など	3-(1)	Q54
1760	武	ブ	5	武武武武	武武 など	4-(2)(3)(4)	Q40,70,75
1761	部	ブ	3	部部部部	部部 など	4-(2)(3)(4)	Q40,61,71
1762	舞	ブ		舞舞舞舞	舞舞 など	4-(1)(2)(3)(4)	Q40,58,61,71,75
1763	封	フウ		封封封封	封封 など	4-(1)(3)(4)	Q40,44,70
1764	風	フウ	2	風風風風	風風 など	4-(2)(4)	Q60,70

番号	常用漢字表	代表音訓	配当学年	印刷文字の字形の例	手書き文字の字形の例		第2章関連項目	第3章 Q&A 関連項目
1765	伏	フク		伏伏伏伏	伏 伏	など	4-(4)	Q68
1766	服	フク	3	服服服服	服 服	など	4-(3)(4)	Q40,62,68
1767	副	フク	4	副副副副	副 副	など	4-(1)(3)	Q58,62,72
1768	幅	フク		幅幅幅幅	幅 幅	など	4-(1)(3)(4)	Q58,62,71
1769	復	フク	5	復復復復	復 復	など	4-(3)(4)	Q40,62,68
1770	福	フク	3	福福福福	福 福	など	4-(1)(2)(3)	Q58,61,62
1771	腹	フク	6	腹腹腹腹	腹 腹	など	4-(3)(4)	Q40,62,68
1772	複	フク	5	複複複複	複 複	など	4-(2)(3)(4)	Q40,61,62,68
1773	覆	フク		覆覆覆覆	覆 覆	など	4-(1)(3)(4)	Q40,58,62,68
1774	払	フツ		払払払払	払 払	など	3-(1)	Q54,72
1775	沸	フツ		沸沸沸沸	沸 沸	など	3-(1),4-(4)	Q54,70,71
1776	仏	ブツ	5	仏仏仏仏	仏 仏	など	3-(1)	Q54
1777	物	ブツ	3	物物物物	物 物	など	4-(4)(5)	Q38,70
1778	粉	フン	4	粉粉粉粉	粉 粉	など	3-(3),4-(4)(5)	Q38,55,68
1779	紛	フン		紛紛紛紛	紛 紛 紛	など	3-(1)(3),4-(2)(4)(5)	Q38,39,54,55,68
1780	雰	フン		雰雰雰雰	雰 雰	など	3-(3),4-(1)(2)(4)	Q55,58,61,68
1781	噴	フン		噴噴噴噴	噴 噴	など	4-(3)	Q40,62
1782	墳	フン		墳墳墳墳	墳 墳	など	4-(3)(4)	Q40,62,70
1783	憤	フン		憤憤憤憤	憤 憤	など	4-(2)(3)	Q40,61,62
1784	奮	フン	6	奮奮奮奮	奮 奮	など	4-(2)(3)(4)(6)	Q61,62,65,68
1785	分	ブン	2	分分分分	分 分	など	3-(3),4-(4)	Q55,68
1786	文	ブン	1	文文文文	文 文	など	3-(3),4-(2)(3)	Q40,55,61,68
1787	聞	ブン	2	聞聞聞聞	聞 聞	など	4-(3)(4)(5)(6)	Q43,62,70,72
1788	丙	ヘイ		丙丙丙丙	丙 丙	など	4-(1)	Q58
1789	平	ヘイ	3	平平平平	平 平	など	4-(1)(4)	Q58,71
1790	兵	ヘイ	4	兵兵兵兵	兵 兵	など	4-(3)(6)	Q40,65
1791	併	ヘイ		併併併併	併 併	など	4-(1)(4)	Q58,70,71
1792	並	ヘイ	6	並並並並	並 並	など	4-(3)	Q40

番号	常用漢字表	代表音訓	配当学年	印刷文字の字形の例	手書き文字の字形の例	第2章関連項目	第3章Q&A関連項目
1793	柄	ヘイ		柄柄柄	柄 柄 など	4-(1)(5)	Q38,58
1794	陛	ヘイ	6	陛陛陛	陛 陛 陛 など	3-(1),4-(2)(4)(5)	Q45,54,60,70
1795	閉	ヘイ	6	閉閉閉	閉 閉 など	4-(3)(5)(6)	Q43,62,72
1796	塀	ヘイ		塀塀塀	塀 塀 など	4-(4)	Q70,71
1797	幣	ヘイ		幣幣幣	幣 幣 など	4-(3)(4)(5)	Q38,40,68,71
1798	弊	ヘイ		弊弊弊	弊 弊 など	4-(3)(4)(5)	Q38,40,68,70,71
1799	蔽	ヘイ		蔽蔽蔽	蔽 蔽 蔽 など	4-(4)(5),5-(1)	Q19,38,40,68,77
1800	餅	ヘイ		餅餅餅	餅 餅 餅 など	4-(3)(4),5-(2)	Q10,19,61,62,70,71,77
1801	米	ベイ	2	米米米	米 米 など	4-(4)(5)	Q38,68
1802	壁	ヘキ		壁壁壁	壁 壁 など	4-(1)(2)(3)	Q40,58,61
1803	璧	ヘキ		璧璧璧	璧 璧 など	4-(1)(2)(3)	Q40,58,61
1804	癖	ヘキ		癖癖癖	癖 癖 など	4-(1)(2)(3)(4)	Q40,58,61,71
1805	別	ベツ	4	別別別	別 別 など		Q72
1806	蔑	ベツ		蔑蔑蔑	蔑 蔑 など	4-(2)	Q61,75
1807	片	ヘン	6	片片片	片 片 など	4-(3)	Q40
1808	辺	ヘン	4	辺辺辺	辺 辺 など	3-(5)	Q57
1809	返	ヘン	3	返返返	返 返 など	3-(5),4-(3)(4)	Q40,57,68
1810	変	ヘン	4	変変変	変 変 など	4-(2)(3)(4)	Q40,61,68,70
1811	偏	ヘン		偏偏偏	偏 偏 など	4-(1)(2)(3)(4)	Q40,58,62,71,75
1812	遍	ヘン		遍遍遍	遍 遍 など	3-(5),4-(1)(2)(3)(4)	Q40,57,58,62,75
1813	編	ヘン	5	編編編	編 編 編 など	3-(1),4-(1)(2)(3)(4)(5)	Q38,39,40,54,58,62,71,75
1814	弁	ベン	5	弁弁弁	弁 弁 など	3-(1),4-(4)	Q54,70,71
1815	便	ベン	4	便便便	便 便 など	4-(1)(3)(4)	Q58,62,68
1816	勉	ベン	3	勉勉勉	勉 勉 など		
1817	歩	ホ	2	歩歩歩	歩 歩 歩 など	4-(3)(4)(5)	Q38,40,68
1818	保	ホ	5	保保保	保 保 など	4-(3)(4)(5)	Q38,41,68
1819	哺	ホ		哺哺哺	哺 哺 など	4-(1)(3)	Q58,62
1820	捕	ホ		捕捕捕	捕 捕 など	4-(1)(3)	Q58,62,72

番号	常用漢字表	代表音訓	配当学年	印刷文字の字形の例	手書き文字の字形の例	第2章関連項目	第3章Q&A関連項目
1821	補	ホ	6	補 補 補 補	補 補 など	4-(1)(2)(3)	Q58,61,62
1822	舗	ホ		舗 舗 舗 舗	舗 舗 など	4-(1)(3)	Q44,58,62
1823	母	ボ	2	母 母 母 母	母 母 など	3-(1)	Q54
1824	募	ボ		募 募 募 募	募 募 など	4-(1)(3)(4)	Q58,62,68
1825	墓	ボ	5	墓 墓 墓 墓	墓 墓 など	4-(1)(3)(4)	Q58,62,68
1826	慕	ボ		慕 慕 慕 慕	慕 慕 など	4-(1)(3)(4)	Q58,62,68
1827	暮	ボ	6	暮 暮 暮 暮	暮 暮 など	4-(1)(3)(4)	Q58,62,68
1828	簿	ボ		簿 簿 簿 簿	簿 簿 など	3-(5),4-(1)(3)	Q15,56,58,62
1829	方	ホウ	2	方 方 方 方	方 方 など	4-(2)(3)	Q61
1830	包	ホウ	4	包 包 包 包	包 包 など	4-(5)	Q45
1831	芳	ホウ		芳 芳 芳 芳	芳 芳 など	4-(2)(3)	Q61
1832	邦	ホウ		邦 邦 邦 邦	邦 邦 など	4-(1)(4)	Q58,70,71
1833	奉	ホウ		奉 奉 奉 奉	奉 奉 奉 など	4-(1)(4)(6)	Q58,65,68,71
1834	宝	ホウ	6	宝 宝 宝 宝	宝 宝 など	4-(1)(2)(3)	Q58,61
1835	抱	ホウ		抱 抱 抱 抱	抱 抱 など	4-(5)	Q45,72
1836	放	ホウ	3	放 放 放 放	放 放 など	4-(2)(3)(4)	Q40,61,68
1837	法	ホウ	4	法 法 法 法	法 法 など	3-(1)	Q54
1838	泡	ホウ		泡 泡 泡 泡	泡 泡 など	4-(5)	Q45
1839	胞	ホウ		胞 胞 胞 胞	胞 胞 など	4-(3)(5)	Q45,62
1840	俸	ホウ		俸 俸 俸 俸	俸 俸 など	4-(1)(4)(6)	Q58,65,68,71
1841	倣	ホウ		倣 倣 倣 倣	倣 倣 など	4-(2)(3)(4)	Q40,61,68
1842	峰	ホウ		峰 峰 峰 峰	峰 峰 など	4-(1)(4)	Q58,68,71
1843	砲	ホウ		砲 砲 砲 砲	砲 砲 など	4-(3)(5)(6)	Q40,45,65
1844	崩	ホウ		崩 崩 崩 崩	崩 崩 など	4-(3)	Q62
1845	訪	ホウ	6	訪 訪 訪 訪	訪 訪 など	4-(2)(3)	Q61,64
1846	報	ホウ	5	報 報 報 報	報 報 報 など	4-(1)(3)(4)	Q40,58,68
1847	<u>蜂</u>	ホウ		蜂 蜂 蜂 蜂	蜂 蜂 など	4-(1)(4)	Q58,68,70,71
1848	豊	ホウ	5	豊 豊 豊 豊	豊 豊 など	4-(1)(3)	Q40,58,62

番号	常用漢字表	代表音訓	配当学年	印刷文字の字形の例	手書き文字の字形の例	第2章関連項目	第3章Q&A関連項目
1849	飽	ホウ		飽 飽 飽 飽	飽 飽 など	3-(1),4-(2)(3)(5)	Q45,54,61,62
1850	褒	ホウ		褒 褒 褒 褒	褒 褒 褒 など	3-(1),4-(2)(3)(4)(5)(6)	Q41,54,61,68,69
1851	縫	ホウ		縫 縫 縫 縫	縫 縫 縫 など	3-(1)(5),4-(1)(2)(4)(5)	Q38,39,54,57,58,68
1852	亡	ボウ	6	亡 亡 亡 亡	亡 亡 など	4-(2)(3)	Q61
1853	乏	ボウ		乏 乏 乏 乏	乏 乏 など	3-(3),4-(2)(3)	Q55,61
1854	忙	ボウ		忙 忙 忙 忙	忙 忙 など	4-(2)(3)	Q61
1855	坊	ボウ		坊 坊 坊 坊	坊 坊 など	4-(2)(3)(4)	Q61,70
1856	妨	ボウ		妨 妨 妨 妨	妨 妨 など	4-(2)(3)(4)(6)	Q61,70,74
1857	忘	ボウ	6	忘 忘 忘 忘	忘 忘 など	3-(5),4-(2)(3)	Q56,61
1858	防	ボウ	5	防 防 防 防	防 防 など	4-(2)(3)	Q61
1859	房	ボウ		房 房 房 房	房 房 など	4-(1)(2)(3)	Q58,61,75
1860	肪	ボウ		肪 肪 肪 肪	肪 肪 など	4-(2)(3)	Q61,62
1861	某	ボウ		某 某 某 某	某 某 某 など	4-(1)(3)(4)(5)	Q38,41,58,62
1862	冒	ボウ		冒 冒 冒 冒	冒 冒 など	4-(1)(3)	Q59,62
1863	剖	ボウ		剖 剖 剖 剖	剖 剖 など	4-(2)(3)	Q40,61,72
1864	紡	ボウ		紡 紡 紡 紡	紡 紡 紡 など	3-(1),4-(2)(3)(4)(5)	Q38,39,54,61
1865	望	ボウ	4	望 望 望 望	望 望 望 など	4-(1)(2)(3)(4)	Q58,61,62,70
1866	傍	ボウ		傍 傍 傍 傍	傍 傍 など	4-(2)(3)	Q40,61
1867	帽	ボウ		帽 帽 帽 帽	帽 帽 など	4-(1)(3)	Q59,62
1868	棒	ボウ	6	棒 棒 棒 棒	棒 棒 など	4-(1)(4)(5)(6)	Q38,58,65,68,71
1869	貿	ボウ	5	貿 貿 貿 貿	貿 貿 など	3-(1),4-(2)(3)	Q40,54,60,62
1870	貌	ボウ		貌 貌 貌 貌	貌 貌 など	4-(3)(6)	Q62,65
1871	暴	ボウ	5	暴 暴 暴 暴	暴 暴 など	4-(3)(4)(6)	Q62,68
1872	膨	ボウ		膨 膨 膨 膨	膨 膨 など	4-(1)(3)(4)	Q40,44,62,70
1873	謀	ボウ		謀 謀 謀 謀	謀 謀 謀 など	4-(1)(2)(3)(4)(5)	Q38,41,58,62,64,68
1874	頰	ほお		頰 頰 頰 頰	頰 頰 など	4-(1)(3),5-(2)	Q19,40,58,62,77
1875	北	ホク	2	北 北 北 北	北 北 など	3-(2),4-(2)(4)(5)	Q45,56,60,70
1876	木	ボク	1	木 木 木 木	木 木 など	4-(4)(5)	Q38,68

番号	常用漢字表	代表音訓	配当学年	印刷文字の字形の例	手書き文字の字形の例	第2章関連項目	第3章Q&A関連項目
1877	朴	ボク		朴朴朴朴	朴朴 など	4-(5)(6)	Q38,43
1878	牧	ボク	4	牧牧牧牧	牧牧 など	4-(3)(4)(5)	Q38,40,68
1879	睦	ボク		睦睦睦睦	睦睦 など	4-(3)(5)	Q45,62,73
1880	僕	ボク		僕僕僕僕	僕僕 など	4-(1)(4)	Q58,68
1881	墨	ボク		墨墨墨墨	墨墨 など	4-(1)(2)(3)	Q58,61,62
1882	撲	ボク		撲撲撲撲	撲撲 など	4-(1)(4)	Q58,68,72
1883	没	ボツ		没没没没	没没 など	4-(3)(4)(5)	Q40,45,68
1884	勃	ボツ		勃勃勃勃	勃勃 など	3-(4),4-(4)	Q56,70
1885	堀	ほり		堀堀堀堀	堀堀 など	4-(1)(4)	Q59,70
1886	本	ホン	1	本本本本	本本 など	4-(4)(5)	Q38,68
1887	奔	ホン		奔奔奔奔	奔奔 など	4-(3)(4)	Q40,68,70,71
1888	翻	ホン		翻翻翻翻	翻翻翻 など	4-(2)(3)(5)	Q38,61,62
1889	凡	ボン		凡凡凡凡	凡凡 など	4-(2)	Q61
1890	盆	ボン		盆盆盆盆	盆盆 など	3-(3),4-(4)	Q55,68
1891	麻	マ		麻麻麻麻	麻麻 など	4-(2)(3)(4)(5)	Q38,61,68
1892	摩	マ		摩摩摩摩	摩摩 など	3-(4),4-(1)(2)(3)(4)(5)	Q38,56,58,61,68
1893	磨	マ		磨磨磨磨	磨磨 など	4-(2)(3)(4)(5)(6)	Q38,40,61,65,68
1894	魔	マ		魔魔魔魔	魔魔 など	4-(2)(3)(4)(5)(6)	Q38,61,62,65,68
1895	毎	マイ	2	毎毎毎毎	毎毎 など	3-(1)	Q54
1896	妹	マイ	2	妹妹妹妹	妹妹 など	3-(1),4-(4)(5)(6)	Q38,54,68,70,74
1897	枚	マイ	6	枚枚枚枚	枚枚 など	4-(4)(5)	Q38,40,68
1898	昧	マイ		昧昧昧昧	昧昧 など	4-(3)(4)(5)	Q38,62,68
1899	埋	マイ		埋埋埋埋	埋埋 など	4-(3)(4)	Q62,70
1900	幕	マク	6	幕幕幕幕	幕幕 など	4-(1)(3)(4)	Q58,62,68,71
1901	膜	マク		膜膜膜膜	膜膜 など	4-(3)(4)	Q62,68
1902	枕	まくら		枕枕枕枕	枕枕 など	4-(5)(6)	Q38,67
1903	又	また		又又又又	又又又 など	4-(3)	Q40,68
1904	末	マツ	4	末末末末	末末 など	4-(4)(5)	Q21,38,68

番号	常用漢字表	代表音訓	配当学年	印刷文字の字形の例	手書き文字の字形の例	第2章関連項目	第3章 Q&A 関連項目
1905	抹	マツ		抹抹抹抹	抹抹 など	4-(4)(5)	Q38,68,72
1906	万	マン	2	万万万万	万万 など		
1907	満	マン	4	満満満満	満満 など	4-(1)	Q40,58
1908	慢	マン		慢慢慢慢	慢慢 など	4-(2)(3)(4)	Q40,61,62,68
1909	漫	マン		漫漫漫漫	漫漫 など	4-(3)(4)	Q40,62,68
1910	未	ミ	4	未未未未	未未 など	4-(4)(5)	Q21,38,68
1911	味	ミ	3	味味味味	味味 など	4-(4)(5)	Q38,68
1912	魅	ミ		魅魅魅魅	魅魅 など	4-(3)(4)(5)(6)	Q38,62,65,68
1913	岬	みさき		岬岬岬岬	岬岬 など	4-(3)(4)	Q62,71
1914	密	ミツ	6	密密密密	密密 など	3-(1)(5),4-(2)(3)	Q54,56,61
1915	蜜	ミツ		蜜蜜蜜蜜	蜜蜜 など	3-(5),4-(2)(3)(4)	Q56,61,70
1916	脈	ミャク	4	脈脈脈脈	脈脈 など	3-(2),4-(3)(4)(5)	Q38,62,68
1917	妙	ミョウ		妙妙妙妙	妙妙妙 など	4-(3)(4)(5)(6)	Q38,40,70,74
1918	民	ミン	4	民民民民	民民 など	3-(1)	Q54
1919	眠	ミン		眠眠眠眠	眠眠 など	3-(1),4-(3)	Q54,62
1920	矛	ム		矛矛矛矛	矛矛 など	4-(6)	
1921	務	ム	5	務務務務	務務 など	4-(3)(4)(6)	Q40,68
1922	無	ム	4	無無無無	無無 など	4-(1)(2)(3)	Q40,58,61
1923	夢	ム	5	夢夢夢夢	夢夢 など	4-(3)	Q40
1924	霧	ム		霧霧霧霧	霧霧 など	4-(1)(2)(3)(4)(6)	Q40,58,61,68
1925	娘	むすめ		娘娘娘娘	娘娘 など	3-(1),4-(2)(3)(4)(6)	Q54,61,62,68,70,74
1926	名	メイ	1	名名名名	名名 など	4-(3)	Q40
1927	命	メイ	3	命命命命	命命 など	4-(4)	Q68,71
1928	明	メイ	2	明明明明	明明 など	4-(3)	Q62
1929	迷	メイ	5	迷迷迷迷	迷迷迷 など	3-(5),4-(3)(4)(5)	Q38,41,57,68,69
1930	冥	メイ		冥冥冥冥	冥冥 など	4-(2)(3)	Q61,62
1931	盟	メイ	6	盟盟盟盟	盟盟 など	4-(3)	Q62
1932	銘	メイ		銘銘銘銘	銘銘 など	4-(3)(4)	Q40,70

番号	常用漢字表	代表音訓	配当学年	印刷文字の字形の例	手書き文字の字形の例	第2章関連項目	第3章 Q&A 関連項目
1933	鳴	メイ	2	鳴鳴鳴鳴	鳴鳴 など	4-(2)(3)(6)	Q61,62,65
1934	滅	メツ		滅滅滅滅	滅滅 など	4-(2)(3)	Q40,61
1935	免	メン		免免免免	免免 など	4-(3)	Q40
1936	面	メン	3	面面面面	面面面 など	4-(1)(3)	Q58,62
1937	綿	メン	5	綿綿綿綿	綿綿綿 など	3-(1),4-(2)(3)(4)(5)(6)	Q38,39,54,62,65,71
1938	麺	メン		麺麺麺麺	麺麺 など	4-(1)(3)	Q40,58,62,76
1939	茂	モ		茂茂茂茂	茂茂 など		
1940	模	モ	6	模模模模	模模 など	4-(3)(4)(5)	Q38,62,68
1941	毛	モウ	2	毛毛毛毛	毛毛 など	4-(1)	Q58
1942	妄	モウ		妄妄妄妄	妄妄 など	4-(2)(3)(6)	Q43,61
1943	盲	モウ		盲盲盲盲	盲盲 など	4-(2)(3)	Q61,62
1944	耗	モウ		耗耗耗耗	耗耗耗 など	4-(1)(3)(5)	Q38,41,58
1945	猛	モウ		猛猛猛猛	猛猛 など	3-(4),4-(3)	Q40,56,72
1946	網	モウ		網網網網	網網網 など	3-(1),4-(2)(3)(4)(5)	Q38,39,54,61
1947	目	モク	1	目目目目	目目 など	4-(3)	Q62
1948	黙	モク		黙黙黙黙	黙黙 など	4-(2)(3)(4)	Q61,62,68
1949	門	モン	2	門門門門	門門 など	4-(3)(5)	Q62,72
1950	紋	モン		紋紋紋紋	紋紋紋 など	3-(1),4-(2)(3)(4)(5)	Q38,39,40,54,61,68
1951	問	モン	3	問問問問	問問 など	4-(3)(5)	Q62,72
1952	冶	ヤ		冶冶冶冶	冶冶 など	3-(1)	Q54
1953	夜	ヤ	2	夜夜夜夜	夜夜 など	4-(2)(3)(4)	Q40,61,68
1954	野	ヤ	2	野野野野	野野 など	4-(3)(4)(6)	Q62,70
1955	弥	や		弥弥弥弥	弥弥 など	3-(1),4-(4)	Q54,68
1956	厄	ヤク		厄厄厄厄	厄厄 など	4-(5)	Q45
1957	役	ヤク	3	役役役役	役役 など	4-(3)(4)(5)	Q40,45,68
1958	約	ヤク	4	約約約約	約約約 など	3-(1),4-(2)(4)(5)	Q38,39,54
1959	訳	ヤク	6	訳訳訳訳	訳訳 など	4-(2)(3)(4)(6)	Q64,65,68
1960	薬	ヤク	3	薬薬薬薬	薬薬薬 など	4-(1)(3)(4)(5)(6)	Q38,41,58,62,65

番号	常用漢字表	代表音訓	配当学年	印刷文字の字形の例	手書き文字の字形の例	第2章関連項目	第3章Q&A関連項目
1961	躍	ヤク		躍 躍 躍	躍 躍 など	4-(2)(3)(4)	Q61,70,75
1962	闇	やみ		闇 闇 闇	闇 闇 など	4-(2)(3)(5)	Q40,61,62,72
1963	由	ユ	3	由 由 由	由 由 など	4-(3)	Q62
1964	油	ユ	3	油 油 油	油 油 など	4-(3)	Q62
1965	喩	ユ		喩 喩 喩	喩 喩 など	3-(3),4-(3)(4),5-(3)	Q19,55,68,77
1966	愉	ユ		愉 愉 愉	愉 愉 など	4-(2)(3)(4)	Q61,62,68
1967	諭	ユ		諭 諭 諭	諭 諭 など	4-(2)(3)(4)	Q62,64,68
1968	輸	ユ	5	輸 輸 輸	輸 輸 など	4-(1)(3)(4)	Q58,62,68,70
1969	癒	ユ		癒 癒 癒	癒 癒 など	3-(5),4-(2)(3)(4)	Q56,61,62,68
1970	唯	ユイ		唯 唯 唯	唯 唯 など	4-(2)(3)	Q61
1971	友	ユウ	2	友 友 友	友 友 など	4-(3)(4)	Q40,68
1972	有	ユウ	3	有 有 有	有 有 など	4-(1)(3)(4)	Q40,58,62,70
1973	勇	ユウ	4	勇 勇 勇	勇 勇 など	4-(1)(3)	Q59,62
1974	幽	ユウ		幽 幽 幽	幽 幽 など	3-(1)	Q54
1975	悠	ユウ		悠 悠 悠	悠 悠 など	3-(5),4-(4)	Q40,56,68
1976	郵	ユウ	6	郵 郵 郵	郵 郵 など	4-(1)(3)(4)	Q40,58,70,71
1977	湧	ユウ		湧 湧 湧	湧 湧 など	4-(1)(3)	Q59,62
1978	猶	ユウ		猶 猶 猶	猶 猶 など	4-(3)(5)	Q40,45,62,72
1979	裕	ユウ		裕 裕 裕	裕 裕 など	4-(2)(3)(4)	Q40,61,68
1980	遊	ユウ	3	遊 遊 遊	遊 遊 など	3-(4)(5),4-(2)(3)	Q56,57,61
1981	雄	ユウ		雄 雄 雄	雄 雄 など	3-(1),4-(2)(3)	Q54,61
1982	誘	ユウ		誘 誘 誘	誘 誘 など	4-(2)(3)(4)(5)	Q38,64,68
1983	憂	ユウ		憂 憂 憂	憂 憂 など	3-(5),4-(3)(4)	Q40,56,62,68
1984	融	ユウ		融 融 融	融 融 など	4-(1)(4)(5)	Q45,58,70
1985	優	ユウ	6	優 優 優	優 優 など	3-(5),4-(3)(4)	Q40,56,62,68
1986	与	ヨ		与 与 与	与 与 など	3-(1)	Q54
1987	予	ヨ	3	予 予 予	予 予 など	4-(6)	
1988	余	ヨ	5	余 余 余	余 余 など	4-(4)(5)	Q38,68

番号	常用漢字表	代表音訓	配当学年	印刷文字の字形の例	手書き文字の字形の例		第2章関連項目	第3章 Q&A 関連項目
1989	誉	ヨ		誉 誉 誉	誉 誉	など	4-(2)(3)(4)	Q21,64,68
1990	預	ヨ	5	預 預 預	預 預	など	4-(1)(3)(6)	Q40,58,62
1991	幼	ヨウ	6	幼 幼 幼	幼 幼	など	3-(1)	Q54
1992	用	ヨウ	2	用 用 用	用 用	など	4-(3)(4)	Q62,70,71
1993	羊	ヨウ	3	羊 羊 羊	羊 羊 羊	など	4-(1)(4)	Q58,71
1994	妖	ヨウ		妖 妖 妖	妖 妖	など	4-(4)(6)	Q68,70,74
1995	洋	ヨウ	3	洋 洋 洋	洋 洋	など	4-(1)(4)	Q58,71
1996	要	ヨウ	4	要 要 要	要 要	など	3-(1),4-(1)(6)	Q43,54,58
1997	容	ヨウ	5	容 容 容	容 容	など	4-(2)(3)(4)	Q40,61,68
1998	庸	ヨウ		庸 庸 庸	庸 庸	など	4-(2)(3)(4)	Q61,62,70,71
1999	揚	ヨウ		揚 揚 揚	揚 揚	など	4-(3)	Q62,72
2000	揺	ヨウ		揺 揺 揺	揺 揺	など	4-(1)	Q58,72
2001	葉	ヨウ	3	葉 葉 葉	葉 葉 葉	など	3-(1),4-(1)(3)(4)(5)	Q38,41,54,58,68
2002	陽	ヨウ	3	陽 陽 陽	陽 陽	など	4-(3)	Q62
2003	溶	ヨウ		溶 溶 溶	溶 溶	など	4-(2)(3)(4)	Q40,61,68
2004	腰	ヨウ		腰 腰 腰	腰 腰	など	3-(1),4-(1)(3)(6)	Q43,54,58,62
2005	様	ヨウ	3	様 様 様	様 様	など	3-(2),4-(1)(4)(5)	Q21,38,58,65
2006	瘍	ヨウ		瘍 瘍 瘍	瘍 瘍	など	4-(2)(3)	Q61,62
2007	踊	ヨウ		踊 踊 踊	踊 踊	など	4-(3)(4)	Q62,70,71
2008	窯	ヨウ		窯 窯 窯	窯 窯	など	4-(1)(2)(3)(5)	Q58,61,73
2009	養	ヨウ	4	養 養 養	養 養	など	3-(1),4-(1)(2)(3)(4)(6)	Q54,58,61,62,65,68
2010	擁	ヨウ		擁 擁 擁	擁 擁	など	3-(1),4-(2)(3)	Q54,61,72
2011	謡	ヨウ		謡 謡 謡	謡 謡	など	4-(1)(2)(3)	Q21,58,64
2012	曜	ヨウ	2	曜 曜 曜	曜 曜 曜	など	4-(2)(3)	Q61,62,75
2013	抑	ヨク		抑 抑 抑	抑 抑	など	4-(2)(3)	Q60,71,72
2014	沃	ヨク		沃 沃 沃	沃 沃	など	4-(1)(4)	Q58,68
2015	浴	ヨク	4	浴 浴 浴	浴 浴	など	4-(3)(4)	Q40,68
2016	欲	ヨク	6	欲 欲 欲	欲 欲	など	3-(2),4-(3)(4)	Q40,56,68

番号	常用漢字表	代表音訓	配当学年	印刷文字の字形の例	手書き文字の字形の例	第2章関連項目	第3章Q&A関連項目
2017	翌	ヨク	6	翌翌翌翌	翌翌 など	4-(2)(3)	Q40,61
2018	翼	ヨク		翼翼翼翼	翼翼 など	4-(2)(3)	Q40,61,62
2019	拉	ラ		拉拉拉拉	拉拉 など	4-(2)(3)	Q40,61,72
2020	裸	ラ		裸裸裸裸	裸裸裸 など	4-(2)(3)(4)(5)	Q38,61,62,68
2021	羅	ラ		羅羅羅羅	羅羅羅 など	3-(1),4-(2)(3)(4)(5)	Q38,39,54,61
2022	来	ライ	2	来来来来	来来 など	4-(4)(5)	Q38,68
2023	雷	ライ		雷雷雷雷	雷雷 など	4-(1)(2)(3)	Q58,61,62
2024	頼	ライ		頼頼頼頼	頼頼 など	4-(1)(3)(5)	Q38,40,58,62
2025	絡	ラク		絡絡絡絡	絡絡絡 など	3-(1),4-(2)(3)(4)(5)	Q38,39,40,54,68
2026	落	ラク	3	落落落落	落落 など	4-(3)(4)	Q15,40,68
2027	酪	ラク		酪酪酪酪	酪酪 など	4-(1)(3)(4)(5)	Q40,45,58,62,68
2028	辣	ラツ		辣辣辣辣	辣辣辣 など	4-(1)(2)(3)(4)(5)	Q38,58,61,68,70
2029	乱	ラン	6	乱乱乱乱	乱乱 など		Q72
2030	卵	ラン	6	卵卵卵卵	卵卵 など	3-(1),4-(2)(4)	Q54,60,71
2031	覧	ラン	6	覧覧覧覧	覧覧 など	4-(2)(3)	Q61,62,75
2032	濫	ラン		濫濫濫濫	濫濫 など	4-(2)	Q61,75
2033	藍	ラン		藍藍藍藍	藍藍 など	4-(2)	Q61,75
2034	欄	ラン		欄欄欄欄	欄欄欄 など	4-(3)(4)(5)	Q38,62,69,72
2035	吏	リ		吏吏吏吏	吏吏吏 など	3-(3),4-(1)(4)	Q58,68
2036	利	リ	4	利利利利	利利 など	4-(5)	Q38
2037	里	リ	2	里里里里	里里 など	4-(3)	Q62
2038	理	リ	2	理理理理	理理 など	4-(1)(3)(4)	Q58,62,70
2039	痢	リ		痢痢痢痢	痢痢 など	4-(2)(3)(5)	Q38,61
2040	裏	リ	6	裏裏裏裏	裏裏 など	3-(1),4-(1)(2)(3)(4)	Q54,58,61,62,68
2041	履	リ		履履履履	履履 など	4-(3)(4)	Q40,62,68
2042	璃	リ		璃璃璃璃	璃璃 など	4-(2)(3)(4)	Q40,54,61,70
2043	離	リ		離離離離	離離 など	4-(2)(3)	Q40,54,61
2044	陸	リク	4	陸陸陸陸	陸陸陸 など	4-(5)	Q45,73

番号	常用漢字表	代表音訓	配当学年	印刷文字の字形の例	手書き文字の字形の例	第2章関連項目	第3章Q&A関連項目
2045	立	リツ	1	立 立 立 立	立 立 立 など	4-(2)(3)	Q40,61
2046	律	リツ	6	律 律 律 律	律 律 など	4-(1)(4)	Q58,71
2047	慄	リツ		慄 慄 慄 慄	慄 慄 慄 など	4-(1)(3)(4)(5)	Q38,41,58,61,68
2048	略	リャク	5	略 略 略 略	略 略 など	4-(3)(4)	Q40,62,68
2049	柳	リュウ		柳 柳 柳 柳	柳 柳 など	4-(2)(4)(5)	Q38,60,71
2050	流	リュウ	3	流 流 流 流	流 流 など	3-(1),4-(2)(3)(5)	Q45,54,61
2051	留	リュウ	5	留 留 留 留	留 留 など	3-(1),4-(2)(3)	Q54,60,62
2052	竜	リュウ		竜 竜 竜 竜	竜 竜 など	4-(2)(3)	Q40,61,62
2053	粒	リュウ		粒 粒 粒 粒	粒 粒 など	4-(2)(5)	Q38,40,61
2054	隆	リュウ		隆 隆 隆 隆	隆 隆 など	4-(3)(4)	Q40,68
2055	硫	リュウ		硫 硫 硫 硫	硫 硫 など	3-(1),4-(2)(3)(5)(6)	Q40,45,54,61,65
2056	侶	リョ		侶 侶 侶 侶	侶 侶 など	4-(6)	Q65
2057	旅	リョ	3	旅 旅 旅 旅	旅 旅 など	3-(2),4-(2)(3)(4)(5)	Q38,61,68
2058	虜	リョ		虜 虜 虜 虜	虜 虜 など	4-(3)(5)	Q45,62
2059	慮	リョ		慮 慮 慮 慮	慮 慮 など	3-(5),4-(3)(5)	Q45,56,62
2060	了	リョウ		了 了 了 了	了 了 了 など	3-(4)	Q56
2061	両	リョウ	3	両 両 両 両	両 両 など	4-(1)	Q58
2062	良	リョウ	4	良 良 良 良	良 良 など	3-(1),4-(2)(3)(4)	Q54,61,62,68
2063	料	リョウ	4	料 料 料 料	料 料 など	4-(4)(5)	Q38,71
2064	涼	リョウ		涼 涼 涼 涼	涼 涼 など	4-(2)(3)(4)(5)	Q38,61,68
2065	猟	リョウ		猟 猟 猟 猟	猟 猟 など	4-(3)(4)	Q21,62,71,72
2066	陵	リョウ		陵 陵 陵 陵	陵 陵 陵 など	4-(3)(4)(5)	Q40,45,68,73
2067	量	リョウ	4	量 量 量 量	量 量 など	4-(1)(3)	Q58,62
2068	僚	リョウ		僚 僚 僚 僚	僚 僚 など	4-(3)(4)(6)	Q62,65,68
2069	領	リョウ	5	領 領 領 領	領 領 領 など	4-(1)(3)(6)	Q40,42,61,62,75
2070	寮	リョウ		寮 寮 寮 寮	寮 寮 など	4-(2)(3)(4)(6)	Q61,62,65,68
2071	療	リョウ		療 療 療 療	療 療 など	4-(2)(3)(4)(6)	Q61,62,65,68
2072	瞭	リョウ		瞭 瞭 瞭 瞭	瞭 瞭 など	4-(3)(4)(6)	Q62,65,68

番号	常用漢字表	代表音訓	配当学年	印刷文字の字形の例	手書き文字の字形の例		第2章関連項目	第3章Q&A関連項目
2073	糧	リョウ		糧 糧 糧 糧	糧 糧	など	4-(1)(3)(5)	Q38,58,62
2074	力	リョク	1	力 力 力 力	力 力	など		Q72,78
2075	緑	リョク	3	緑 緑 緑 緑	緑 緑 緑	など	3-(1)(2),4-(1)(2)(3)(4)(5)	Q38,39,54,58,62,65,68
2076	林	リン	1	林 林 林 林	林 林 林	など	4-(4)(5)	Q38,68
2077	厘	リン		厘 厘 厘 厘	厘 厘	など	4-(3)	Q62
2078	倫	リン		倫 倫 倫 倫	倫 倫	など	4-(3)(4)	Q62,68,71
2079	輪	リン	4	輪 輪 輪 輪	輪 輪	など	4-(1)(3)(4)	Q58,62,68,71
2080	隣	リン		隣 隣 隣 隣	隣 隣	など	4-(2)(3)(4)(5)	Q38,61,68,69,75
2081	臨	リン	6	臨 臨 臨 臨	臨 臨	など	4-(2)	Q61,75
2082	瑠	ル		瑠 瑠 瑠 瑠	瑠 瑠	など	3-(1),4-(1)(2)(3)(4)	Q54,58,60,62,70
2083	涙	ルイ		涙 涙 涙 涙	涙 涙	など	4-(1)(2)(4)	Q58,68,75
2084	累	ルイ		累 累 累 累	累 累	など	3-(1),4-(3)(4)(5)	Q38,54,62,68
2085	塁	ルイ		塁 塁 塁 塁	塁 塁	など	4-(3)	Q62
2086	類	ルイ	4	類 類 類 類	類 類 類	など	4-(1)(3)(5)	Q38,40,41,58,62
2087	令	レイ	4	令 令 令 令	令 令 令	など	4-(2)(4)(6)	Q42,68,75
2088	礼	レイ	3	礼 礼 礼 礼	礼 礼	など	4-(2)(3)	Q61
2089	冷	レイ	4	冷 冷 冷 冷	冷 冷 冷	など	4-(2)(4)(6)	Q42,68,75
2090	励	レイ		励 励 励 励	励 励	など	4-(3)	Q40
2091	戻	レイ		戻 戻 戻 戻	戻 戻	など	4-(1)(2)(4)	Q58,68,75
2092	例	レイ	4	例 例 例 例	例 例	など		Q40,72
2093	鈴	レイ		鈴 鈴 鈴 鈴	鈴 鈴 鈴	など	4-(2)(4)(6)	Q42,68,70,75
2094	零	レイ		零 零 零 零	零 零 零	など	4-(1)(2)(4)(6)	Q42,58,61,68,75
2095	霊	レイ		霊 霊 霊 霊	霊 霊	など	4-(1)(2)	Q58,61
2096	隷	レイ		隷 隷 隷 隷	隷 隷	など	3-(2),4-(1)(4)(5)	Q38,44,58,65
2097	齢	レイ		齢 齢 齢 齢	齢 齢 齢	など	4-(2)(3)(4)(5)(6)	Q38,40,41,42,69,75
2098	麗	レイ		麗 麗 麗 麗	麗 麗	など	3-(1),4-(2)(3)(4)(5)	Q34,45,60,61,70
2099	暦	レキ		暦 暦 暦 暦	暦 暦	など	4-(3)(4)(5)	Q38,62,68
2100	歴	レキ	4	歴 歴 歴 歴	歴 歴	など	4-(4)(5)	Q38,68

番号	常用漢字表	代表音訓	配当学年	印刷文字の字形の例	手書き文字の字形の例	第2章関連項目	第3章 Q&A 関連項目
2101	列	レツ	3	列 列 列	列 列 など		Q40,72
2102	劣	レツ		劣 劣 劣	劣 劣 など	4-(3)(4)(5)	Q38,40,68
2103	烈	レツ		烈 烈 烈	烈 烈 など	4-(2)	Q40,61,72
2104	裂	レツ		裂 裂 裂	裂 裂 など	3-(1),4-(2)(3)(4)	Q40,54,61,68,72
2105	恋	レン		恋 恋 恋	恋 恋 など	3-(5),4-(2)(3)(4)	Q56,61,70
2106	連	レン	4	連 連 連	連 連 など	3-(5),4-(1)(3)(4)	Q57,58,62,71
2107	廉	レン		廉 廉 廉	廉 廉 廉 など	4-(1)(2)(3)(4)(5)	Q38,41,58,61,68
2108	練	レン	3	練 練 練	練 練 練 など	3-(1),4-(1)(2)(3)(4)(5)	Q38,39,54,58,62,68
2109	錬	レン		錬 錬 錬	錬 錬 など	4-(1)(3)(4)(5)	Q38,58,62,68,70
2110	呂	ロ		呂 呂 呂	呂 呂 など	4-(6)	Q65
2111	炉	ロ		炉 炉 炉	炉 炉 など	4-(1)(2)	Q58,61,75
2112	賂	ロ		賂 賂 賂	賂 賂 など	4-(3)(4)	Q40,62,68
2113	路	ロ	3	路 路 路	路 路 など	4-(3)(4)	Q40,68,70
2114	露	ロ		露 露 露	露 露 など	4-(1)(2)(3)(4)	Q40,58,61,68,70
2115	老	ロウ	4	老 老 老	老 老 など	4-(2)(5)	Q45,60
2116	労	ロウ	4	労 労 労	労 労 など		Q21
2117	弄	ロウ		弄 弄 弄	弄 弄 など	4-(1)(4)	Q58,70,71
2118	郎	ロウ		郎 郎 郎	郎 郎 など	3-(1),4-(2)(3)(4)	Q54,61,62,71
2119	朗	ロウ	6	朗 朗 朗	朗 朗 など	3-(1),4-(2)(3)	Q54,61,62
2120	浪	ロウ		浪 浪 浪	浪 浪 など	3-(1),4-(2)(3)(4)	Q54,61,62,68
2121	廊	ロウ		廊 廊 廊	廊 廊 など	3-(1),4-(2)(3)(4)	Q54,61,62,71
2122	楼	ロウ		楼 楼 楼	楼 楼 など	4-(3)(4)(5)(6)	Q38,41,43,68
2123	漏	ロウ		漏 漏 漏	漏 漏 など	4-(1)(2)	Q58,61
2124	籠	ロウ		籠 籠 籠	籠 籠 籠 など	3-(5),4-(2)(3)(4)	Q34,56,61,70
2125	六	ロク	1	六 六 六	六 六 など	4-(2)(3)	Q61
2126	録	ロク	4	録 録 録	録 録 など	3-(2),4-(1)(3)(4)(6)	Q58,62,65,68,70
2127	麓	ロク		麓 麓 麓	麓 麓 など	3-(1),4-(2)(3)(4)(5)	Q38,45,54,60,61,68
2128	論	ロン	6	論 論 論	論 論 など	4-(2)(3)(4)	Q62,64,68,71

番号	常用漢字表	代表音訓	配当学年	印刷文字の字形の例	手書き文字の字形の例		第2章関連項目	第3章Q&A関連項目
2129	和	ワ	3	和和和和	和和	など	4-(5)	Q38
2130	話	ワ	2	話話話話	話話	など	4-(2)(3)	Q64
2131	賄	ワイ		賄賄賄賄	賄賄	など	4-(3)(4)	Q40,62,70
2132	脇	わき		脇脇脇脇	脇脇	など	4-(3)	Q62
2133	惑	ワク		惑惑惑惑	惑惑	など	3-(5),4-(4)	Q56,70
2134	枠	わく		枠枠枠枠	枠枠	など	4-(4)(5)	Q38,45,71
2135	湾	ワン		湾湾湾湾	湾湾	など	4-(2)(3)(4)	Q61,70
2136	腕	ワン		腕腕腕腕	腕腕	など	4-(2)(3)(5)	Q45,61,62

参 考 資 料

参考资料

「常用漢字表の字体・字形に関する指針(報告)」(文化審議会国語分科会)の概要

漢字の字体・字形に関して生じている問題について,常用漢字表(平成22年内閣告示第2号)の「(付)字体についての解説」の内容をより分かりやすく周知し,解決しようとするもの。

現在,社会で生じている問題

手書き文字(筆写ともいう。以下同様。)と印刷文字(情報機器等の画面上に表示される文字を含む。)との違いが理解されにくくなっている。

例)官公庁,金融機関等の窓口で名前などを記入する際に「令」と書くと,明朝体どおりの形(「令」)に書き直すよう指示される。

文字の細部に必要以上の注意が向けられ,本来であれば問題にならない違いによって,漢字の正誤が決められる傾向が生じている。

例)手書きの楷書では,本来,「木」の縦画はとめても,はねてもよいが,一方だけが正しいといった認識が広がっている。

常用漢字表「字体についての解説」で下記のように説明。しかし,図示が中心で,周知も不十分。

令－令令　　木－木木

「常用漢字表の字体・字形に関する指針(報告)」(平成28年2月29日　国語分科会)

○ 手書き文字と印刷文字の表し方には,習慣の違いがあり,一方だけが正しいのではない。
○ 字の細部に違いがあっても,その漢字の骨組みが同じであれば,誤っているとはみなされない。

構成要素ごとに字形の例を分類し,例示を豊富に

構成要素の例	左のような構成要素を持つ漢字の書き表し方の例		
木 禾 牛 糸 小	木木 委委 特特 糸糸 県県	机机 積積 牧牧 絹絹 少少	

◇ 上記を含め,同様に考えることができる漢字の例

構成要素の例	左のような構成要素を持つ漢字の例
木	案 栄 桜 横 果 課 械 楽 株 机 機 休 橋 業 極 検 権 校 構 困 根 査 採 菜 材 札 殺 雑 枝 朱 樹 集 床 松 条 乗 植 深 森 新 親 染 相 巣 想 操 村 体 探 築 柱 梅 箱 板 標 保 棒 木 枚 本 模 薬 葉 様 来 林 歴 など

Q&Aによる分かりやすく親しみやすい説明

Q38　はねるか,とめるか(「木」・「きへん」など)「木」という漢字の真ん中の縦画の最後を,はねるように書いたら誤りなのでしょうか。「きへん」の場合についても教えてください。

A 「木」や「きへん」は,はねて書かれていても誤りではありません。はねても,はねなくてもいい漢字は,ほかにも多数あります。

「字体についての解説」にも,両方の書き方があることが下記のように例示されています。これは,「きへん」の場合も同様に考えられます。

木－木木

漢字の習得の段階では,「木」や「きへん」の付いた漢字について,はねのない字形が規範として示されることが多く,はねたら誤りであると考えている人も少なくないようですが,手書きの楷書では,はねる形で書く方が自然であるという考え方もあります。また,戦後の教科書には,両方の形が現れています。これは「のぎへん」や「うしへん」も同様です。

常用漢字表2,136字全てに,印刷文字と手書き文字のバリエーションを例示

2086	類	ルイ	4	類 類 類 類	類 類 類	など
2087	令	レイ	4	令 令 令 令	令 令 令	など
2088	礼	レイ	3	礼 礼 礼 礼	礼 礼	など

番号以下,左から常用漢字表の掲出字体,代表音訓,配当学年(小学校),字形差のある明朝体,ゴシック体,UD体,教科書体,手書き文字の例

「字体」,「字形」等の用語について

字体
　文字を文字として成り立たせている骨組みのこと。同じ文字としてみなすことができる無数の字の形それぞれから抜き出せる,形の上での共通した特徴とも言える。書かれた又は印刷された文字が,社会的に通用するかどうかは,その文字にその文字としての字体が認められるかによって決まる。文字の細部に違いがあっても,字体の枠組みから外れていなければ,その文字として認められる。

字形
　字体が具現化され,実際に表された一つ一つの字の形のこと。字形は,手書きされた文字の数だけ,印刷文字の種類だけ,存在するとも言える。字体は,様々な字形として具現化する。

字種
　同じ読み方,同じ意味で使われる漢字の集まり(グループ)を指す常用漢字表の用語。「桜／櫻」,「学／學」,「竜／龍」,「島／嶋／嶌」などは,それぞれ同じ字種である。

書体
　文字に施される,形に関する特徴や様式の体系のこと。印刷文字には,明朝体,ゴシック体,教科書体など,歴史的には,篆書,隷書,草書,行書,楷書などの書体がある。

通用字体
　一般の社会生活において最も広く用いられ,今後とも広く用いられることが望まれる字体として,常用漢字表がそれぞれの字種を示すに当たって採用し,現代の漢字の目安としているもの。

いわゆる康熙字典体
　一般的に旧字体などと言われるものを常用漢字表では「いわゆる康熙字典体」と呼ぶ。「康熙字典」は18世紀のはじめに,中国の康熙帝の命によって編まれ,現在の辞書類の規範となっているもの。

上記各用語の関係

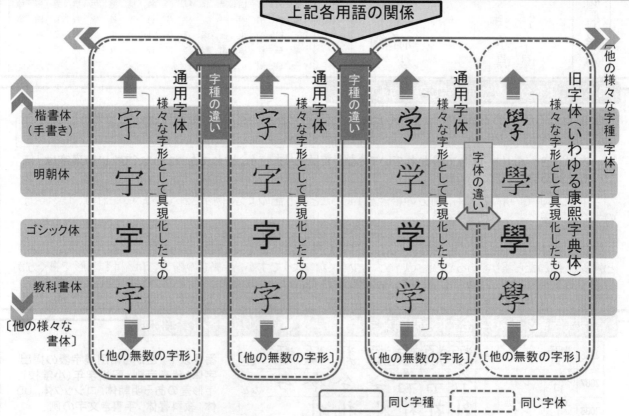

※ 原則として,字種が違っていれば字体及び字形も異なり,字体が違っていれば字形も異なる。

常用漢字表「(付) 字体についての解説」

(付) 字体についての解説

第1 明朝体のデザインについて

　常用漢字表では，個々の漢字の字体（文字の骨組み）を，明朝体のうちの一種を例に用いて示した。現在，一般に使用されている明朝体の各種書体には，同じ字でありながら，微細なところで形の相違の見られるものがある。しかし，各種の明朝体を検討してみると，それらの相違はいずれも書体設計上の表現の差，すなわちデザインの違いに属する事柄であって，字体の違いではないと考えられるものである。つまり，それらの相違は，字体の上からは全く問題にする必要のないものである。以下に，分類して，その例を示す。

　なお，ここに挙げているデザイン差は，現実に異なる字形がそれぞれ使われていて，かつ，その実態に配慮すると，字形の異なりを字体の違いと考えなくてもよいと判断したものである。すなわち，実態として存在する異字形を，デザインの差と，字体の差に分けて整理することがその趣旨であり，明朝体字形を新たに作り出す場合に適用し得るデザイン差の範囲を示したものではない。また，ここに挙げているデザイン差は，おおむね「筆写の楷書字形において見ることができる字形の異なり」と捉えることも可能である。

1　へんとつくり等の組合せ方について
(1) 大小，高低などに関する例

硬　硬　吸　吸　頃　頃

(2) はなれているか，接触しているかに関する例

睡　睡　異←異←挨　挨

2　点画の組合せ方について
(1) 長短に関する例

雪　雪　雪　満　満　無　無　斎　斎

(2) つけるか，はなすかに関する例

発　発　備　備　奔　奔　溺　溺

空　空　湿　湿　吹　吹　冥　冥

（3）接触の位置に関する例

岸 岸　家 家　脈 脈 脈

蚕 蚕　印 印　蓋 蓋

（4）交わるか，交わらないかに関する例

聴 聴　非 非　祭 祭

存 存　孝 孝　射 射

（5）その他

芽 芽 芽　夢 夢 夢

3　点画の性質について
（1）点か，棒（画）かに関する例

帰 帰　班 班　均 均　麗 麗　蔑 蔑

（2）傾斜，方向に関する例

考 考　値 値　望 望

（3）曲げ方，折り方に関する例

勢 勢　競 競　頑 頑 頑　災 災

（4）「筆押さえ」等の有無に関する例

芝 芝　更 更　伎 伎

八 八 八　公 公 公　雲 雲

（5）とめるか，はらうかに関する例

環 環　泰 泰　談 談

医 医　継 継　園 園

（6）とめるか，ぬくかに関する例

耳←耳← 邦邦 街街 餌餌←

（7）はねるか，とめるかに関する例

四←四← 配配 換←換← 湾湾

（8）その他

→次→次　→姿→姿

4　特定の字種に適用されるデザイン差について
　　「特定の字種に適用されるデザイン差」とは，以下の（1）～（5）それぞれの字種にのみ適用されるデザイン差のことである。したがって，それぞれに具体的な字形として示されているデザイン差を他の字種にまで及ぼすことはできない。
　　なお，（4）に掲げる「叱」と「叱」は本来別字とされるが，その使用実態から見て，異体の関係にある同字と認めることができる。

（1）牙・牙・牙

（2）韓・韓・韓

（3）茨・茨・茨

（4）叱・叱

（5）栃・栃

第2　明朝体と筆写の楷書との関係について

　　常用漢字表では，個々の漢字の字体（文字の骨組み）を，明朝体のうちの一種を例に用いて示した。このことは，これによって筆写の楷書における書き方の習慣を改めようとするものではない。字体としては同じであっても，1，2に示すように明朝体の字形と筆写の楷書の字形との間には，いろいろな点で違いがある。それらは，印刷文字と手書き文字におけるそれぞれの習慣の相違に基づく表現の差と見るべきものである。

　　さらに，印刷文字と手書き文字におけるそれぞれの習慣の相違に基づく表現の差は，3に示すように，字体（文字の骨組み）の違いに及ぶ場合もある。

　　以下に，分類して，それぞれの例を示す。いずれも「明朝体―手書き（筆写の楷書）」という形で，左側に明朝体，右側にそれを手書きした例を示す。

1　明朝体に特徴的な表現の仕方があるもの
（1）折り方に関する例

　　　衣 － 衣　　去 － 去　　玄 － 玄

（2）点画の組合せ方に関する例

　　　人 － 人　　家 － 家　　北 － 北

（3）「筆押さえ」等に関する例

　　　芝 － 芝　　史 － 史
　　　入 － 入　　八 － 八

（4）曲直に関する例

　　　子 － 子　　手 － 手　　了 － 了

（5）その他

　　　之・之 － 之　　竹 － 竹　　心 － 心

2 筆写の楷書では，いろいろな書き方があるもの
（1）長短に関する例

雨 － 雨 雨　　　戸 － 戸 戸 戸

無 － 無 無

（2）方向に関する例

風 － 風 風　　　比 － 比 比

仰 － 仰 仰

糸 － 糸 糸　　ネ － ネ ネ　　ネ － ネ ネ

主 － 主 主　　　言 － 言 言 言

年 － 年 年 年

（3）つけるか，はなすかに関する例

又 － 又 又　　　文 － 文 文

月 － 月 月

条 － 条 条　　　保 － 保 保

（4）はらうか，とめるかに関する例

奥 － 奥 奥　　　公 － 公 公

角 － 角 角　　　骨 － 骨 骨

（5）はねるか，とめるかに関する例

切 － 切 切 切　　改 － 改 改 改

酒 － 酒 酒　　　陸 － 陸 陸 陸

穴 － 穴 穴 穴

木 － 木 木　　　来 － 来 来

糸 － 糸 糸　　　牛 － 牛 牛

環 － 環 環

(6) その他

令 − 令 令　　　外 − 外 外 外
女 − 女 女　　　叱 − 叱 叱 叱

3　筆写の楷書字形と印刷文字字形の違いが，字体の違いに及ぶもの
　　以下に示す例で，括弧内は印刷文字である明朝体の字形に倣って書いたものであるが，筆写の楷書ではどちらの字形で書いても差し支えない。なお，括弧内の字形の方が，筆写字形としても一般的な場合がある。

(1) 方向に関する例

淫 − 淫（淫）　　　恣 − 恣（恣）
煎 − 煎（煎）　　　嘲 − 嘲（嘲）
溺 − 溺（溺）　　　蔽 − 蔽（蔽）

(2) 点画の簡略化に関する例

葛 − 葛（葛）　　　嗅 − 嗅（嗅）
僅 − 僅（僅）　　　餌 − 餌（餌）
箋 − 箋（箋）　　　填 − 填（填）
賭 − 賭（賭）　　　頰 − 頰（頰）

(3) その他

惧 − 惧（惧）　　　稽 − 稽（稽）
詮 − 詮（詮）　　　捗 − 捗（捗）
剝 − 剝（剝）　　　喩 − 喩（喩）

常用漢字表の用語について

（1）字体

字体とは，文字の骨組みのことである。

文字の骨組みとは，同一の文字がその文字と認識される枠組みから外れない範囲で，目に映る形で出現するときに生じ得る様々な字形のバリエーションに，一貫して内在している共通項を抽出したものである。ある形を見たときに，人がそれを何かしらの文字として読み取れるのは，そこにその文字特有の骨組みが存在するのを認識するからであると考えられる。このような，文字を見分け，何という文字であるかを識別する際の判断基準となる文字の骨組みを字体と呼ぶ。

字体は，数ある具体的な字形から抽出された共通項であることから，特定の具体的な形状として取り出せるものではなく，抽象的に思い描かれるものであると言える。抽象的な概念である字体を具現化し文字として機能させるには，表された文字にその文字特有の字体が内在している必要があり，そのことは，文字の正誤を判断する基準にもなると考えられる。

図1のように，手書き文字の間に表れる違い，手書き文字と印刷文字（情報機器等の画面上に表示される文字を含む。以下同様。）との間の違い，明朝体とゴシック体といった印刷文字の書体間の違いなど，漢字には形状（字形）の違いが生じる場合がある。しかし，これらの漢字は，そういった相違を超えて，それぞれ「戸」，「月」，「陸」，「衣」，「空」という漢字としての骨組みを持っていると認識されるのが一般的である。

図1　漢字の形状（字形）の違いの例

	形状（字形）の違いの例	
手書き文字間の違い	戸　月　陸	戸　月　陸
手書き文字と印刷文字の違い	衣（手書き文字）	衣（印刷文字）
印刷文字の書体間の違い	空（明朝体）	空（ゴシック体）

このことは，図2に挙げる例のような，①長短，②方向，③つけるか，はなすか，④はらうか，とめるか，⑤とめるか，はねるか，などに関する細かい差異についても同様であり，五つの組合せは，それぞれ同じ文字とみなされる。

図2　漢字の形状（字形）の細かい差異

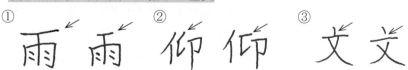

このような認識を可能にするのは，具現化されたそれぞれの文字に，その文字特有の骨組みが内在しているのを読み取るからであると考えられる。字形が違っていても，その形状が当該の文字特有の字体の枠組みを逸脱しない範囲内にあれば，その文字として認識することができる。こうした文字の認識は，漢字に限らず，平仮名や片仮名，ローマ字，数字などにおいてもほぼ同様に行われている。

また，ある文字における字体の枠組みの中でその文字が具現化される際の字形のバリエーションは，数限りなく想定され得るものである。図3は，同じ漢字を明朝体，ゴシック体，教科書体などの印刷文字で示したものであるが，①〜⑤を一つずつ見比べると，それぞれの形の間には，特に1画目について少なからぬ違いが認められる。しかし，私たちは，このような印刷文字の形状の違いにかかわらず，これらを同じ文字として認識するのが一般的である。

図3 印刷文字における字形のバリエーション

このことは，図4に挙げるような手書き文字においても同様である。複数の人が書いた文字を比べれば，人それぞれの書き方の特徴による違いが見られるであろうし，同一人物が同じ文字を手書きすれば，書くたびに微妙な形の違いが生じるであろう。そのような違いは，手書きする人の数だけ，あるいは，誰かがその字を手書きする回数だけ生じると言ってよい。しかし，それら実際に具現化された手書き文字それぞれの形状の間に，かなりの違いが認められる場合であっても，その文字における字体の枠組みを外れなければ，同じ漢字として認識することができる。

図4 手書き文字における字形のバリエーション

このように，手書き文字であるか印刷文字であるかにかかわらず，形状に違いがあっても，ある文字がその文字であると判別されるのは，目に映る形がその文字特有の骨組みを備えていると認識されるからである。常用漢字表では，図3に示した印刷文字と図4に示した手書き文字について，全て同じ骨組みを備えているとみなし，同一の字体を持った同じ漢字であると考える。例えば，「言」という字の1画目の角度は，図3の印刷文字の字形や図4の手書き文字の字形にも見られたように，2画目の横画に対しておおむね平行の形から垂直の形辺りまで，「言」という漢字の字体の枠組み内にあると認められる（図5）。この1画目について言えば，おおよそこの範囲であれば，誤りであるとみなされたり，別の文字であると認識されたりはしない。

図5　「言」という漢字の1画目と2画目の関係

　こうした例に見るとおり，文字の形状に違いがあっても，他の文字と混同することがなく，文字の判別に関わるものでなければ，原則として同一の字体とみなし，同じ漢字であるとするのが常用漢字表の基本的な考え方であり，当指針も，この考え方に立って作成されている。

　一方，図6に示すように，文字間の形状が似ていたり，違いが小さかったりしても，その差異が文字の判別に関わるような場合がある。例えば，「末」の1画目と2画目（①），「士」の1画目と3画目（②）は，その長短を入れ替えれば，それぞれ「未」，「土」という別の漢字として識別される。また，「大」に点を加えることで「太」という別の漢字として，さらに「太」の点を置き換えることで「犬」という別の漢字として識別される（③）。このような文字の形状の違いは，漢字の骨組みの違い，つまり，字体の違いにまで及んでいるものである。字形の相違によって，元の字における字体の枠組みの範囲にあると判断されず，別の漢字として認識される例である。

図6　字形の小さな違いが文字の判別に関わる場合

　さらに，図7に示すように，点画の接し方や数の違いによっては，同じ文字として認めることができず，文字としては認識できないもの又は文字としての役割を果たせないもの，若しくは，別の文字と判断されるものがある。

図7　同じ文字として認められないもの

　図3及び4の字形は，全て同じ文字として認識できた一方で，例えば，図7の①のように，1画目と2画目が「十」のように大きく交わっているような場合には，「言」という文字における字体の枠組みの範囲から外れていると捉えられ，骨組みが異なっていると認識されるのが一般的である。加えて，②～④のように点画が少なかったり，多かったりすることによって，「言」という文字における字体の枠組みの範囲にはないと判断されることもある。このように，その文字特有の字体の枠組みの範囲にあると認められず，その骨組みに該当するような別の漢字がない場合には，どの文字の字体にも当てはまらず，文字としては認識できないもの又は文字としての役割を果たせないものとみなされることになる。ほかにも，「言」における⑤「計」や⑥「信」のように，ある漢字に点画が加わったり，他の構成要素と組み合わされたりすれば，別の字種・字体であると判別される場合もある。

　なお，字体は，その文字を使う人々によって共有されている必要がある。私たちの脳裏には，漢字それぞれの字体について思い描く形状があり，文字を書く際には，一般にその

脳裏にある字体の枠組みから外れないように書き表そうとする。それによって，受け取る側に，意図したとおりの文字として認識してもらうことができ，意味内容が伝わる。逆に，誰かの書いた文字を読み取るときには，目に映った形状を脳裏の字体の枠組みと照らし合わせて，それが何という文字であるかを認識する。これらのことは，原則として，お互いの間で字体が共有されているからこそ成り立つ情報交換である。

　加えて，字体は，その文字がこれまでどのように表されてきたのか，その習慣に基づいて，決められてきたものでもある。図8には，左に手書き文字，右に印刷文字の一例をそれぞれ示している。これらは，手書き文字と印刷文字との間に比較的大きな形状の違いが生じているものの例であるが，通常，3組ともに，同じ骨組みを有する同一の漢字として認識される。これらは，別々の発展を遂げてきた手書き文字，印刷文字それぞれの表し方の習慣を踏まえた上で，同じ字体であると判断されているものである。

図8　手書き文字と印刷文字それぞれの表し方の習慣に基づく字形の違い

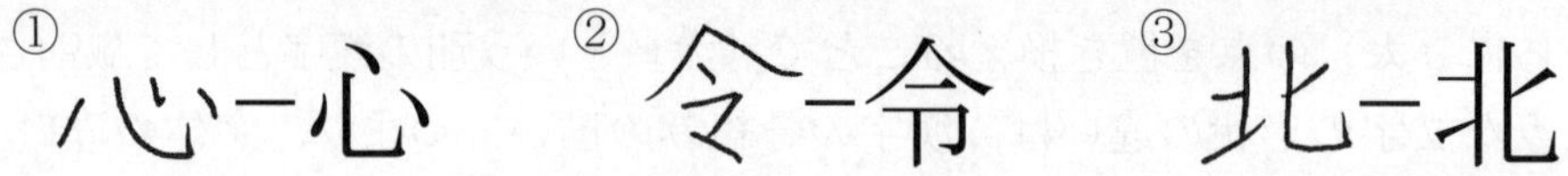

① 心-心　② 令-令　③ 北-北

　ただし，こうした手書き文字と印刷文字それぞれの表し方の習慣について理解されていなければ，もとより正誤に関わる差異ではない形状の違いに基づいて，字体が違っていると受け取られたり，別の文字であると判断されたりすることも起こり得る。

　このように，社会において漢字を用いた円滑な情報交換が行われるためには，漢字を用いる人々の間で，字体に関しての一定の考え方が共有されていることが欠かせず，また，そのためには，手書き文字と印刷文字それぞれが，これまでどのように表されてきたのかを理解しておくことが必要となる場合がある。

（2）字形

　字形とは，個々の文字の形状のことである。

　これは手書き文字，印刷文字を問わず，目に見える文字の形そのものを言う場合に使われる用語である。別の文字であるということがはっきりと識別できるような違いから，長短，方向，つけるか，はなすか，はらうか，とめるか，はねるか，といった細かな違いまで，様々なレベルでの文字の形の相違を字形の違いと言う。

　したがって，明らかに字体が違うもの同士の違い，例えば，「花」，「鳥」，「風」のような別の漢字同士の関係も字形の違いと言うことができる。それぞれの間に字形の違いがあり，それが字体の違いであると認識されるからこそ，別の文字として判別されるのである。ただし，このように形状が明らかに違い，別の文字として判別することが容易であるような場合には，字形の違いが取り立てて意識されることは少ないと考えられる。

　一方，先に挙げた図6のような漢字は，細かな字形の違いが文字の判別に影響する例である。これらの漢字は，形状が似ているが，点画の数や長さ等の細部の差異によって，別の字体，ひいては，別の字種であると認識されるため，字形の違いについても注意されやすいと考えられる。

　また，図9に例示するような，同じ字種内における漢字の字体のバリエーションも字形の違いとして捉えることができる。

図9　字体が異なる同一字種

　　　①　　　　　②　　　　　③
　　学－學　　桜－櫻　　竜－龍

　一般の漢字使用においては，常用漢字として掲げられている字体である「学」，「桜」，「竜」が多く用いられるが，固有名詞等においては，同じ音訓と意味を持つ「學」，「櫻」，「龍」の方があえて選ばれることもある。同一の字種であっても，字形の違いに着目して，あえて古い字体を用いるような場合である。(なお，一般的に旧字体などと呼ばれる「學」，「櫻」，「龍」などを，常用漢字表では「いわゆる康熙字典体」と言う。「康熙字典」は，１８世紀初め，康熙帝の時代の中国（清朝）で編纂された字典であり，戦前の明朝体活字の設計は，おおむねこれによっていた。)

　ここまでは，字形の違いが，字体の違いに及んでいるような場合について見てきたが，同じ字体を持った漢字が書き表されたり印刷されたりする場合にも，それぞれの間に字形の違いが生じることがある。例えば，図１で見たとおり，手書きの文字の場合には，同一人物が同じ文字を書くたびに生じる微細な違いや，複数の人が同じ文字を書く場合のそれぞれの書き癖等による違いが表れ得る。これらも字形の違いとして捉えられる。同じ漢字の手書き文字と印刷文字との間に生じる違い，明朝体とゴシック体など印刷文字の種類の違いなども同様である。

　また，図２で見たとおり，文字の点画の長短の違い（「雨」）や方向の違い（「仰」），つけるか，はなすか（「文」），はらうか，とめるか（「奥」），とめるか，はねるか（「木」）等によって生じる形状の違いのような差異も，微細なものまで含めて，同一字体の枠組みにおける範囲内での字形の違いとして捉えることができる。

　以上のように，字形という用語は，全く別の漢字の形状の違いから，同じ漢字におけるとめやはねなどの微細な違いまで，様々なレベルで用いられる。このうち，一般の社会生活において，漢字の字形について問題になるのは，図１及び２で示したような，同じ字体を持った文字同士における字形の違いであることが多い。手書き文字の字形と印刷文字の字形の違いは字体の違いとして捉えられるものではなく，どちらかだけが正しい又は誤っているとすべきではない。また，とめ，はね，はらい等の細かな差異についても，字体の違いに及ぶものでなければ，漢字の正誤を左右するようなものとして問題視する必要はない。

（３）字種

　字種とは，原則として同じ音訓・意味を持ち，語や文章を書き表す際に文脈や用途によっては相互に入替えが可能なものとして用いられてきた漢字の集合体としてのまとまりのことである。

　例えば，「学」と「學」，「桜」と「櫻」，「竜」と「龍」などは，それぞれ同じ字種の漢字として一つにまとめることができる。字種という用語は，一般の社会生活では余り用いられないが，常用漢字表では，「表の見方及び使い方」に「「本表」には，字種2136字を掲げ，字体，音訓，語例等を併せ示した」とあるとおり，掲出されている漢字を字種として数えている。

　常用漢字表の本表には，「桜（櫻）」のように，常用漢字として「桜」が示され，それと

ともに，明治以来行われてきた活字とのつながりを示すため，丸括弧に入れて，いわゆる康煕字典体である「櫻」が掲げられている。この「桜」と「櫻」とは，同じ漢字であると言われることがある。これは，両者の間に歴史的なつながりがあり，文脈や用途によっては相互に入替えが可能な，原則として同じ音訓と意味を持った文字として用いられてきたからである。現在，一般的な漢字使用においては，常用漢字表が掲げる「桜」が用いられるが，「櫻」は旧字体などとも呼ばれ，人名や団体名等の固有名詞に用いられるなど，日常生活においても目にすることがある。常用漢字表では，この「桜」と「櫻」のような関係を「同じ字種」であると言う。「学」と「學」，「竜」と「龍」なども同様の関係である。ほかに，同じ字種として用いられてきたものとして，「島」と「嶋」と「嶌」，「松」と「枩」のような関係も挙げられる。

　一方，「士」と「土」，「末」と「未」，「大」と「太」と「犬」のように形が似ている文字も含め，音訓・意味が異なっていて，相互に入れ替えて用いることのできない漢字同士は，「別の字種」である。「型」と「形」，「中」と「仲」のように，音訓や意味に共通するところがあるような文字同士であっても，歴史的なつながりがほとんどなかったり途絶えたりして，現在において相互に入れ替えて使われることがないものは，別の字種であるとみなされる。また，常用漢字表に掲げられている「坂」と「阪」，「著」と「着」のように，過去において同じ字種として用いられていたものが，用法の変化によって，現在では，別の字種とみなされるようになっている場合もある。

　なお，「桜」と「櫻」を「違う漢字である。」と言うこともできるが，これは，両者の字体の違いに着目した場合である。常用漢字表では，同一の字体を持った文字を指す場合に「同じ漢字」と言い，「同じ字種」という言い方と区別している。つまり，常用漢字表における「桜」と「櫻」は同じ字種であるが，字体の上では異なる漢字として扱われる。

（4）通用字体

　通用字体とは，一般の社会生活において最も広く用いられている字体，そして，今後とも広く用いられていくことが望ましいと考えられる字体として，常用漢字表がそれぞれの字種を示すに当たって採用し，漢字を使用する際に用いるべき字体の目安としているものである。

　2,136の字種から成る常用漢字表は，円滑な情報交換を実現するという趣旨から，原則として1字種につき1字体を採用する考え方に立っており，複数の字体を擁する字種についても，そのうちから一つの字体が選定されている。これを通用字体と呼ぶ。それぞれの字種に掲げられた通用字体は，常用漢字表が適用される一般の社会生活において最も広く用いられている字体，そして，今後とも広く用いられていくことが望ましいと考えられる字体を意味している。字体は本来，抽象的な概念として把握されるべきもので，具体的な形状を持つものではない。そのため，常用漢字表は，便宜上，明朝体のうちの一種を例に用いて，具体性を持たせた形で「印刷文字における現代の通用字体」を示している。

　なお，常用漢字表では，図10のとおり，通用字体のほか丸括弧内に「いわゆる康煕字典体」が示されている。いわゆる康煕字典体は常用漢字の字体ではなく，明治以来行われてきた活字とのつながりを示すため，飽くまでも参考として添えられたものである。

図10　常用漢字表　本表の例

（5）書体

　書体とは，字体を基に文字が具現化される際に，文字に施された一定の特徴や様式の体系を言う。骨組みとしての字体が具現化し文字として表される際には，何らかの書体に属するものとして分類できる。

　例えば，図11のような，印刷文字に用いられる明朝体（縦線を太く，横線を細くし，横画の終筆部にウロコと呼ばれる三角形の装飾を付けるような形にデザインしたもの。），ゴシック体（点画を一様に肉太にデザインしたもの。），教科書体（手書きの楷書体に倣ってデザインしたもの。）などの体系を書体と言うことがある。これらそれぞれの書体には，細部で微妙に異なる様々なデザインが施されているものがあり，明朝体，ゴシック体，教科書体などのそれぞれに，幾種類もの種類（セット）が存在している。

図11　印刷文字の書体

　また，次ページの図12に示した，篆書，隷書，草書，行書，楷書など，印刷文字よりも古くから歴史的に形成されてきた体系についても書体と言われる。これらは，それぞれに字体の具現化の仕方，骨組みへの肉付けの仕方に一定の特徴や様式が認められるからである。ただし，このような書体の違いは，字体の違いに及ぶ場合がある点には注意が必要である。さらに，店の看板，広告，商品のロゴマークなど，その都度の目的に応じて個々にデザインされ用いられる文字の在り方についても書体と言われることがあるが，この場合には，必ずしも一定の体系を持ったものではないことが多い。

　なお，当指針が扱う「手書き文字」とは，主として楷書（行書に近いものを含む。）であり，篆書，隷書，草書，行書は直接の対象としていない。

図12　歴史的に形成されてきた手書き文字の書体の例

	篆書体	隷書体	草書体	行書体	楷書体
言	言	言	言	言	言
安	安	安	安	安	安
清	清	清	清	清	清
書	書	書	書	書	書
天	天	天	天	天	天
道	道	道	道	道	道
無	無	無	無	無	無

平成26年度「国語に関する世論調査」の結果（抜粋）

1. 調査の目的　　現在の社会状況の変化に伴う日本人の国語に関する意識や理解の現状について調査し，国語施策の立案に資するとともに，国民の国語に関する興味・関心を喚起する。

2. 調査対象　　(1) 母集団　　全国16歳以上の男女個人
　　　　　　　(2) 標本数　　3,000人
　　　　　　　(3) 抽出方法　層化2段無作為抽出法

3. 調査時期　　平成27年1月31日～2月15日

4. 調査方法　　調査員による面接聴取法

5. 回収結果　　(1) 調査対象総数　　（100.0%）3,493（正規対象3,000，予備対象493）
　　　　　　　(2) 有効回収数（率）（55.6%）1,942（正規対象1,611，予備対象331）

日常生活において，文字を手書きする頻度

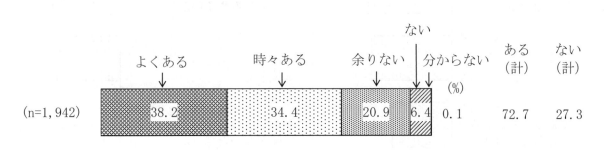

問14〔回答票〕あなたには，日常生活において，文字を手書きする機会がありますか。それとも，ありませんか。この中から選んでください。

印刷されたものと手書きが加えられたものに対する感じ方

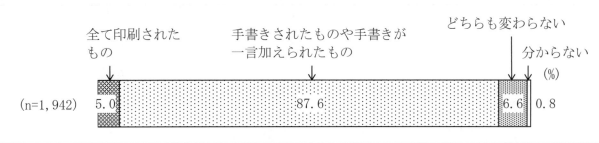

問15〔回答票〕年賀状や挨拶状などは，印刷されたものが増えていますが，あなたは，文字の部分が全て印刷されたものと文字の部分が手書きされたものや手書きが一言加えられたものとでは，どちらが良いと思いますか。

文字を手書きする習慣についての意識

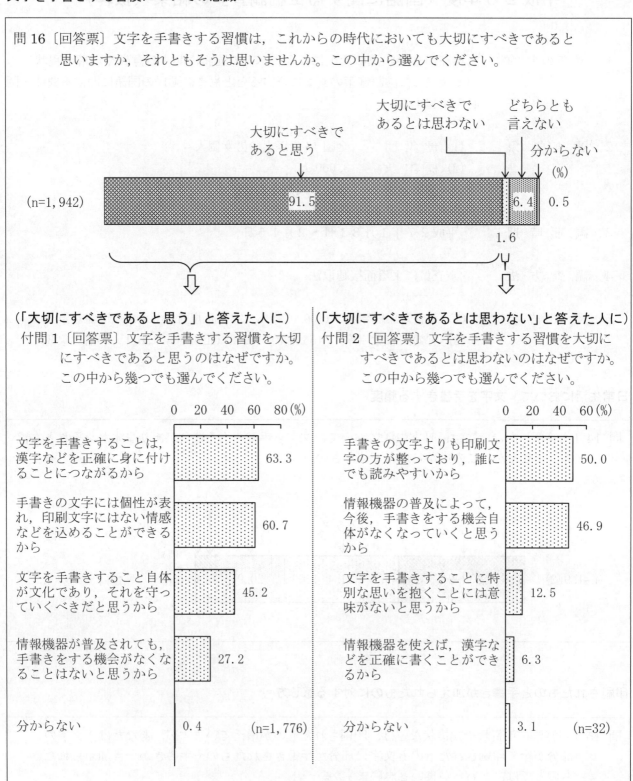

字体・字形の違いに対する感じ方

問17〔回答票〕あなたは，ここに挙げた（1）〜（9）に二つずつ並べた手書きの漢字の矢印の部分について，それぞれ，どのように感じますか。この中から選んでください。

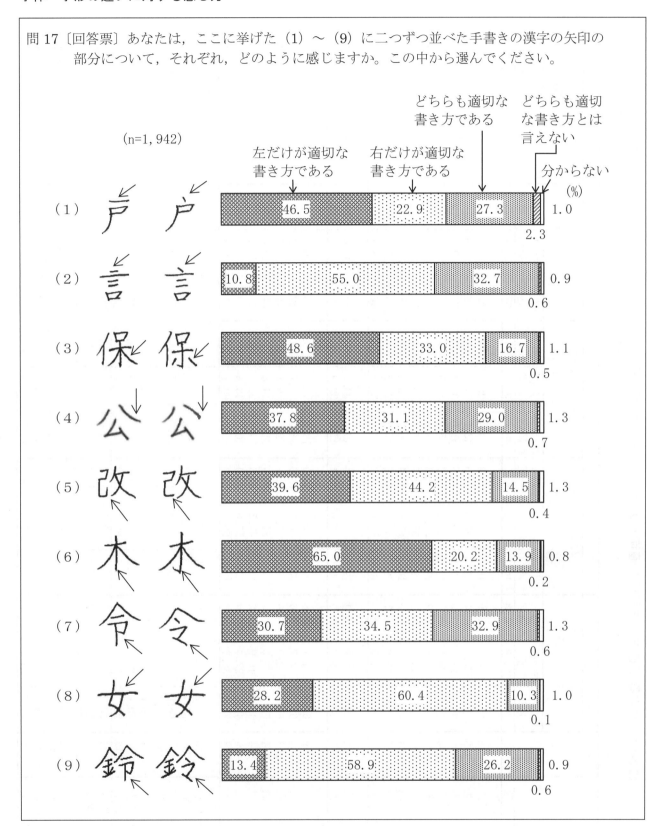

字体・字形の違いに対する感じ方 「左だけが適切」の比率,「右だけが適切」の比率,「どちらも適切」の比率
(地域ブロック別,性別,性・年齢別)
(%)

	n	(1) 戸→戸 左だけが適切	右だけが適切	どちらも適切	(2) 言→言 左だけが適切	右だけが適切	どちらも適切	(3) 保→保 左だけが適切	右だけが適切	どちらも適切	(4) 公→公 左だけが適切	右だけが適切	どちらも適切	(5) 改→改 左だけが適切	右だけが適切	どちらも適切
総 数	1,942	46.5	22.9	27.3	10.8	55.0	32.7	48.6	33.0	16.7	37.8	31.1	29.0	39.6	44.2	14.5
[地域ブロック]																
北 海 道	85	61.2	16.5	20.0	16.5	52.9	28.2	54.1	29.4	14.1	37.6	27.1	31.8	37.6	47.1	12.9
東 北	143	39.9	25.9	30.1	13.3	46.9	38.5	46.2	37.1	14.0	36.4	32.9	28.7	35.7	44.1	18.9
関 東	598	44.3	21.4	31.3	9.0	55.2	34.8	51.0	30.4	17.7	39.1	30.3	29.3	39.5	44.0	15.4
北 陸	93	45.2	28.0	23.7	11.8	59.1	28.0	45.2	36.6	17.2	37.6	34.4	26.9	37.6	49.5	9.7
中 部	310	51.3	25.8	20.3	11.9	55.5	31.3	48.1	31.9	19.0	33.2	36.1	29.4	35.5	48.1	15.5
近 畿	303	48.5	19.1	28.4	9.9	55.1	33.7	47.5	36.6	13.9	38.0	31.0	28.7	42.2	40.9	15.5
中 国	124	37.9	31.5	26.6	10.5	62.9	23.4	36.3	45.2	16.1	38.7	31.5	25.0	37.9	46.0	11.3
四 国	61	37.7	23.0	37.7	8.2	47.5	42.6	47.5	26.2	24.6	39.3	19.7	39.3	41.0	42.6	14.8
九 州	225	49.3	21.3	25.3	12.0	55.6	30.2	52.4	28.9	15.6	40.9	28.4	27.6	46.7	40.4	11.1
[性]																
男 性	902	48.8	22.4	25.4	12.3	52.7	33.4	49.4	33.1	15.5	36.4	31.6	29.9	40.6	41.5	16.5
女 性	1,040	44.5	23.3	29.0	9.5	57.0	32.1	47.9	32.9	17.8	39.1	30.7	28.2	38.8	46.6	12.8
[年 齢]																
16～19歳	59	67.8	1.7	28.8	5.1	39.0	55.9	78.0	1.7	20.3	30.5	16.9	52.5	23.7	57.6	18.6
20～29歳	134	62.7	3.7	30.6	5.2	46.3	47.0	84.3	3.7	10.4	42.5	17.2	38.8	43.3	41.0	15.7
30～39歳	243	64.6	2.9	30.0	7.4	51.0	40.7	72.8	9.1	17.7	42.0	20.2	37.0	49.8	32.1	17.7
40～49歳	314	58.0	8.3	31.5	7.0	57.3	35.4	61.8	14.3	22.6	37.9	29.6	31.2	47.1	39.5	13.4
50～59歳	314	49.4	16.9	32.2	11.5	47.5	40.8	54.1	22.6	22.3	40.4	27.1	31.5	44.3	36.3	18.2
60～69歳	430	42.1	27.4	27.0	15.3	55.6	27.0	40.0	43.5	15.1	39.5	34.4	24.7	39.5	47.4	10.9
70歳以上	448	23.2	52.2	18.8	12.9	65.0	19.0	16.1	69.2	11.2	31.7	43.8	19.4	26.6	55.8	13.6
[性・年齢]																
男性・16～19歳	35	74.3	―	22.9	5.7	37.1	57.1	80.0	2.9	17.1	37.1	20.0	42.9	22.9	57.1	20.0
20～29歳	62	67.7	―	27.4	4.8	41.9	50.0	91.9	1.6	4.8	46.8	12.9	38.7	37.1	43.5	19.4
30～39歳	118	68.6	0.8	26.3	5.1	46.6	47.5	70.3	12.7	16.1	39.8	19.5	39.0	49.2	29.7	20.3
40～49歳	131	64.1	6.1	26.7	8.4	60.3	31.3	62.6	15.3	20.6	35.9	29.8	32.1	49.6	35.9	14.5
50～59歳	141	56.0	14.9	27.0	17.7	44.7	36.9	52.5	25.5	19.9	35.5	31.2	32.6	49.6	31.9	17.7
60～69歳	198	40.4	28.3	28.3	16.2	52.5	29.3	42.4	39.9	15.7	40.9	32.3	24.7	43.9	40.9	13.6
70歳以上	217	22.1	53.5	20.3	14.7	62.2	19.8	17.5	67.7	12.0	28.1	46.1	22.1	25.3	54.8	16.1
女性・16～19歳	24	58.3	4.2	37.5	4.2	41.7	54.2	75.0	―	25.0	20.8	12.5	66.7	25.0	58.3	16.7
20～29歳	72	58.3	6.9	33.3	5.6	50.0	44.4	77.8	5.6	15.3	38.9	12.5	38.9	48.6	38.9	12.5
30～39歳	125	60.8	4.8	33.6	9.6	55.2	34.4	75.2	5.6	19.2	44.0	20.8	35.2	50.4	34.4	15.2
40～49歳	183	53.6	9.8	35.0	6.0	55.2	38.3	61.2	13.7	24.0	35.5	29.5	30.6	45.4	34.1	15.2
50～59歳	173	43.9	18.5	36.4	6.4	49.7	43.9	55.5	20.2	24.3	40.5	23.7	30.6	41.9	31.9	12.6
60～69歳	232	43.5	26.7	25.9	14.7	58.2	25.0	37.9	46.6	14.7	44.5	36.2	24.6	40.9	40.9	18.5
70歳以上	231	24.2	51.1	17.3	11.3	67.5	18.2	14.7	70.6	10.4	35.1	41.6	16.9	27.7	56.7	11.3

（つづき）　字体・字形の違いに対する感じ方「左だけが適切」の比率，「右だけが適切」の比率，「どちらも適切」の比率
（地域ブロック別，性別，年齢別，性・年齢別）
（％）

	n	(6) 木／右			(7) 令／令			(8) 女／女			(9) 鈴／鈴		
		左だけが適切	右だけが適切	どちらも適切	左だけが適切	右だけが適切	どちらも適切	左だけが適切	右だけが適切	どちらも適切	左だけが適切	右だけが適切	どちらも適切
総　　　数	1,942	65.0	20.2	13.9	30.7	34.5	32.9	28.2	60.4	10.3	13.4	58.9	26.2
[地域ブロック]													
北　海　道	85	64.7	15.3	17.6	36.5	36.5	23.5	31.8	60.0	5.9	12.9	61.2	21.2
東　　　北	143	60.1	23.1	16.1	30.1	32.9	35.7	32.2	57.3	9.1	12.6	61.5	24.5
関　　　東	598	62.9	21.9	14.7	30.3	32.9	35.8	27.6	59.4	12.5	10.7	58.7	29.9
北　　　陸	93	69.9	17.2	10.8	33.3	36.6	28.0	28.0	65.6	6.5	20.4	61.3	17.2
中　　　部	310	69.7	17.4	12.3	29.7	35.8	33.5	29.4	61.0	9.0	10.3	59.4	29.7
近　　　畿	303	61.1	24.8	12.9	30.7	36.0	31.0	25.4	60.4	12.5	17.8	58.1	22.8
中　　　国	124	63.7	19.4	15.3	31.5	35.5	28.2	31.5	57.3	8.9	11.3	63.7	21.0
四　　　国	61	59.0	24.6	14.8	37.7	27.9	31.1	27.9	60.7	9.8	21.3	45.9	31.1
九　　　州	225	72.9	13.8	12.4	28.0	35.6	33.8	26.7	64.0	8.0	15.6	56.9	24.4
[性]													
男　　　性	902	68.8	17.2	13.0	34.5	32.3	31.3	27.6	60.1	11.2	15.1	56.2	27.1
女　　　性	1,040	61.6	22.8	14.6	27.4	36.4	34.3	28.8	60.7	9.5	11.9	61.2	25.5
[年齢]													
16～19歳	59	76.3	1.7	22.0	15.3	10.2	74.6	11.9	76.3	11.9	8.5	23.7	67.8
20～29歳	134	80.6	6.7	12.7	24.6	17.2	56.0	17.9	73.9	8.2	13.4	38.1	47.8
30～39歳	243	78.6	7.4	13.6	30.5	23.0	45.3	17.3	68.3	13.6	11.9	46.1	40.7
40～49歳	314	67.5	16.6	15.6	30.6	31.8	36.0	29.0	60.2	10.5	11.5	58.3	29.0
50～59歳	314	67.5	16.2	15.9	36.6	25.5	36.6	43.3	43.0	13.7	15.3	53.8	30.3
60～69歳	430	60.2	26.7	12.3	32.1	43.5	23.5	35.3	55.6	8.4	15.8	67.7	15.1
70歳以上	448	52.5	32.6	12.1	29.2	48.7	18.1	21.4	67.0	8.3	12.5	72.1	12.3
[性・年齢]													
男性・16～19歳	35	85.7	2.9	11.4	20.0	11.4	68.6	8.6	77.1	14.3	8.6	25.7	65.7
20～29歳	62	85.5	1.6	12.9	29.0	17.7	53.2	17.7	72.6	9.7	14.5	33.9	50.0
30～39歳	118	80.5	5.1	13.6	39.0	17.8	40.7	17.8	62.7	18.6	12.7	42.4	42.4
40～49歳	131	75.6	13.7	9.9	35.9	26.7	33.6	29.8	57.3	12.2	17.6	47.3	32.1
50～59歳	141	70.9	14.9	14.2	41.8	22.0	35.5	44.7	44.0	11.3	19.1	53.2	27.7
60～69歳	198	62.1	23.2	14.1	35.9	40.9	22.2	33.3	56.1	9.6	17.2	65.2	16.7
70歳以上	217	55.8	28.6	12.9	29.0	49.8	18.0	21.2	68.2	7.8	11.5	74.2	12.0
女性・16～19歳	24	62.5	—	37.5	8.3	8.3	83.3	16.7	75.0	8.3	8.3	20.8	70.8
20～29歳	72	76.4	11.1	12.5	20.8	16.7	58.3	18.1	75.0	6.9	12.5	41.7	45.8
30～39歳	125	76.8	9.6	13.6	22.4	28.0	49.6	16.8	73.6	8.8	11.2	49.6	39.2
40～49歳	183	61.7	18.6	19.7	26.8	35.5	37.7	28.4	62.3	9.3	7.1	66.1	26.8
50～59歳	173	64.7	17.3	17.3	32.4	28.3	37.6	42.2	42.2	15.6	12.1	54.3	32.4
60～69歳	232	58.6	29.7	10.8	28.9	45.7	24.6	37.1	55.2	7.3	14.7	69.8	13.8
70歳以上	231	49.4	36.4	11.3	29.4	47.6	18.2	21.6	65.8	8.7	13.4	70.1	12.6

「字体についての解説」の認知度

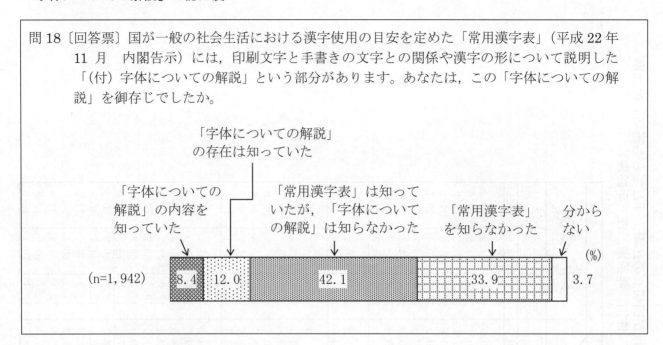

漢字の正誤の判断基準について

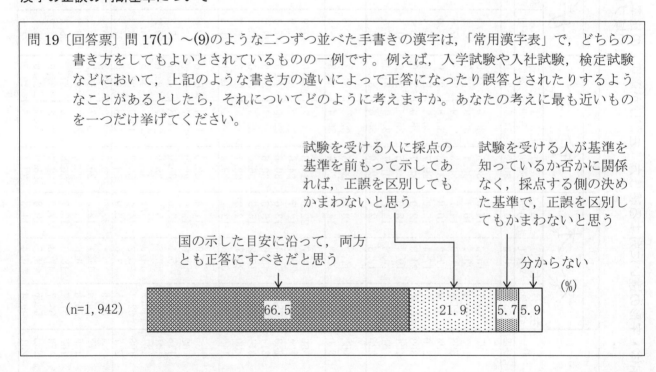

印刷文字と手書き文字の形の違い

問20〔回答票〕次に例として挙げた「衣」,「家」,「心」,「保」,「令」のように,印刷文字と手書きの楷書文字との間で,形に違いが生じる場合があります。あなたはそのことを御存じでしたか。

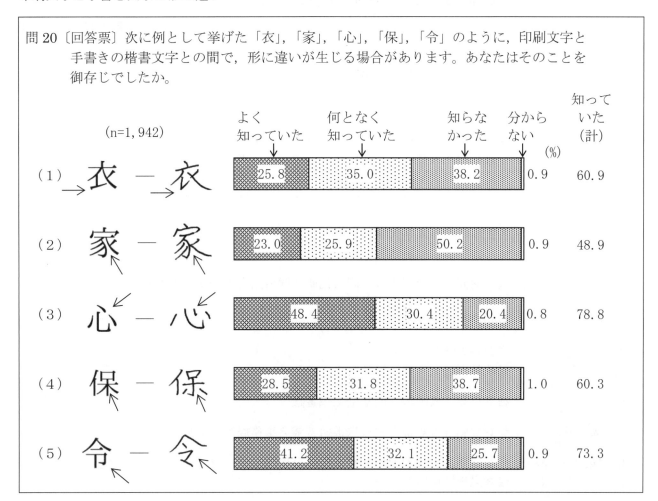

手書き文字の書き表し方

問21〔回答票〕問20のような印刷文字と手書き文字の形状の違いは,それぞれの表し方の習慣が違うことによるものです。近年,窓口などで,書いた文字を活字のとおりに書き直すように依頼されることがありますが,手書きする際には手書きの習慣に従ってよく,印刷文字の形のとおりに書く必要はありません。そのことは御存じでしたか。

文化審議会国語分科会委員名簿（14, 15期）

（敬称略・五十音順）

	氏名	所属
	秋山 純子	三鷹中央学園三鷹市立第四中学校校長
	石井 恵理子	東京女子大学教授
	井田 由美（14期まで）	日本テレビ放送網株式会社編成局アナウンスセンター　アナウンス部専任部次長
○	伊東 祐郎	国立大学法人東京外国語大学教授，留学生日本語教育センター長
	井上 洋	一般社団法人日本経済団体連合会教育・スポーツ推進本部長
	入部 明子	つくば国際大学教授・図書館長
◎	岩澤 忠彦	一般財団法人NHK放送研修センター常務理事・日本語センター長
	沖森 卓也	立教大学教授
	尾﨑 明人	名古屋外国語大学大学院国際コミュニケーション研究科教授
	押木 秀樹（15期から）	国立大学法人上越教育大学教授
	影山 太郎	大学共同利用機関法人人間文化研究機構国立国語研究所所長
	加藤 早苗	インターカルト日本語学校代表
	加藤 富則（15期から）	愛知県振興部次長
	金田 智子	学習院大学教授
	神吉 宇一（15期から）	長崎外国語大学特任講師
	亀岡 雄（15期から）	独立行政法人国際交流基金上級審議役
	川瀬 眞由美（15期から）	テレビ朝日番組審査室放送番組審議会事務局担当部長
	川端 一博	公益財団法人日本国際教育支援協会作題主幹
	小山 豊三郎（14期まで）	愛知県地域振興部次長
	迫田 久美子	大学共同利用機関法人人間文化研究機構国立国語研究所 日本語教育研究・情報センター教授
	笹原 宏之	早稲田大学教授
	佐藤 栄作（15期から）	国立大学法人愛媛大学教授
	佐藤 郡衛	目白大学学長
	杉戸 清樹（14期まで）	独立行政法人国立国語研究所名誉所員
	鈴木 一行	一般社団法人日本書籍出版協会常任理事，大修館書店代表取締役社長
	鈴木 泰	専修大学教授
	関根 健一	読売新聞東京本社紙面審査委員会用語専任部長， 一般社団法人日本新聞協会用語懇談会委員
	田中 ゆかり	日本大学教授
	棚橋 尚子	国立大学法人奈良教育大学教授
	出久根 達郎（14期まで）	作家，公益社団法人日本文藝家協会常務理事
	戸田 佐和	公益社団法人国際日本語普及協会常務理事
	納屋 信	日本文化大学教授
	早川 秀樹	多文化まちづくり工房代表
	松岡 洋子	国立大学法人岩手大学准教授
	やすみ りえ	川柳作家
	山田 隆昭	詩人，公益社団法人日本文藝家協会常務理事
	吉尾 啓介（15期から）（14期まで）	独立行政法人国際交流基金上級審議役

（◎：分科会長，○：副分科会長）

文化審議会国語分科会漢字小委員会委員名簿（14,15期）

(敬称略・五十音順)

	秋山 純子*	三鷹中央学園三鷹市立第四中学校校長
	井田 由美 （14期まで）	日本テレビ放送網株式会社編成局アナウンスセンター アナウンス部専任部次長
	入部 明子	つくば国際大学教授・図書館長
	岩澤 忠彦	一般財団法人NHK放送研修センター常務理事・日本語センター長
◎	沖森 卓也*	立教大学教授
	押木 秀樹* （15期から）	国立大学法人上越教育大学教授
	影山 太郎	大学共同利用機関法人人間文化研究機構国立国語研究所所長
	川瀬 眞由美 （15期から）	テレビ朝日番組審査室放送番組審議会事務局担当部長
○	笹原 宏之*	早稲田大学教授
	佐藤 栄作* （15期から）	国立大学法人愛媛大学教授
	鈴木 一行	一般社団法人日本書籍出版協会常任理事，大修館書店代表取締役社長
	鈴木 泰	専修大学教授
	関根 健一*	読売新聞東京本社紙面審査委員会用語専任部長， 一般社団法人日本新聞協会用語懇談会委員
	田中 ゆかり	日本大学教授
	棚橋 尚子*	国立大学法人奈良教育大学教授
	出久根 達郎 （14期まで）	作家，公益社団法人日本文藝家協会常務理事
	納屋 信	日本文化大学教授
	やすみ りえ	川柳作家
	山田 隆昭 （15期から）	詩人，公益社団法人日本文藝家協会常務理事

(◎：主査，○：副主査)
(＊：漢字小委員会主査打合せ会委員)

審議経過等

文化審議会国語分科会

第55回：平成26年　5月23日（金）
　○文化審議会国語分科会長の選出について
　○文化審議会国語分科会運営規則等について

第56回：平成26年11月21日（金）
　○漢字小委員会の審議状況について
　○日本語教育小委員会の審議状況について

第57回：平成27年　2月20日（金）
　○漢字小委員会の審議状況について
　○日本語教育小委員会の審議状況について

第58回：平成27年　4月17日（金）
　○文化審議会国語分科会長の選出について
　○文化審議会国語分科会運営規則等について

第59回：平成27年10月30日（金）
　○漢字小委員会の審議状況について
　○日本語教育小委員会の審議状況について

第60回：平成28年　2月29日（月）
　○漢字小委員会の審議結果について
　○日本語教育小委員会の審議結果について

漢字小委員会

第 8 回：平成26年　5月23日（金）
　○主査，副主査の選出について
　○小委員会の議事公開について

第 9 回：平成26年　6月20日（金）
　○「手書き文字の字形」と「印刷文字の字形」に関する指針の作成について（問題点の整理と検討）

第10回：平成26年　7月25日（金）
　○「手書き文字の字形」と「印刷文字の字形」に関する指針の作成について（学校教

育の現場における現状についての報告と検討）

第11回：平成26年　9月12日（金）
　○「手書き文字の字形」と「印刷文字の字形」に関する指針の作成について（窓口業務における現状についての報告と検討）

第12回：平成26年10月10日（金）
　○「手書き文字の字形」と「印刷文字の字形」に関する指針の作成について（論点の整理）
　○平成25年度国語に関する世論調査の結果について
　○漢字小委員会主査打合せ会の設置について

第13回：平成26年12月19日（金）
　○「手書き文字の字形」と「印刷文字の字形」に関する指針の作成について（これまでの議論の議論のまとめ及び指針の構成についての検討）
　○「国語分科会で今後取り組むべき課題について（報告）」（平成25年2月）において未検討の課題について

第14回：平成27年　1月16日（金）
　○「手書き文字の字形」と「印刷文字の字形」に関する指針の作成について（指針の構成及び「字体・書体・字形」等の考え方について検討）
　○「国語分科会で今後取り組むべき課題について（報告）」（平成25年2月）において未検討の課題について

第15回：平成27年　4月17日（金）
　○主査，副主査の選出について
　○小委員会の議事公開について
　○漢字小委員会主査打合せ会の設置について

第16回：平成27年　6月26日（金）
　○「手書き文字の字形」と「印刷文字の字形」に関する指針の作成について（指針の構成，第1章及び問いについての検討）

第17回：平成27年　7月24日（金）
　○「手書き文字の字形」と「印刷文字の字形」に関する指針の作成について（指針の構成，第1章，第2章及び字形比較表についての検討）

第18回：平成27年　9月25日（金）
　○「手書き文字の字形」と「印刷文字の字形」に関する指針の作成について（指針の構成，第1章，第2章及び問いについての検討）
　○平成26年度「国語に関する世論調査」の結果について

第19回：平成27年10月16日（金）
○「手書き文字の字形」と「印刷文字の字形」に関する指針の作成について（中間報告（案）の検討）

第20回：平成27年11月27日（金）
○「国語分科会で今後取り組むべき課題について（報告）」（平成25年2月）において未検討の課題について
○「同音の漢字による書きかえ」について
○漢字表と漢字調査について

第21回：平成27年12月18日（金）
○「手書き文字の字形」と「印刷文字の字形」に関する指針の作成について（「手書き文字の字形」と「印刷文字の字形」に関する指針（仮称）（案）の検討）
○「国語分科会で今後取り組むべき課題について（報告）」（平成25年2月）において未検討の課題について

第22回：平成28年 2月 9日（火）
○「手書き文字の字形」と「印刷文字の字形」に関する指針について（「常用漢字表の字体・字形に関する指針（報告）」（案）の検討）

漢字小委員会主査打合せ会

第 1 回：平成26年11月 7日（金）
○「手書き文字の字形」と「印刷文字の字形」に関する指針について（対象，前書き，示し方の検討等）

第 2 回：平成26年12月12日（金）
○「手書き文字の字形」と「印刷文字の字形」に関する指針について（構成，示し方，用語「字体・書体・字形」の検討等）

第 3 回：平成27年 2月27日（金）
○「手書き文字の字形」と「印刷文字の字形」に関する指針について（比較表，印刷文字と筆写の楷書の関係，用語「字体・書体・字形」の検討等）

第 4 回：平成27年 3月16日（月）
○「手書き文字の字形」と「印刷文字の字形」に関する指針について（字体・字形等の考え方，印刷文字のデザインの検討等）

第 5 回：平成27年 5月29日（金）

○「手書き文字の字形」と「印刷文字の字形」に関する指針について（構成，社会で起きている問題，対象，字体・字形等の考え方，手書きの重要性，正誤の基準，Q＆Aの例の検討等）

第 6 回：平成２７年　６月１２日（金）
○「手書き文字の字形」と「印刷文字の字形」に関する指針について（構成，字体・字形等の考え方，楷書の例，Q＆Aの問いの検討等）

第 7 回：平成２７年　７月１０日（金）
○「手書き文字の字形」と「印刷文字の字形」に関する指針について（印刷文字と筆写の楷書の関係，字形比較表の検討等）

第 8 回：平成２７年　９月　７日（月）
○「手書き文字の字形」と「印刷文字の字形」に関する指針について（構成，字体・字形等の考え方，字形比較表，印刷文字と筆写の楷書の関係，Q＆Aの問いの検討等）

第 9 回：平成２７年１０月　９日（金）
○「手書き文字の字形」と「印刷文字の字形」に関する指針について（中間報告（案）の検討）

第１０回：平成２７年１１月１３日（金）
○「手書き文字の字形」と「印刷文字の字形」に関する指針について（タイトル，目次，Q＆A，字形比較表の検討等）

第１１回：平成２７年１２月　４日（月）
○「手書き文字の字形」と「印刷文字の字形」に関する指針について（タイトル，目次，「はじめに」，字形比較表，寄せられた意見への対応の検討等）

第１２回：平成２８年　１月２９日（金）
○「手書き文字の字形」と「印刷文字の字形」に関する指針について（「常用漢字表の字体・字形に関する指針（報告）」（案）の検討）

協 力 者

○ 窓口業務に関する報告　　　山 下 敦 子
○ 手書き文字の執筆　　　　　佐 藤 英 樹　（早稲田大学高等学院講師）

使用図版 (P.24)

虞世南孔子廟堂碑　　（昭和19年　日本書道学院　国立国会図書館蔵）
海内第一唐拓本　九成宮醴泉銘　（昭和15年　清雅堂　国立国会図書館蔵）

第3章 字体・字形に関するQ&A 問い一覧

1 基本的な事項に関する問い

(1) 手書き文字の字形と印刷文字の字形について

Q1 手書き文字と印刷文字の字形の違い① 学校で教わった漢字の形と新聞や本で見る漢字の形が違っていることがあります。どちらが正しいのですか。

Q2 手書き文字と印刷文字の字形の違い② 手書き文字の字形と印刷文字の字形とは、一致させるべきではないでしょうか。

Q3 多様な手書き字形を認めるのは、漢字の文化の軽視ではないか それぞれの漢字を手書きする際に、様々な字形を認めることは、漢字の文化をないがしろにし、壊してしまうことにつながりませんか。

Q4 表外漢字の扱い この指針に書いてあることは、常用漢字表にはない漢字についても当てはまると考えていいのでしょうか。

(2) 字体, 字形, 書体, 字種などの用語について

Q5 「字体」,「字形」とは 漢字の「字体」,「字形」とは、それぞれ、どのようなもので、両者にはどのような違いがあるのですか。常用漢字表の考え方を説明してください。

Q6 「字種」とは 常用漢字表の「表の見方及び使い方」には「字種2136字を掲げ」とありますが、この「字種」とはどういうことでしょうか。

Q7 「通用字体」とは 常用漢字表の「通用字体」とは、どういうものですか。

Q8 「いわゆる康熙字典体」とは 常用漢字表に示されている「いわゆる康熙字典体」とは、どういうものですか。旧字体とは違うのですか。

Q9 「書体」とは 常用漢字表では「書体」という用語をどのような意味で使っているのですか。

Q10 いわゆる康熙字典体, 許容字体の扱い 常用漢字表に丸括弧（ ）付き、角括弧［ ］付きで示されている漢字は何ですか。常用漢字と同じように使ってもかまわないのでしょうか。

Q11 「異体字」とは 「異体字」とは、どういうものですか。

Q12 旧字体や略字など, 異体字を使ってよいか 日常生活の中で、旧字体や略字などの異体字を使ってはいけないのですか。

Q13 フォントと書体は同じか パソコンやタブレット端末などの情報機器には、「フォント」と書いてあるところに「明朝体」、「ゴシック体」といった書体が出てきます。フォントは書体のことだと考えてよいのですか。

Q14 点画が間引きされたように見える字 パソコンや電子辞書のモニターに出てくる漢字の中に、画数が足りないものがあるような気がします。どういうことでしょうか。

(3) 常用漢字表「(付) 字体についての解説」について

Q15 字体の違いにまで及ばない字形の違い 「字体についての解説」にある「字形の異なりを字体の違いと考えなくてもよい」とは、どういう場合のことを言うのでしょうか。

Q16 明朝体以外の印刷文字の扱い 「字体についての解説」の「明朝体のデザインについて」の考え方は、明朝体以外の印刷文字についても同様に当てはまるのでしょうか。

Q17 いろいろな書き方の組合せ 「案」という漢字の場合、「字体についての解説」では、はねる書き方もとめる書き方もある「木」と、2画目（「ノ」）と3画目（「一」）が接する書き方も交わる書き方もある「女」の両方の形を部分として持っています。「木」と「女」それぞれに例示された二つの字形を掛け合わせると、「案」には四つのパターンが生じることになります。そのように、部分部分の書き方を組み合わせて考えてよいのでしょうか。

Q18 特定の字種に適用されるデザイン差 印刷文字で「茨」と「茨」はデザイン差とされているのに、「恣」の場合には「次」の形だけを認め、「次」の形を認めないのはどうしてですか。

Q19 手書きの楷書と印刷文字の違いが字体の違いに及ぶもの 「煎」という字の「灬」を除いた部分を、「前」という字と同じように書くと、字体の違いに及ぶというのは、どういうことでしょうか。

Q20 表外漢字の書き方 「絆」という字を手書きするとき、右の部分（つくり）は「半」の形にしてもよいのでしょうか。「絆」のように、常用漢字ではないものについて、書き方に迷ったらどうすればよいのでしょうか。

(4) 漢字の正誤の判断について

Q21 漢字の正誤をどう判断するか 常用漢字表の考え方では、漢字が正しいか誤っているかを、どのように判断するのですか。

Q22 緩やかな基準でよいのか 常用漢字表では、漢字を書く際のとめ、はね、はらいなどについて、緩やかな考え方が示されていますが、その結果、どのような書き方をしてもいいということになってしまわないでしょうか。

Q23 正しい字形をきっちりと教えるべきではないか 漢字は、正しい字形を、きっちりと教える必要があると思います。そのような考えは間違っているでしょうか。

Q24 常用漢字表は「標準」と「許容」を決めているか 書写関係の本では、学習指導要領の字形を「標準」とした上で「許容」の書き方を示していることがあります。常用漢字表には「標準」と「許容」という考え方はないのですか。

Q25 発達段階への配慮が必要な場合 6、7歳くらいの子供に対しても、点画の長さやとめ、はね、接し方などが「字体についての解説」のように緩やかに幅広く認められていることを前提に教える方がいいのでしょうか。

Q26 学校のテスト等との関係 児童が漢字の書き取りテストで、教科書の字とは違うものの「字体についての解説」では認められている形の字を書いてきました。このような場合は、正答として認めるべきなのでしょうか。

Q27 入学・採用試験等における字体・字形の扱い 入学試験や採用試験などの漢字の書き取り問題では、どのような考え方に基づいた採点が行われるのが望ましいでしょうか。

Q28 手書きの習慣を印刷文字に及ぼせるか 「字体についての解説」には，「僅」，「葛」などを手書きする際には，「㒒」，「䔍」のように，印刷文字と違う字体で書くことがあるという説明があります。印刷文字についても，「㒒」，「䔍」のような字を使っていいのでしょうか。

Q29 行書のような書き方 例えば，急いでメモを取るときには，「口」を「㇆」のように書いてしまうこともあります。そのような手書き文字についてはどのように考えればいいのでしょうか。

Q30 いわゆる書写体（筆写体）の扱い 書道関係の本を見ると，常用漢字表の通用字体とは形の違う楷書の文字がいわゆる「書写体」（「筆写体」とも。）などとして示されていることがあります。そのような字を使うことについて，どのように考えればいいでしょうか。

Q31 現在もよく使われる書写体（筆写体）の扱い 「四」を「㗸」，「西」を「㔾」のように書いた字をよく見掛けます。このような字の正誤は，どのように判断すればよいでしょうか。

Q32 名前などに使われる異体字の扱い 「高橋」さんには「髙」という字を使う人がいます。また，「崎」の代わりに「﨑」，「達」の代わりに「逹」，「辺」の代わりに「邊」又は「邉」などと書く人もいます。このような字についてはどのように考えればいいのでしょうか。

Q33 印刷文字のとおりに手書きしないといけないのか ある窓口で書類に自分の氏名を記入したところ，印刷された明朝体の文字を示されて，その形のとおりに書き直すように言われました。印刷文字のとおりに書かなくてはいけないのでしょうか。

Q34 窓口で問題になることの多い漢字 手書き文字と印刷文字の違いに関して，窓口などでよく問題になる漢字があったら教えてください。

（5）漢字の正誤の判断基準と「整い方」，「丁寧さ」，「美しさ」，「巧みさ」などの観点について

Q35 整っていない字を，正しいと言えるのか 漢字のテストなどで，整っているとは言い難い読みにくい字で書かれていても，誤りではないと言えるのでしょうか。

Q36 どのような字形で書いてもいいのか 雑に書かれている字や十分に整っていない字であっても，字体が読み取れさえすれば誤りではないということは，どのような字形で書いてもいいということでしょうか。

Q37 一定の字形を標準とする場合の正誤の判断 ある字形を推奨し，それを正誤の判断基準にすることは，テストの採点などをはじめ，一般的に行われていることと思います。正誤を判断する場合に，一定の字形を標準にすることも避けるべきでしょうか。

2 具体的な事項に関する問い

（1）問題になることの多い漢字

Q38 はねるか，とめるか（「木」・「きへん」など） 「木」という漢字の真ん中の縦画の最後を，はねるように書いたら誤りなのでしょうか。「きへん」の場合についても教えてください。

Q39 「いとへん」の下部の書き方 「絵」などの「いとへん」の下の部分を「小」のような形ではなく，点を三つ並べるように書いているものをよく見掛けます。そのような書き方をしてもいいのでしょうか。

Q40 接触の有無（「右」など） 「右」の「口」は「ノ」の部分に接触するように書くべきでしょうか。それとも接触しないように書くべきでしょうか。

Q41 「木」と「ホ」（「保」など） 私の名前には「保」という漢字が使われています。先日，住民票を取ったところ，「にんべん」に「口」＋「ホ」の形の「保」ではなく，「口」＋「木」の「保」という形で印刷されてきました。窓口の人は，これは同じ漢字であるというのですが，本当でしょうか。

Q42 「令」や「鈴」を手書きの楷書でどう書くか ある金融機関の窓口で書類に記入する際に「令」を小学校で習った形（「令」）で書いたら，明朝体と同じ形に書き直すように言われました。そうする必要があったのでしょうか。また，「鈴」，「冷」，「齢」といったほかの常用漢字や「伶」，「怜」，「玲」などの表外漢字の場合も同じように考えていいのでしょうか。

Q43 「女」の「一」と「ノ」の接し方 「女」という漢字の2画目は，3画目の横画よりも上に出ない形で書くようにと学校で習ったのですが，その書き方を間違いだという人もいます。どちらが正しいのでしょうか。

Q44 「士」と「土」を構成要素として持つ漢字 「吉」という字の上の部分を「土」と書いてあるのを見ることがありますが，これは「吉」とは別の字でしょうか。また，「喜」という字の「士」を「土」と書いたり，「寺」の「土」を「士」と書いたりする文字を見ることがあります。そういう字は，誤りと考えていいのでしょうか。

Q45 はねるか，とめるか（「改」など） 例えば，「改」という漢字の「己」の最後のように，印刷文字でははねていますが，学校でははねないと教わった漢字があります。どちらが正しいのでしょうか。

Q46 「はつがしら」の接触の有無 「登」と「発」では，「はつがしら」の上部を離すか接するかがそれぞれ決まっていて，違う書き方をすると教わった記憶があります。使い分けが必要ですか。

Q47 とめるか，はねるか，はらうか（「園」，「猿」など） 「園」や「遠」という漢字の「袁」と，「猿」という漢字の「袁」では，下の部分の表し方が違っていることがありますが，これは使い分ける必要があるのでしょうか。

Q48 「奏」の下の部分の書き方 「奏」という漢字の下の部分を「夭」で書いたら誤りでしょうか。

Q49 「者」には点がなく，「箸」にはあるのはなぜか 印刷された文字を見ると，「者」や「都」という漢字には「日」の上に点がないのに，「箸」や「賭」には点があるのはどうしてですか。また，それを使い分ける必要があるのですか。

Q50 「塡」か「填」か（文字コードとの関係） 電子辞書で「補塡」という言葉を調べようとしたら，常用漢字表の「塡」とは違う「填」という形が出てきました。どうしてこういうことが起きるのでしょうか。また，手で書くときにはどちらを書けばいいのでしょうか。

Q51 「牙」と「芽」 「牙」という字は「芽」の下の部分のように書いてはいけないのですか。また，その反対に「芽」の下の部分を「牙」のように書くのはどうですか。

Q52 画数の変わる書き方（「衷」） 「折衷」の「衷」という字は，真ん中の縦画が「一」と「口」を貫くように書かれているもの

や,「なべぶた」(「亠」)の部分が独立して書かれているものを見ます。また,縦画が「中」のように下まで貫かれているものを見ることもあります。どのように書けばいいのでしょうか。

- Q53 **同じ字体の別字種(「芸」,「柿」)** 「芸」や「柿」という漢字が,全く違う読み方と意味で使われることがあると聞きました。これはどういうことでしょうか。

(2) いろいろな書き方があるもの

- Q54 **明朝体どおりの手書き(折り方など)** 例えば「糸」の1,2画目や「衣」の4画目などについて,手書きするときにも,明朝体のような折り方で書いたら誤りですか。明朝体のように書いてもよいのだとすると,それぞれの漢字の画数は変わるのでしょうか。
- Q55 **明朝体どおりの手書き(筆押さえなど)** 常用漢字表の「八」という字の2画目には,屋根のような部分がありますが,これは手書きするときにも書くべきですか。
- Q56 **明朝体どおりの手書き(曲直,その他)** 「子」という字は,手書きでは,縦の線を曲げて「子」のように書きますが,明朝体では縦の画が直線になっていることに気付きました。同様に,「家」の最後の2画の位置や「たけかんむり」の形,「心」の点の位置など,明朝体と手で書くときとでは,形の違うものがあります。明朝体のとおりに書いてもいいのでしょうか。
- Q57 **手書きでの「しんにゅう」の書き方** 常用漢字表の「しんにゅう」の字には点が一つのものと二つのものがありますが,これらを手書きするときにも,点の数は書き分けないといけないのですか。
- Q58 **横画の長短** 楷書の手本を見ていたら,「天」の下の横画の方が長い字や,「幸」の1番下の横画が一つ上の横画よりも長い字などがありました。そのような書き方をしてもいいのでしょうか。
- Q59 **上下部分の幅の長短など,構成要素同士の関係** 「冒」の「日」と「目」の幅を,上下逆に書いたら間違いですか。
- Q60 **横画の方向** 「比」や「化」の右側の横画は,左から右にとめるように書いても,右から左にはらうように書いてもいいのですか。
- Q61 **点や短い画における方向の違いや接触の有無** 「しめすへん」(「礻」)や「主」などの1画目は,垂直になっているもの,斜めになっているもの,また,それぞれ下にある横画に接しているもの,接していないものを見ることがあります。ほかにも,四つの点が同じ方向を向いている「れんが」(「灬」)などもよく見掛けます。それらについては,どのように考えればいいのでしょうか。
- Q62 **つけるか,はなすか①** 「字体についての解説」の「つけるか,はなすかに関する例」に,横画が右の縦画から離れている「月」が例示されていますが,1画ずつをしっかり書く楷書でも,そういう書き方が許されるのでしょうか。
- Q63 **つけるか,はなすか②** 「字体についての解説」の「つけるか,はなすかに関する例」には挙がっていないものに,「口」や「月」などの1画目と2画目が離れているような書き方があります。1画ずつをしっかり書く楷書でも,そういう書き方が許されるのでしょうか。
- Q64 **方向,つけるか,はなすか** 「言」の1画目と2画目は,例えば,「文」や「応」の1,2画目と同じように書いてはいけないのでしょうか。また,「言」の1画目を左上から2画目に接するような形で書くのはどうでしょうか。
- Q65 **接触の位置** 「白」や「自」という漢字の1画目の「丿」が「日」や「目」と接触する位置は,決まっているのでしょうか。例えば,左の縦画の先端に接触するように書いたら誤りですか。
- Q66 **接触の仕方(「口」と「日」の最終画)** 手書きの楷書では,「口」の右下の部分と,「日」の右下の部分では,画の接し方が違うと聞きました。書き分けなくてはいけないのでしょうか。
- Q67 **接触の仕方(「就」,「蹴」など)** 「就」という字の右側は「尢」のように書かないといけないのでしょうか。
- Q68 **はらうか,とめるか** 「木」や「林」,「数」や「枚」などの最後の画などは,はらって書くのが普通だと思いますが,押さえてとめるような書き方を見ることがあります。右にはらって書く余裕がある場合にも,そのような書き方をしてもいいのでしょうか。
- Q69 **はらうか,とめるか(狭いところ)** 「因」という字の「大」の3画目や「困」という字の「木」の4画目をはらうように書く人ととめるように書く人がいます。どちらでもいいのですか。
- Q70 **はらうか,とめるか(横画・縦画)** 「耳」の5画目は右上方向にはらうような字と,とめるように書く字を見ることがあります。また,「角」の3画目の縦画は,活字でははらっていますが,とめるように書かれているものを見ることがあります。どちらで書いてもいいのでしょうか。
- Q71 **とめるか,ぬくか(最終の縦画)** 「十」の2画目をぬくように書いた字を見ることがありますが,本来はとめるべきではないでしょうか。
- Q72 **はねるか,とめるか(「てへん」など)** 「字体についての解説」には「うしへん」(「牛」)の縦画をとめた形で書いてもはねた形で書いてもよいことが例示されていますが,「てへん」(「扌」)をはねないで書くのは誤りでしょうか。
- Q73 **はねるか,とめるか(「あなかんむり」など)** 「空」のあなかんむりの5画目は,活字のようにはねて書いてはいけないのですか。
- Q74 **単独の場合と構成要素になった場合との字形差(「女」)** 「女」という漢字は,単独で使うときと,「おんなへん」で使うときとで書き方に違いがあるのでしょうか。
- Q75 **横画や縦画を点のように書いたら誤りか(「戸」,「今」,「帰」など)** 「戸」という字の1画目を点で「戸」のように書いています。しかし,印刷文字では1画目が横画の「戸」の形しか出てきません。これは,別の漢字なのでしょうか。
- Q76 **簡易慣用字体が通用字体となった漢字の扱い(「曽」など)** 平成22年に常用漢字表に追加された「曽」を「曾」と書いてはいけないのでしょうか。
- Q77 **康熙字典体で追加された字種の手書き** 「字体についての解説」には「喩」などのいわゆる康熙字典体の漢字を明朝体の形のまま手書きしたものが挙げられていますが,歴史的にはそのような書き方は余り見られないのではないですか。
- Q78 **片仮名やアルファベットとの関係** 「才」という字は「才」と書くこともあると言いますが,そうすると片仮名の「オ」と見分けられないのではないでしょうか。